KB265368

김성환의 영화 철학 에세이

나는 본다, 철학을

김성환 지음

* 이 책의 일부 내용은 『동아일보』와 나우콤이 공동 제작한 인터넷 대학 'Cybercampus 공개 강좌 영화 철학 에세이'와 EBS가 방송한 'TV 방송 대학 철학의 이해'에 소개되었다.
* 이 책에 실린 영화 사진들은 『씨네 21』, (주)유로코뮤니케이션, SYGMA에서 협조를 받아 게재하였습니다.

김성환의 영화 철학 에세이

나는 본다, 철학을

김성환 지음

동녘

나는 집에 TV가 없다

결혼할 때 아내가 TV를 사지 말자고 했고 나는 반대할 수 없었다. 한때 애국가로 모자라 알아듣지도 못하는 영어와 미국 국가까지 들어야 TV를 끌 정도로 중독증이 심했으니까. 게다가 우린 둘 다 직업이 공부하는 건데 TV 덕분에 공부 망치겠다 싶었다. 좋은 다큐멘터리와 스포츠를 즐기지 못하는 게 아쉬웠지만 빈대 잡으려다 초가삼간 다 태운다고 생각하며 꾹 참았다.

날밤 새며 보던 TV가 사라지자 뭐든지 보고 싶은 욕망이 꿈틀거렸다. 다행히 나와 아내는 둘 다 영화광이기도 했다. 영화관과 비디오방을 돌아다니며 눈의 욕망을 채우기 시작했다. 어느 해는 함께 구경한 영화를 세어 보니 50편이 넘었다. 그 돈이면 TV를 사고도 남았지만 시간을 버는 것이 우리에겐 더 중요했다.

아내는 역사를 전공하고 나는 철학을 전공한다. 둘 다 자연 과학을 자료로 삼아 과학사, 자연 철학을 전공하니까 주위 사람들은 서로 도움을 주고받아서 좋겠다고 말한다. 이런 말을 들으면 우린 마주 보며 피식 웃는다. 과학은 같지만 역사와 철학이 다르다는 걸 자주 느꼈기 때문이다.

나는 자나깨나 핵심 논증을 찾아 헤매니까 아내가 무엇이든 조금 길게 설명하면 "그래, 이쑤시개가 뭐야?" 하고 되묻는다. 이쑤시개는 요지를 엉터리로 풀이한 말이다. 아내는 가끔 잠이 오지 않으면 "철학 이야기를 해 달라"고 한다. 구체적 역사 자료에 익숙한 아내에게 추상적 철학 논증은 둘도 없는 자장가다. 하긴 오래 전 내가 가지고 있던 철학 사상 전집도 한 권 들었다 하면 한 장을 제대로 넘기지 못할 만큼 부작용이 전혀 없는 수면제였으니.

철학을 전공하는 나와 나를 데리고 사는 아내가 이 정도니까 나한테 철학 강의를 듣는 학생은 짐작할 만했다. 재미가 없어서 졸거나 다른 책을 펴 놓은 학생이 흔했다. 딴전 피는 학생이 하도 많아서 도대체 왜 그러냐고 물으면 도대체 왜 그렇게 철학은 무슨 말인지 알 수 없냐고 진지하게 따지는 학생도 있었다.

나도 진지하게 생각했다. 무슨 말인지 알 수 있는 철학은 없을까? 영화를 끌어들였다. 따로 영화 보고 함께 토론하고 내가 영화와 관련이 있는 철학을 소개했다. 덕분에 내가 전하고 싶은 철학 정보의 양은 줄었지만 조는 학생도 줄었다. 그래도 조는 사람은 줄기차게 존다.

영화관에 불이 꺼지고 스크린에 빛그림이 비치면 나는 직업 의식이 발동한다. 나는 내 방식대로 영화를 본다. "터미네이터2"의 최후를 감동하며 보고 나서 소크라테스의 최후를 떠올리는 식이다. 남들이 보기엔 아주 골치 아픈 방식이지만 나는 직업병인지 몰라도 재미있다. 아내와 나는 영화를 보면 이런 제 느낌을 주고받는다. 그리고 나는 이런 느낌을 가다듬어 학생들과 토론한다. 이 책은 나와 아내와 학생들의 합작품이다.

나는 몽타주 기법이나 미장센이 정확하게 뭔지 아직 모른다. 나쁜 영화와 잘 만든 영화를 가리는 눈도 없다. 그러니까 이 책을 믿고 영화 평론가로 나설 생각은 전혀 없다. 내가 이 책으로 전하고 싶은 것은 영화평이 아니라 철학이다.

지난 한 해 동안 이 책을 쓰는 데 적지 않은 시간을 바치면서 내 전공인 자연 철학을 더 깊이 공부하지 못하는 걸 아쉬워한 적도 있다. 그러나 몇 해 전에 내가 학위 논문 쓰느라 돈 벌지 못할 때 고맙게 도와준 도서출판 동녘에 빚진 마음을 갚고 싶었다.

아내와 연애할 때 본 잊지 못할 첫 영화가 있다. "내게 너무 이쁜 당신". 그땐 그저 제목이 꼭 내 눈 같아서 본 프랑스 영화다. 영화 내용은 볼 때도 이해할 수 없었고 지금도 기억나는 게 거의 없다. 하지만 잊지 못하는 까닭은 영화관을 나오면서 엿들은 어느 관객의 영화평 때문이다. "아, 내게 너무 어려운 영화."

어렵다고 느끼기로는 철학이 둘째 가라면 서러운 분야다. 나는 이 책으로 그 벽에 도전하고 싶다.

1998년 3월

김성환

차 례

I. 섹스와 사랑

1

"크라잉 게임"

플라토닉 러브

참사랑은 뭘까? 생텍쥐페리(Saint-Exupéry)는 『어린 왕자』에서 사랑은 서로 바라보는 게 아니라 함께 같은 쪽을 바라보는 거라고 말했다. 참섹스는 뭘까? 내가 만난 많은 대학생은 결혼의 울타리 안에서만 허용하는 섹스나 결혼 앞뒤와 안팎을 가리지 않고 성욕을 채우는 섹스보다 '사랑 있는 섹스(sex with love)'를 원했다. 이 생각이 옳다면 참사랑 더하기 참섹스는 '함께 같은 쪽을 바라보는 섹스'다. 이게 뭘까? 다양한 섹스 체위 가운데 하나가 정답이 아니라는 건 누구나 짐작할 것이다.

전사와 게이의 사랑

아일랜드에서 근무하는 영국 흑인 병사 조디(포레스트 위태커)는 바에서 우연히 만난 주드(미란다 리처드슨)와 놀이터에 갔다가 영국에서 독립하려는 아일랜드 공화군(IRA)의 한 조직에게 계획적으로 납치된다. 조디를 유혹한 주드도 IRA 전사다. 조디를 인적이 드문 시골집으로 끌고 간 납치 조직은 자기 동료들을 석방하라는 요구를 영국 정부가 들어 주지 않으면 사흘 뒤 처형할 것이라고 통보한다.

납치 조직의 한 멤버인 퍼거스(스티븐 리아)는 조디를 감시하면서 얼굴에 덮어씌운 자루도 벗겨 주고 IRA의 테러 전술이 정당한지 논쟁도 벌이다가 어느새 동정심이 생긴다. 조디는 퍼거스에게 '개구리와 전갈' 이야기를 들려준다.

사람은 두 종류야. 전갈과 개구리처럼. 전갈이 강을 건너고 싶지만 헤엄칠 줄 몰라 개구리를 찾아가 부탁했어. 개구리는 전갈이 찌를지 몰라 거절했어. 그러자 전갈은 찌르면 둘 다 빠져 죽는데 그럴 리가 있느냐고 했어. 개구리는 건네 주기로 하고 전갈을 등에 태웠어. 그러나 물결이 거칠어지자 겁이 난 전갈은 개구리를 찔러 버렸어. 결국 둘 다 죽게 되고 만 거야. 개구리는 화가 나서 물었어. 죽을 줄 뻔히 알면서 왜 찔렀냐고. 개구리랑 같이 죽어 가면서 전갈은 슬피 대답하는 거야. '나도 어쩔 수 없었어, 이게 내 천성이야.'

조디는 지갑 속에 든 애인 딜(제이 데이비슨)의 사진을 보여 주면서 영국 정부가 요구를 들어 줄 리 없으니 자기가 죽으면 꼭 딜을 만나 사랑한다는 말을 전해 달라고 부탁한다. 납치 조직 리더는 퍼거스에게 영국 정부가 요구를 거절했다고 전하면서 조디를 처형하라고 명령한다. 퍼거스는 내키지 않지만 조디를 앞세워 숲으로 들어가고 어느새 밧줄을 푼 조디가 등 뒤에서 총을 쏘지는 말아 달라고 부

탁하면서 달리기 시작한다. 퍼거스는 차마 총을 쏘지 못한 채 조디를 쫓아가고, 숲을 벗어나 길로 막 나선 조디는 마침 납치 조직의 아지트를 급습하러 들이닥치는 영국군 장갑차에 치여 즉사한다.

목숨을 건진 퍼거스는 조디의 마지막 부탁을 들어 주기 위해 딜을 찾아 런던으로 간다. 퍼거스는 짧은 치마를 입은 늘씬한 흑인 미용사 딜에게 머리를 자르고 딜이 자주 가는 바에도 드나든다. 조디의 죽음으로 상처를 입은 딜은 퍼거스에게 위안을 느끼고 차츰 가까워져 마침내 퍼거스 앞에서 옷을 벗는다. 딜의 알몸을 따라 위에서 아래로 눈길을 주던 퍼거스는 남자 성기에 경악하고 화장실로 달려가 구역질을 한다.

그러나 둘의 관계는 끝나지 않았다. 딜은 사랑하는 새 애인 퍼거스를 쫓아다니고 주드가 다시 나타나 딜과 퍼거스를 쫓아다닌다. 주드는 퍼거스에게 며칠 뒤 어느 판사를 암살하라고 지령한다. 사정을 모르는 딜은 퍼거스에게 다른 애인이 있다며 술에 취해 울고, 퍼거스는 자기가 어느새 딜을 사랑하고 있다는 걸 느낀다. 퍼거스는 주드의 위협에서 딜을 구하기 위해 긴 머리를 자르고 남자 옷을 입혀 도망가라고 한다. 그러나 딜은 사랑하는 사람 곁에 있으려고 결사적으로 매달린다. 퍼거스는 하는 수 없이 조디의 이야기를 털어놓고 자기의 정체를 밝힌다.

암살 D데이 아침, 먼저 일어난 딜은 잠든 퍼거스를 침대에 묶고 죽은 조디를 생각하며 총을 겨누지만 쏘지 못한다. 한편 약속 장소에서 퍼거스를 기다리다 일이 꼬인 주드는 살기 가득한 표정으로 딜과 퍼거스가 있는 곳에 쳐들어오지만 딜은 조디를 유혹한 주드에게 방아쇠를 당긴다.

딜이 감옥 안으로 면회하러 들어간다. 딜은 두꺼운 유리벽 맞은편에 앉아 있는 퍼거스에게 출감하려면 앞으로 2334일 남았다고 알려 주면서 사랑한다고 말한다. 또 죄를 대신 뒤집어쓰고 고생하는 걸로 보아 퍼거스도 자기를 사랑하는 게 틀림없다고 속삭인다. 퍼거스는 자기가 대신 들어온 것은 천성 때문이라고 변명하면서 '개구리와 전갈' 이야기를 들려주기 시작한다.

플라톤의 애인

하필이면 IRA 전사와 게이의 사랑일까? 아일랜드 어린이들에게 장래 희망을 물으면 보통 두 가지 대답이 나온다고 한다. 하나는 돈을 많이 버는 것이고 또 하나는 IRA 전사가 되는 것이다. IRA 전사가 되는 것은 목숨을 거는 일이므로 웬만큼 진지하고 순수한 열정으로는 할 수 없다. 이 영화에는 못된 IRA 전사도 나온다. 그러나 퍼거스는 게이바에 드나들면서도 딜이 홀랑 벗을 때까지 게이라는 걸 전혀 눈치 채지 못할 만큼 세상 물정을 모르는 사람이다.

또 딜도 실연의 상처가 깊어 밤새 술에 취해 동네를 방황할 정도로 순진하다. 세상 때가 좀 묻으면 애인한테 채였다고 길거리에서 밤새 병나발 불지 않는다. 게이나 IRA 전사가 다 그렇지야 않겠지만 이 영화에 나오는 딜과 퍼거스는 모두 깨끗한 영혼을 지닌 사람들이다. 그래서 서로 통할 수밖에 없다.

"크라잉 게임 The Crying Game"의 사랑은 플라토닉 러브(Platonic love)다. 사전에는 플라토닉 러브가 '육체 관계를 배제한 정신적 사랑'이라고 정의되어 있다. 웃기는 소리다. 이 정의는 부정확하고 딜과 퍼거스의 사랑은 정확한 의미에서 플라토닉 러브다.

플라토닉 러브는 고대 그리스 철학자 플라톤*의 사랑을 모델로 삼는다. 플라톤의 애인이 누굴까? 소크라테스(Socrates)다. 플라톤은 어릴 때 외숙의 소개로 소크라테스를 만난다. 소크라테스가 남긴 플라톤의 첫인상은 '어제 꿈에 본 백조'다. 케케묵은 표현이지만 첫눈에 홀딱 반하지 않고서야 뱉을 수 없는 말이다. 플라톤도 "소크라테스와 같은 시대에 태어난 것을 신에게 감사한다."고 어린 녀석이 스승보다는 점잖게 말했다. 두 사람의 나이 차이는 40살쯤이다. 분위기가 조금 묘할 것이다.

두 사람이 산 고대 그리스 도시 국가들에서는 남자 동성애가 드물지 않았다. 나이 든 남자와 어린 남자가 '사랑하는 이'와 '소년'의 관계를 맺고 몸과 마음을 교류하는 '소년애(paiderastia)' 풍속이 퍼져

---

* 플라톤(Platon ; 기원전 428~348)
　이데아 이론을 세운 고대 그리스 철학자.
　『플라톤의 대화』, 최명관 옮김, 종로서적, 1981.

있었다. 몸의 교류는 물론 섹스도 포함한다.

때로 지나치게 어린 아이와 사귀는 일이 있었는지 소년의 나이를
제한해야 한다는 주장도 남아 있다. 그 나이는 철들기 시작할 때 또
는 수염이 나기 시작할 때라고 기록되어 있는데 코 밑에 수염이 나
면 더 아래쪽에서도 털이 자라는 법이다. 소크라테스와 플라톤을 비
롯한 제자들 사이의 관계는 이렇게 사랑하는 늙은이와 사랑받는 젊
은이 사이의 동성애다. 그러나 이 동성애가 섹스만 즐기는 것이라고
오해해서는 안 된다. 더 중요한 게 있다.

어린 왕자의 길들이기

『향연』은 플라톤이 남긴 30여 개의 대화편 가운데 하나다. 플라
톤의 대화편은 대부분 소크라테스가 제자, 친구와 어떤 주제를 놓고
벌인 논쟁을 기록한 것이다. 『향연』은 '에로스에 관해'라는 작은 제
목을 달고 있다. 이 대화편은 비극 작가 아가톤이 연극 대회에서 우
승한 것을 축하하러 모인 사람들이 에로스에 관해 돌아가며 한마디
씩 찬양한 이야기를 담고 있다. 여기서 에로스는 사랑의 신을 뜻하
기도 하고 사랑을 뜻하기도 한다.

희극 작가 아리스토파네스는 황당한 신화를 소개하면서 사랑하
는 이와 소년의 동성애를 정당화한다. 처음에 사람은 성이 두 가지
가 아니라 남성, 여성, 남녀성 세 가지였으며 모두 요즘과 달리 팔
네 개, 다리 네 개, 얼굴 두 개, 귀 네 개, 성기 두 개를 가지고 있었
다. 남성은 성기가 둘 다 남자 것이고 여성은 둘 다 여자 것이며 남
녀성은 하나씩이다. 이런 이상한 몸을 가진 사람들은 힘이 세고 야
심도 대단해 신들을 공격하려 했다. 신들이 분노했고 제우스는 모든

사람을 반쪽으로 쪼개는 벌을 내렸다.

오늘날 모든 사람은 온전하지 못한 반쪽이며 그래서 나머지 반쪽을 그리워하고 다시 한몸이 되려 한다. 본래 남성인 사람은 남성 반쪽을 그리워하고 본래 여성인 사람은 여성 반쪽을 그리워하며 본래 남녀성인 사람은 반대성 반쪽을 그리워한다. 따라서 사랑하는 이와 소년의 동성애도 온전해지려는 욕망에서 비롯한 자연스러운 일이다. 이 신화에서 유래했는지 모르지만 요즘도 더러 사랑을 반쪽 찾기라 하고 사랑하는 사람을 분신이라 부른다.

몸이 하나가 되면 마음도 하나가 된다. 마음이 하나가 된다는 게 무슨 뜻일까? 소크라테스는 뭔가를 사랑하는 것은 그 대상을 욕구하는 것이고, 욕구한다는 것은 지금 그 대상이 부족하다는 뜻이라고 주장한다. 예를 들어 내가 돈을 사랑하는 것은 돈을 욕구하는 것이고 이는 지금 나에게 돈이 부족하다는 뜻이다. 돈많은 사람들이 돈을 더 사랑하는 게 우리 현실이지만 여기서는 그 사람들도 더 욕구하는 만큼 부족하다고 너그럽게 봐 주자.

소크라테스에 따르면 사랑의 중요한 대상 가운데 하나가 지혜다. 사랑하는 이와 소년은 모두 지혜가 부족하다는 걸 깨닫고 함께 지혜를 욕구하고 사랑한다. 그런데 그리스말은 '지혜(sophia)'와 '사랑하다(philos)'를 더하면 '철학(philosophia)'이 된다. 따라서 사랑하는 이와 소년이 몸과 더불어 마음도 하나가 된다는 것은 함께 지혜를 사랑하고 함께 철학한다는 뜻을 포함한다.

플라토닉 러브는 섹스도 나누지만 함께 지혜를 추구하는 것이 핵심이다. 사랑하는 이와 소년은 공동 목표인 지혜를 함께 바라본다. 따라서 서로 바라보는 게 아니라 함께 같은 쪽을 바라보는 『어린 왕자』의 참사랑도 플라토닉 러브의 현대판이다. 여우와 어린 왕자는 처음부터 같은 쪽을 바라볼 수 없으니까 길들이는 과정이 필요하다.

길들이는 게 무어냐고 묻는 어린 왕자에게 여우는 첫날엔 멀리 떨어져 있다가 매일 조금씩 가까이 앉고 그 다음엔 시간 약속까지 하고 오라고 말한다. 플라토닉 러브에서 길들이기는 사랑하는 이와 소년이 지혜를 얻기 위해 오랫동안 꾸준하고 치열하게 대화하는 과정이다.

"크라잉 게임"은 바로 이런 뜻에서 플라토닉 러브를 재현하고 있다. 영화에서 딜과 퍼거스의 사랑은 비록 섹스를 키스로 대신하지만 플라토닉 러브의 핵심인 철학을 빠뜨리지 않고 있다. 딜이 면회하러 갔을 때 퍼거스가 '개구리와 전갈' 이야기를 들려주는 것은 둘의 지혜 사랑이 시작했음을 상징한다. 전갈은 천성 때문에 개구리를 찔러 죽이지만 퍼거스는 천성 때문에 딜을 살린다는 내용이 중요한 게 아니다. 그 이야기를 말하고 듣는 행위가 중요하다. 2334일이나 남은 기간 동안 두 사람은 꾸준히 만나 대화하고 토론하면서 지혜를 쌓고 인생관을 만들어 갈 것이다. 두꺼운 유리벽이 가로놓여 있으니 어쩔 수 없는 일이기도 하지만 그래서 더욱더 두 사람은 진짜 플라토닉 러브를 기대하게 될지도 모른다.

이렇게 사랑 있는 섹스, 함께 같은 쪽을 바라보는 섹스는 플라토닉 러브라고 내가 주장하면, 사랑 있는 섹스를 원하던 대학생들도 내 주장이 한 가지 해석일 뿐이라거나 그런 뜻에서 사랑 있는 섹스는 싫다는 반응을 많이 보인다. 동성애가 싫다는 반응이기도 하지만 무엇보다 함께 지혜를 추구하는 사랑과 섹스가 싫다는 반응이다. 왜 이런 사랑과 섹스가 싫을까?

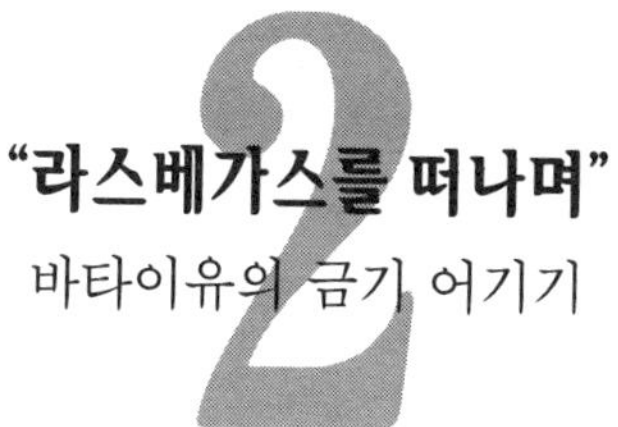

"라스베가스를 떠나며"
바타이유의 금기 어기기

나는 수많은 할리우드 오락 영화를 보면서 한 가지 의문이 들었다. 왜 오락 영화들은 거의 어김없이 섹스 장면과 폭력 장면을 함께 담고 있을까? 나는 이 의문을 오락 영화라기보다 멜로 영화인 "라스베가스를 떠나며 Leaving Las Vegas"를 통해 풀려고 한다. 이 영화의 주연인 니콜라스 케이지는 다른 영화에 출연하면서 진짜 바퀴벌레를 씹어 먹고 마취도 하지 않은 채 생니를 뽑은 적이 있는데 이 영화를 찍는 동안에도 내내 술에 절어 있었다고 한다. 덕분에 아카데미 남우 주연상을 안았다.

있는 그대로의 모습을 사랑해

술을 너무 좋아하는 바람에 이혼했는지 이혼하는 바람에 술독에 빠졌는지 알 수 없지만 할리우드 극작가 벤(니콜라스 케이지)은 이미 손이 떨려 사인도 못할 만큼 심한 알코올 중독자다. 벤은 술을 그만 마시는 것이 숨을 그만 쉬는 것보다 더 어렵다. 벤은 일자리마저 잃자 퇴직금으로 매일 300달러씩 한 달 동안 술이나 실컷 마시다가 죽으려고 라스베가스로 떠난다.

도박과 매춘의 도시 라스베가스의 한 횡단 보도에서 벤은 창녀 세라(엘리자베스 슈)를 만나 사랑을 느낀다. 돈을 받고 벤을 따라 모텔로 간 세라는 자동으로 계약한 서비스를 제공하려 한다. 그러나 벤은 세라에게 같이 있기만 원한다. 돈을 벌어 오라는 포주에게 시달리던 세라도 벤에게 위안을 느낀다.

그러나 둘 다 사랑이 구원하기엔 벌써 너무 망가져 있었다. 그래서 세라는 벤에게 술을 끊으라고 요구하지 않고 벤은 세라에게 매춘을 그만두라고 요구하지 않는다. 벤은 술병을 빼앗지 않는다는 조건으로 자기가 사는 집에 들어오라는 세라의 청을 받아들인다. 세라는 벤이 들어오는 날 코끼리한테 비스킷같이 작은 휴대용 술병을 선물한다.

벤과 세라는 서로 절망을 달랜다. 세라는 자기 직업에다 벤의 술주정까지 보탠 덕분에 집주인, 카지노 매니저, 모텔 관리인에게 온갖 모욕을 당하지만 꿋꿋이 참는다. "사랑해"라고 말해 줄 사람이 있다는 사실만으로도 외롭지 않으니까.

그러나 둘은 더욱 망가진다. 세라는 일을 계속하다 새파란 놈들에게 집단 강간을 당하고, 벤은 술에 취해 다른 창녀를 세라의 침대로 데려와 뒹군다. 이 모습을 본 세라는 벤을 내쫓는다.

다시 그립다. 세라는 벤이 자기 집으로 들어오기 전에 묵던 모텔과 함께 놀러 간 카지노를 뒤지지만 벤은 없다. 며칠 뒤 벤에게 연락이 오고 세라는 눈자위가 시커멓게 탄 채 죽어 가는 벤과 처음이자 마지막 섹스를 나눈다. 벤은 라스베가스를 영원히 떠난다. 세라는 자기가 벤을 바꾸려 하지 않았다고 회상한다.

금기의 위반은 아름답다

　화려한 라스베가스에서 처참한 알코올 중독자와 창녀의 사랑은 참 아름답게 보인다. 몰락과 절망과 허무를 견디는 길은 역시 사랑이 최고인가 보다. 그러나 플라토닉 러브의 관점에서 보면 벤과 세라의 사랑은 참사랑이 아니다. 플라토닉 러브나 어린 왕자의 길들이기는 서로 모습을 바꾸고 조율하는 사랑이다. 다 그런 건 아니지만 많은 연인은 오랫동안 만나고 같이 살고 티격태격하면서 생각과 행동을 조금씩 맞추어 간다. 심지어 많은 부부가 얼굴이 닮았다는 착각 섞인 말도 듣는다.

　벤과 세라의 사랑은 상대의 모습을 있는 그대로 받아들이는 게 특징이다. 세라는 벤의 알코올 중독을 비난하지 않고 벤은 세라의 매춘을 비난하지 않는다. 벤은 세라를 사랑하면서도 끝내 죽음에서 눈길을 돌리지 못한다. 세라는 말릴 수 없지만 태연할 수도 없다. 영화의 마지막 장면에서 세라의 회상은 생략한 게 있다. 세라는 벤을 '바꾸고 싶었지만' 바꾸려 하지 않았다. 벤과 세라의 시선은 서로 어긋나 있다. 그렇지만 벤과 세라의 사랑은 여전히 참 아름답게 보인다. 왜 그럴까?

사람은 이성의 지배에 무조건 복종하지 않는다. 사람의 내부에는 충동 또는 본능이 도사리고 있기 때문이다. 프로이트에 따르면, 사람의 원초적 본능은 에로스(eros)와 타나토스(thanatos)다. 여기서 에로스는 삶의 충동이고 사랑과 섹스는 이 충동의 대표적 표현 방식이다. 타나토스는 죽음의 충동이고 자살뿐 아니라 폭력, 살인 등으로 표현된다. 그리고 사드(C. de Sade)에 따르면, 극도에 이른 삶의 충동은 죽음의 충동과 다르지 않다. 섹스 막바지에 느끼는 오르가슴은 조그만 죽음이다.

사회는 충동의 표현을 무제한 허용하지 않는다. 충동의 표현을 억압하는 것이 금기다. 금기는 법이나 관습으로 있을 수도 있고 내 마음속에 규범으로 있을 수도 있다. 에로스와 관련하여 가장 널리 퍼진 것은 근친 상간의 금기고 타나토스와 관련하여 가장 널리 퍼진 것은 폭력과 살인의 금기다.

그러나 위반을 허용하지 않는 금기는 없고 어쩌면 금기는 위반하라고 있다. 살인의 금기가 있더라도 사람 죽이는 일은 일어난다. 나는 시험 때마다 학생들한테 답안지 윗줄에 있는 과, 학번, 이름 난을 채우고 담당 교수 난은 비워 두라고 요구한다. 그러나 채점하다 보면 이 요구를 어긴 답안이 꼭 몇 장씩 있다. 가끔 내 이름을 이젠 현역에서 은퇴한 해태 야구 선수로 잘못 적어 놓은 답안도 있다. 이게 싫어서 비워 두라고 한 건데.

섹스와 폭력은 모두 금기의 위반이라는 점에서 공통적이다. 우리 조상에게 섹스는 곧 자식 만들기 또는 남편의 배설이었고 그 이상은 금기였다. 금기의 위반은 쾌감을 불러일으킨다. 수많은 할리우드 영화가 섹스와 폭력의 장면을 섞는 까닭은 금기의 위반이 관객에게 짜릿한 쾌감을 선사하기 때문이다. 또 함께 지혜를 추구하는 플라토닉 러브가 싫은 까닭도 이런 사랑은 금기의 위반처럼 짜릿한 맛이 없기 때문이다. 오히려 플라토닉 러브는 의미를 줄여 지혜 사랑만 강조하면 동성애든 이성애든 섹스를 억압하는 금기로 작용한다.

벤과 세라의 사랑은 삶과 죽음의 충동에 대한 금기를 위반한다는 점에서 오락 영화의 격렬한 섹스나 폭력과 다르지 않다. 벤의 알코올 중독과 죽으려는 결심은 모두 보통 사람이 비난하고 스스로 억제히는 금기다. 벤이 죽기 직전 세라와 나누는 섹스는 이런 금기 어기기의 절정이다.

나는 그림을 볼 줄 모르지만 어느 책에서 본 오스트리아 화가 클림트(Klimt)의 '유디트 1'은 매우 인상 깊었다. 유디트는 적장을 침실로 유혹하여 칼로 목을 잘라 죽인 옛 이스라엘의 애국 여성이다. 그 뒤 이

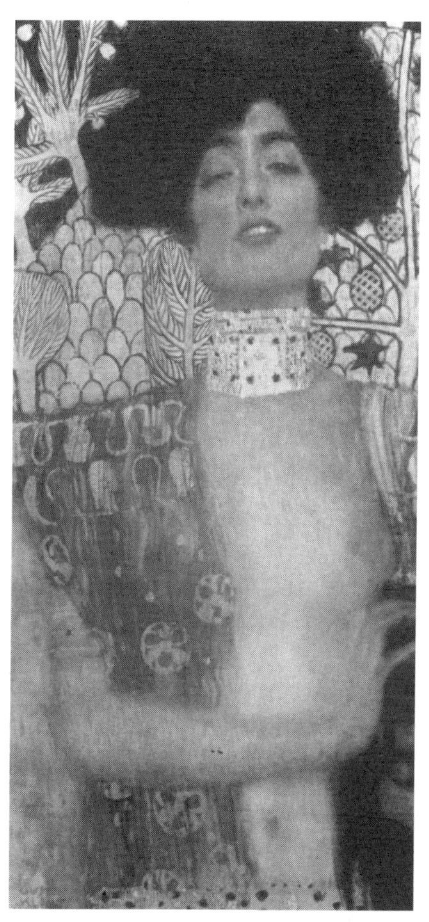

클림트의 '유디트 1'

름난 많은 화가가 유디트를 강건하고 지조 있는 모습으로 그렸다. 그러나 클림트의 그림에서 유디트는 젖꼭지가 비치는 시스루 패션에 아직 섹스의 흥분이 가라앉지 않은 듯 두 눈을 반쯤 몽롱하게 감은 채 적장의 자른 목을 옆구리에 들고 서 있다.

퇴폐! 섹스와 죽음을 섞어 놓으면 진한 퇴폐를 느낄 수 있다. 퇴폐의 느낌이 든다고 비난하려는 게 아니다. 이 느낌은 쾌감의 일종이고 사람들에게 쾌감을 불러일으키는 장면은 대개 추하지 않다.

나는 벤이 죽기 직전 세라와 나누는 섹스가 아름답게 보이는 까닭도 바로 이 퇴폐의 느낌을 자극하기 때문이라고 생각한다. 금기의 위반인 섹스와 폭력의 장면 또는 둘을 결합한 장면은 오락 영화에서는 짜릿하고 통쾌하지만 멜로 영화에서는 퇴폐스럽고 아름답다.

섹스는 사람의 사물화를 막는다

금기를 위반하는 섹스는 비난받아야 할까? 바타이유*는 아니라고 대답한다. 바타이유에 따르면 사람의 섹스는 동물성이 기초고 동물성을 배격하는 것이 금기다. 그러나 사람은 금기를 위반하더라도 짐승으로 완전히 되돌아가지 않는다. 사람의 위반은 규칙이 있기 때문이다. 이제 우리 나라 젊은이도 사랑 표현이 과감해졌지만 원숭이처럼 남들 다 보는 데서 섹스하지는 않는다. 사람은 금기를 위반하더라도 규칙이 있기 때문에 정글이 아니라 사회를 구성한다.

---

* 조르주 바타이유(Georges Bataille ; 1897~1962)
　금기와 위반을 탐구한 프랑스 문학자, 철학자.
　『에로티즘』, 조한경 옮김, 민음사, 1989.

바타이유는 금기를 위반하는 섹스가 사람의 사물화를 최대한 막아 준다고 주장한다. 사람의 사물화란 살아 있는 사람이 죽은 사물로 취급받는 현상을 가리킨다. 냉정하게 말하면 돈을 벌기 위해 일하는 직장에서는 아무리 따뜻한 정이 오가더라도 사람이 하나의 상품이다. 이런 뜻에서 사람은 대체로 일하는 곳에서 사물화한다. 사람의 사물화는 돈이 강력하여 사람을 부정할 수 있기 때문에 일어난다. 마찬가지로 사람이 동물을 잡아먹는 것도 동물의 사물화다. 이 사물화도 사람에게 동물을 부정할 힘이 있기 때문에 일어난다.

사람의 섹스 충동은 사물화할 수 있을까? 같은 논리에 따르면 사람이 이성이나 의지로 섹스 충동을 부정하고 죽일 수 있어야 이 충동은 사물화한다. 그러나 섹스 충동은 더러 부정하려 해 보지만 소용없다. 부정하고 부정해도 다시 고개를 쳐든다. 바타이유에 따르면 보통 사람의 섹스 충동은 사물화하지 않는다.

따라서 사람은 직장에서 일하면서 사물화하지만 금기를 위반하는 섹스를 통해 오히려 사물화를 어느 정도 극복한다. 문명은 그 동안 사람들이 섹스 충동을 자유롭게 표현하는 것을 억압해 왔으나, 오히려 이런 억압을 어느 정도 푸는 것이 사람의 사물화를 막고 문명 발달의 새로운 동력을 얻는 길이다. 바타이유의 눈으로 보면 벤과 세라의 사랑과 섹스는 금기를 어기기 때문에 두 사람의 사물화를 막는 해방의 의미를 지니고 있다.

플라토닉 러브가 싫다는 반응을 보인 대학생들도 이런 해방의 의미를 지닌 섹스와 사랑에는 거부 반응을 덜 보인다. 이런 섹스와 사랑이 젊은 세대와 좀더 어울릴까?

"너에게 나를 보낸다"

보드리야르의 내 몸에 대한 나르시시즘

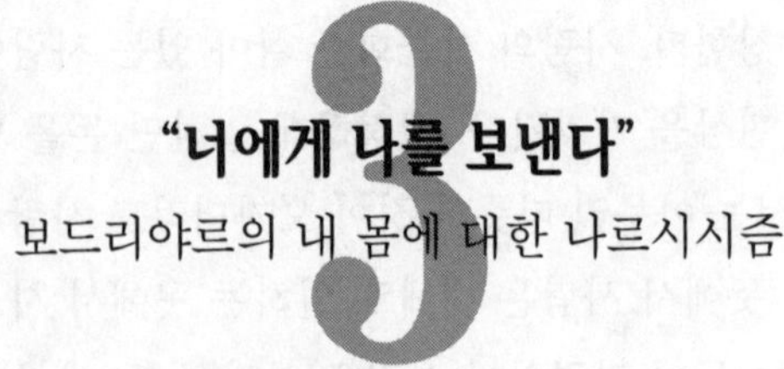

현대를 대표할 만한 사랑과 섹스는 무엇일까? 다수의 생각과 행동이 반드시 한 시대를 대표하지는 않는다. 아직도 많은 사람은 첫눈에 번개가 일어나는 열정적 사랑이나 영혼의 빈자리를 메우는 낭만적 사랑을 꿈꾼다. 그러나 열정도 낭만도 시시하게 여기는 사랑과 섹스가 있다. 이런 사랑과 섹스는 전에 없던 모습이고 따라서 현대를 대표할 만한 후보 가운데 하나다.

세계적 엉덩이

'나'(문성근)는 신춘 문예에 당선했다가 표절 시비에 걸려 문학의 꿈이 꺾인 채 하루하루 보내는 포르노 소설가다. 어느 날 내가 사는 집에 표절 소설과 똑같은 꿈을 꾸었다는 '바지 입은 여자'(정선경)가 찾아온다. 이름과 반대로 미니 스커트만 입고 '세계적 엉덩이'라는 별명을 가진 여자는 나에게 자기의 짧은 치마와 다리 사이에 무엇이 있을 것 같냐고 묻는다. 나는 망설이다가 "팬……티"라고 대답하

지만 여자는 "아무 것도 없다."고 말한다.

그날 저녁 나는 몽상가 친구 '은행원'(여균동)을 만나 "한 시간 넘게 그 짓을 했고 청바지처럼 꽉 낀다."고 자랑한다. 그날 밤 나는 속옷만 걸치고 자는 여자의 엉덩이를 본다. 여자가 시골 중학교에서 엉덩이 때문에 많은 놀림을 받았고 자기를 '따먹지' 못한 남자가 없을 정도로 벌통이 되었다는 이야기가 내 머리 속을 맴돈다. 그러나 나는 다시 엉덩이를 더듬기 시작한다.

내가 훌륭한 소설가로 성공하는 걸 돕겠다며 동거하기 시작한 여자는 금고 속에 글을 감춰 두고 보여 주지 않는 나를 의심하기 시작한다. 어느 날 경산 문화 협회 일행이 나를 찾아와 술자리가 벌어진다. 사이비 극단을 만들어 놓고 여고생과 초등학생까지 성 추행하는 백 선생은 화장실에 간 바지 입은 여자를 뒤따라가 자기의 '숟가락'을 핥아 보라고 요구한다. 여자는 선뜻 응한다.

나는 다른 포르노 소설가 '색안경'한테 자기 대신 글을 하나 써 달라고 부탁받은 적이 있는데 이 일을 바지 입은 여자에게 맡긴다. 글을 건네 주고 며칠 뒤 색안경은 그 글 속에 "남한에서 정부가 통일의 주도권을 쥐려면 우선 밑으로부터 혁명이 일어나야 한다."는 내용이 있는 바람에 회사에서 쫓겨났다며 나를 욕하고 두들겨 팬다.

나는 얻어맞으면서도 '밑으로부터'라는 말에 아랫도리가 감동하여 여자에게 달려간다. 그러나 이미 색안경이 다녀가는 바람에 내가 포르노 소설을 쓰고 있다는 걸 안 여자는 집을 나가려 하고 나는 진짜 소설을 쓸 기회를 다시 한 번 달라고 애걸한다.

어느 날 혼자 있는 여자에게 은행원이 찾아오고 함께 나를 기다리면서 심심하던 차에 서로 일급 비밀을 하나씩 털어놓기로 한다. 은행원은 사춘기 때 자취 생활을 하면서 남편에게 매일 얻어맞는 젊은 주인 여자와 정기적으로 섹스를 나누었다. 은행원은 남편한테서 주인 여자를 거쳐 자기에게 옮긴 지독한 성병 때문에 결국 '발기 불능'이 되었다고 고백한다. 여자는 믿기지 않는다는 듯이 "정말 안 서요?"라고 묻고 은행원은 "전혀 안 서요."라고 대답한다. 여자는 자기가 치료해 보겠다며 온갖 방법으로 성기를 자극하지만 실패하고 만다.

여자는 미안해 하면서 자기 비밀을 말한다. 여자는 열아홉 살 직공 시절에 '오만과 자비'라는 운동권 대학생과 만나 동거하면서 온갖 변태 섹스를 강요받고 결국 거식증에 걸린다. 그 뒤 밥 대신 책만 읽다가 우연히 나의 소설을 읽고 거짓말처럼 병이 나았다.

외딴곳에서 소설을 쓰고 있는 나에게 여자는 여관을 운영하는 이모가 돌아가셨다는 전보를 들고 찾아온다. 나는 급히 여자와 함께 여관을 찾아가지만 이모는 늙고 병들었을 뿐 아직 살아 있다. 가족이 없어 쓸쓸한 이모는 거짓말로 나를 불렀고 여관을 대신 운영하라고 한다.

나는 이모가 윤락 사업을 하지 않는다는 조건으로 여관에 머물지만 여자는 다른 남자 손님들 방을 들락거린다. 여자는 세계적 엉덩이에 반한 광고 감독과 줄행랑을 치고 나는 소설 쓰기를 포기한 채 폐인이 되어 간다. 은행원이 여관으로 나를 찾아오고 나는 여자를 찾아나선다. 은행원은 내가 여관에 팽개쳐 둔 타이프라이터로 소설을 쓰기 시작한다.

세월이 흘러 바지 입은 여자는 방송가의 스타가 되고 나는 여자를 어렵게 만나 가방 모찌가 된다. 그리고 은행원이 나와 바지 입은 여자의 실화를 소설로 쓴 『너에게 나를 보낸다』는 베스트셀러가 된다.

사랑 없는 섹스

"너에게 나를 보낸다"가 보여 주는 섹스와 사랑의 특징은 무엇일까? 몇 해 전 이 영화를 보고 나올 때 어느 구경꾼이 친구에게 하던 말이 기억난다. "야, 도대체 몇 명이나 한 거냐?" 어느 스포츠 신문에 만화를 싣는 모(某) 금택 선생의 표현에 따르면 바지 입은 여자는 때와 장소와 상대를 가리지 않고 '응응'한다. 이런 응응을 '사랑 없는 섹스(sex without love)'라고 부르는 게 어떨까?

사랑 없는 섹스라니? 영화를 보지 않고 이 말만 들으면 나이 든 여성은 남편의 배설이나 자식을 얻기 위해 소극적으로 치르는 의무 방어전을 연상할지 모른다. 그러나 여기서 사랑 없는 섹스는 소극적인 게 아니라 오히려 적극적으로 감정을 배제하는 섹스를 가리킨다.

바지 입은 여자는 섹스에 감정을 섞지 않는다. 동거하는 사람이 안방에 있어도 화장실에서 다른 남자와 응응하고 여관에서 남자 손님 방을 들락거리다 들켜도 미안해 하지 않는다. 상대의 감정은 껌 값이고 자기 감정도 별거 아니다. 바지 입은 여자는 이미 어느 셋집에서 할아버지, 아버지, 아들 3대와 모조리 응응한 적도 있다.

왜 감정을 배제할까? 감정을 섞는 게 귀찮고 피곤하기 때문이다. 내가 남과 감정을 섞으면 기쁘고 뿌듯할 수도 있지만 자존심이 상할 수도 있다. 감정을 섞어 자존심이 상하느니 감정을 배제하고 섹스하거나 차라리 야한 장면을 보고 상상하면서 마스터베이션을 즐기는 게 뒤가 깨끗하다.

그러나 사랑 없는 섹스는 아무 감정도 없는 섹스가 아니다. 이런 섹스는 조금 더 깊이 보면 내 몸에 대한 강한 애착이 있다. 바지 입은 여자는 어릴 때부터 여러 상대를 겪으면서, 남자들이 보기만 하면 침을 흘리는 자기 몸이 권력을 유지하는 훌륭한 수단이라는 걸

일찌감치 배운다. 권력을 유지하기 위해서는 남의 감정, 남의 몸, 남에 대한 내 감정은 포기하더라도 내 몸에 대한 내 감정만은 포기할 수 없다. 내 몸에 대한 자기 도취적 사랑, 곧 내 몸에 대한 나르시시즘(narcissism)이 사랑 없는 섹스의 정체다.

사랑과 섹스의 의미 죽이기

왜 현대 사회의 사랑과 섹스는 내 몸에 대한 나르시시즘을 요구할까? 보드리야르*에 따르면 현대 사회는 소비 사회다. 소비 사회에서 상품은 사용 가치가 중요하지 않고 기호 가치가 중요하다.

사용 가치는 욕구를 충족하는 수단이지만 기호 가치는 사회 지위와 행복을 표시하는 수단이다. 예를 들어 10대 학생들이 10만 원이 넘는 운동화를 원하는 것은 상품 선택의 핵심 기준을 쓸모로 보면 도저히 이해할 수 없지만, 지위와 행복의 표시 기호로 보면 쉽게 이해할 수 있다. 10대 학생들의 눈에 운동화는 얼마나 튼튼하냐가 아니라 친구들 사이에 내가 낄 수 있는 기호냐 아니냐가 문제다.

보드리야르는 소비 사회에서 가장 아름다운 기호는 몸이라고 주장한다. 소비 사회에서 몸은 경제 면으로 사유 재산의 중요한 일부가 된다. 따라서 개인은 자기 몸을 재산으로 관리하고 조작하고 투자한다. 몸은 심리 면으로 사회 지위를 표시하는 중요한 기호이므로 자기 도취적 숭배의 대상이 된다. 소비 사회에서 내 몸에 대한 나르

---

* 장 보드리야르(Jean Baudriallrd ; 1929~)
'포스트모더니즘의 고승'이라고 평가받는 프랑스 철학자.
『소비의 사회』, 이상률 옮김, 문예, 1992.

시시즘이 없는 사람은 손가락질을 받는다. 열심히 운동과 다이어트를 하고 다이어트 클리닉에라도 다녀 마르고 날씬한 몸매를 유지해야 한다.

가장 아름다운 소비 기호로서 나르시시즘의 대상이 된 몸은 이윤을 낳는다. 소비 사회에서 수많은 상품은 고객을 얻기 위해 이 시대 최고의 유행 의상인 알몸을 이용한다. 사랑 없는 섹스, 곧 내 몸에 대한 나르시시즘만 있는 섹스는 몸을 가장 아름다운 기호로 소비하는 사회가 요구한다.

보드리야르가 이런 섹스와 사랑이 바람직하다고 주장하는 건 아니다. 보드리야르가 보기에 이런 섹스와 사랑은 바타이유와 반대로 사람의 사물화 현상이다. 사람의 사물화란 살아 있는 사람이 죽은 사물로 취급받는 현상이라고 말했다. 소비 사회에서 사랑 없는 섹스는 나든 남이든 살아 있는 사람의 몸과 마음을 죽은 사물, 즉 기호로 취급하는 현상이다.

섹스와 사랑을 기호로 소비하는 사람들은 한 가지 공통점이 있다. 그건 섹스와 사랑에서 뭔가 진지한 의미를 따지는 걸 싫어하는 태도다. 보드리야르는 소비 사회에서 섹스와 사랑은 그 의미를 따지면 기호로 소비한다는 특성을 이해할 수 없다고 경고한다. 그렇다면 바타이유처럼 섹스와 사랑이 삶의 충동의 표현이니 금기의 위반이니 하고 의미를 따지는 것도 잘못이다. 사랑 없는 섹스를 즐기는 사람에게 사랑과 섹스는 본질적 의미가 있는 게 아니라 그냥 소비하는 것이다.

섹스와 사랑을 기호로 소비하는 것은 섹스와 사랑의 '의미 죽이기'다. 장선우 감독의 영화는 검열 때문인지 생략해 버렸으나 소설가 장정일의 원작 『너에게 나를 보낸다』는 바지 입은 여자의 별명이 왜 세계적 엉덩이인지 설명한다.

바지 입은 여자는 자비와 오만과 동거할 때 함께 거리 시위에 나섰다가 최루탄에 쫓겨 어느 허름한 건물 화장실에 숨고 거기서 섹스를 벌인다. 섹스가 끝난 뒤 여자는 팬티를 벗어 휴지 대신 뒤처리를 하고 나오다 전경에게 붙들린다. 경찰서에 끌려간 한 무리의 시위대에게 경찰은 남녀 가리지 않고 속옷만 입은 채 머리를 시멘트 바닥에 박으라고 명령한다. 마침 팬티를 쓰레기통에 버리고 나온 바지 입은 여자는 엉덩이를 내놓은 채 벌을 받고 그 장면을 경찰서 건너편에서 어느 외국 신문 기자가 망원 렌즈로 찍어 자기네 신문 일면 톱으로 싣는다. 얼굴이 찍히지 않은 바지 입은 여자는 세계적 엉덩이라는 별명을 얻는다.

이 이야기는 우리 나라 1980년대 민주화 운동의 진지한 모습을 우습게 비꼬는 패러디다. '내'가 노동자들의 봉기를 뜻하는 '밑으로부터 혁명'에서 허리 밑으로부터 오르가슴을 상상하는 것이나 '오만과 자비'가 입으로는 변혁을 요구하고 성기로는 변태를 요구하는 것도 똑같은 패러니다.

그러나 1980년대 민주화 운동의 현장에 나선 학생과 시민은 나름대로 자기 행동에 진지한 의미를 부여하고 있었다. 이 의미를 우습게 비꼬는 패러디는 섹스와 사랑의 진지한 의미를 따지는 일도 비웃는다. 민주화 운동은 한물갔으니 사랑과 섹스에 기대를 걸자는 게 아니라 아예 섹스나 즐기다 가자는 허무주의다. 과연 현대 사회에서 섹스와 사랑의 의미는 이렇게 죽여 버려도 괜찮을까?

4 인정과 무시

섹스와 사랑의 사회성

바지 입은 여자가 아니더라도 사람은 누구나 시도 때도 없이 섹스하는 동물이다. 왜 사람은 시도 때도 없이 섹스할까? 대부분의 포유 동물 암컷은 배란기가 되면 가슴 주위가 부어 오르거나 질 주위의 색이 변하는 등 표시가 난다. 그러나 여성은 알몸을 보더라도 배란이 표시가 나지 않는다. 다른 동물처럼 배란이 표시가 나면 그때만 집중적으로 섹스를 해도 수정이 될 텐데 사람은 표시가 나지 않으니 수정을 하려면 시도 때도 없이 섹스하는 수밖에 없을지 모른다. 그러나 이 설명이 사람의 섹스가 지닌 특성을 모두 보여 주지는 않는다.

사람은 수정의 확률을 따지면 한참 뒤떨어진 동물이다. 수정의 확률은 수정 횟수와 섹스 횟수의 비로 따지니까 배란이 표시가 나는 동물은 한 번 섹스로 수정할 확률이 사람보다 훨씬 높다. 사람의 섹스는 어떤 동물보다 수정이 힘들게 진화했다. 왜 이렇게 진화했을까?

아마 사람의 섹스는 수정과 생식 말고 다른 기능이 있기 때문일 것이다. 우리는 그 기능을 보통 '즐긴다'는 말로 표현한다. 사람은 자식을 얻기 위해서만이 아니라 즐기려고 시도 때도 없이 섹스한다. 그러나 즐긴다는 표현은 정확하지 않다. 모든 섹스가 반드시 즐거운 것은 아니기 때문이다. 때때로 섹스는 자존심이 상할 수도 있고 진하게 바람피우는 남편의 섹스는 상상만 해도 죽이고 싶다.

즐긴다는 것은 나와 남의 관계, 일종의 사회 관계를 만든다는 뜻이다. 사람의 섹스는 사회 관계를 강화할 수도 있고 약화할 수도 있다. 남편의 바람피우기는 남편과 애인의 관계를 강화하지만 아내와 남편의 관계를 약화한다. 그러나 사람의 섹스는 어떤 식으로든 사람 사이의 관계를 만든다는 뜻에서 사회성을 지니고 있다.

한편 사랑은 무엇일까? 내가 좋아하는 사랑의 정의는 눈물의 씨앗이 아니라 어려운 말이지만 '두 감정 사이의 배타적 인정에 대한 약속'이다. 진심으로 사랑하는 두 사람은 상대만 인정하려고 마음먹는다. 수많은 침대와 방바닥 위에서 섹스를 나누는 사람들은 "사랑해"라는 말을 주고받는다. 이 말은 '너 참 섹스 잘한다.'는 뜻이 아니다. 거짓말이 아니라면 '적어도 이 순간은 너만을 인정하겠다.'는 약속이다.

이 약속은 오래 가지 않을 수도 있다. 아침에 아내와 섹스하면서 "사랑해"라고 말한 남편이 저녁에 다른 애인과 섹스하면서 "사랑해"라고 말할 수 있다. 게다가 둘 다 진심일 수도 있다. 왜냐 하면 배타적 인정의 약속은 감정의 약속이기 때문이다. 감정은 쉽게 흔들리는 갈대다.

그러나 중요한 것은 사람의 사랑이 인정의 성격을 지닌다는 점이다. 인정의 반대는 무시다. 남이 보기엔 아무리 못생긴 애인도 내 눈에 안경인 까닭은 내 감정이 그 사람만 인정하고 있기 때문이고 바람피우는 남편이 죽이고 싶을 정도로 미운 까닭도 내 감정이 무시당하고 있기 때문이다.

인정과 무시는 기본적으로 나와 남의 관계다. 내가 스스로 인정하거나 무시할 수도 있지 않느냐고 생각할지 모른다. 아마 스스로 인정하면 자랑스러울 것이고 스스로 무시하면 부끄러울 것이다. 그러나 만일 내가 옛날에 남과 함께 살았다는 기억조차 없이 이 지구 위에서 혼자 살고 있다면 벌거벗고 다니더라도 쪽팔릴까?

나를 인정하거나 무시할 수 있는 것은 남이거나 남에 대한 나의 의식이다. 그러므로 사람의 사랑이 인정의 성격을 지닌다는 것은 사랑이 나와 남의 관계에서 성립한다는 뜻이다. 사람의 사랑도 섹스와 마찬가지로 사회성을 지니고 있다.

정체성 형성

사람의 섹스와 사랑이 사회성을 지니고 있다는 게 도대체 왜 중요할까? 사람의 섹스와 사랑은 사회성을 지니고 있기 때문에 사람의 정체성(identity)을 형성하는 데 이바지할 수 있다. 정체성이란 내가 무엇인지에 대한 이해다. 내가 무엇인지를 자주 골똘히 생각하면 더 좋지만 그러지 않더라도 누구나 자라면서 내가 무엇인지 조금씩 이해하게 된다. 사람은 이런 정체성을 가지고 있기 때문에 정도의 차이는 있지만 자율적으로 행동한다. 나는 공부 체질이 아니지만 어떤 이유로든 내가 공부해야 한다는 걸 알고 있기 때문에 내 발로 학교에 간다.

사람의 정체성은 인정과 무시의 변증법을 통해 형성된다. 그리고 인정과 무시는 남이 없으면 불가능하다. 사람이 처음으로 인정과 무시의 감정을 경험하는 남은 대개 부모다. 어린이는 누구나 자기 부모에게 극진한 인정을 받는다. 그러나 어린이는 젖을 뗄 때 처음으로 엄마의 무시를 경험한다. 친구라도 생기면 무시와 인정의 감정은 훨씬 더 강해지기 시작한다.

이런 관점에서 보면 사랑 없는 섹스는 어떻게 평가할 수 있을까? 앞에서 사랑 없는 섹스는 내 몸에 대한 나르시시즘만 있는 섹스라고 풀이했다. 보드리야르는 내 몸에 대한 나르시시즘이 사람을 기호로 소비하는 사물화 현상이라고 주장하지만 나는 이 나르시시즘이 정체성 형성에 이바지하는 면이 있다고 생각한다.

이 점은 거꾸로 생각해 보면 잘 알 수 있다. 내 몸에 대한 나르시시즘을 위협하는 것은 내 몸에 대한 나의 무관심도 있지만 무엇보다 내 몸에 대한 남의 폭력이다. 꼼짝 못 하고 당하는 성 폭력이나 마지못해 몸을 허락하는 섹스는 적어도 얼마 동안 심리와 행동에 장애를 일으킨다. 내 몸에 대한 남의 폭력은 내 행동의 자율성을 파괴하고 나에 대한 이해를 교란한다.

그렇다면 거꾸로 내 몸에 대한 나르시시즘은 나에 대한 이해와 행동의 자율성을 강화할 수 있다. 갈수록 늘어나는 허리 둘레는 내 나이를 돌아보게 만들고 운동화 끈을 조이게 할 수 있다. 내가 무엇인지는 꼭 내 마음을 통해 생각하라는 법이 없다. 내 몸에 대한 관심이 나에 대한 이해의 실마리가 될 수 있다. 몸 가는 데 마음 갈 수 있으니까.

그러나 내 몸에 대한 나르시시즘만으로는 정체성을 제대로 형성할 수 없다. 인정과 무시는 남이 필요하기 때문이다. 사랑 없는 섹스는 남 없이 내가 스스로 인정하려는 시도지만 성공할 수 없다. 내가 인정하거나 무시하는 나는 이미 남들과의 관계 속에서 남들이 규정한 나이기 때문이다. 남이 없으면 나를 스스로 규정할 수 없다. 내가 스스로 잘났거나 못났다고 규정하려면 나를 남과 비교할 수밖에 없다.

　나 말고 남이 있기 때문에 인정과 무시가 가능하고 인정과 무시가 가능하기 때문에 나는 정체성을 형성할 수 있다. 사랑 없는 섹스를 즐기고 싶은 사람은 정체성을 제대로 형성하려면 내가 사랑하는 내 몸이 남의 몸들과 얽히고 설킨 관계망 속에 있다는 걸 깨달아야 한다. 결국 남 없이는 살 수 없다.

II. 일상과 사람

1

"중경삼림"
르페브르의 스타일

세상이 몸 가누기 힘들 정도로 어지럽다. 뭔가 세상 사는 해법이 필요한 때다. 그러나 속시원한 종합 해법은 남에 의해 준비되지 않고 스스로 준비한 대통령에게 기대할 일이고 나는 아니다. 내가 할 수 있는 일은 일상 생활 속에서 사는 사람의 몇 가지 유형을 살펴보는 것뿐이다. 스타일이 있는 사람, 디오니소스를 닮은 사람, 현실 속에서 참무한을 찾는 사람. 나에겐 어떤 유형이 바람직힐까?

"중경삼림 重慶森林"은 우리 나라 젊은 세대가 자기들 모습을 있는 그대로 보여 준다고 매우 반긴 영화다. 젊은 남성의 모습은 금성무, 젊은 여성의 모습은 왕정문이 대표한다. 르페브르*의 표현을 빌리면 둘 다 스타일을 거부하는 사람이다.

---

* 앙리 르페브르(Henri Lefebvre ; 1901~)
현대 사회에서 일상성 문제를 연구한 프랑스 사회학자.
『현대 세계의 일상성』, 박정자 옮김, 주류 · 일념, 1990.

털처럼 가벼운 것

223 하지무—사복 경찰 223(금성무)은 실연한 뒤 5월 1일 자기 생일이 유통 기한인 파인애플 통조림을 사 모은다. 사랑하는 이가 돌아오길 기다리며. 그러나 통조림을 30개 모을 때까지 여자 친구가 돌아오지 않으면 사랑도 끝날 것이라고 생각한다.

그는 언제나 '미드나잇 익스프레스'라는 스넥 가게에서 여자 친구를 기다린다. 또 실연하면 조깅으로 몸에서 물기를 빼 눈물이 나오지 않게 하는 버릇이 있다. 223은 쫓던 범인을 6개월 만에 잡고 기쁜 소식을 알리러 여자 친구에게 전화를 걸지만 낯선 남자가 받는다. 5월 1일 아침 그는 여태 모은 통조림을 몽땅 먹어 치운다. 신기록을 세울지도 모른다고 중얼거리면서.

223은 같이 술 한잔 마실 여자 친구를 찾지만 아무도 없다. 어떤 친구는 초저녁부터 잠자고 있고 어떤 친구는 이미 결혼해서 아이가 둘이고 초등학교 짝은 그를 기억조차 하지 못한다. 홀로 술집에 간 그는 뱃속에 있는 파인애플을 모조리 토한 뒤 술집에 처음 들어오는 여자를 사랑하겠다고 마음먹는다.

그때 레인코트를 입고 선글러스를 쓴 마약 밀매업자(임청하)가 들어오고 223은 말을 건넨다. 두 사람은 술집이 문을 닫을 때까지 마신 뒤 여자가 쉬고 싶다고 하자 호텔로 간다. 여자는 곧 곤히 잠들고 다음날 아침 223은 넥타이로 여자의 구두를 깨끗이 닦아 놓고 호텔을 나선다.

그리고 비 오는 운동장을 달린다. 여자 친구의 메시지를 목 빠지게 기다리던 삐삐도 버린다. 그러나 마침 삐삐가 울린다. 삐삐에는 어제 처음 만난 여자가 보낸 생일 축하 메시지가 남아 있다. 223은 한 여자가 자기 생일을 축하해 준 걸 매우 기뻐한다.

아비—'캘리포니아 드리밍'이라는 노래를 언제나 크게 틀어 놓고 일하는 미드나잇 익스프레스 종업원 아비(왕정문)는 정복 경찰이고 애인에게 줄 샐러드를 계속 사러 오는 단골 손님 633(양조위)에게 관심을 가진다. 633은 어느 날 주인 아저씨의 상술에 빠져 샐러드와 함께 생선과 감자도 애인에게 사다 준다. 그 일로 애인이 떠난다. 입맛뿐 아니라 남자 친구도 바꾸겠다며.

며칠 뒤 애인은 이제 필요 없는 633의 집 열쇠가 담긴 편지 봉투를 스넥 가게에 맡기고 떠난다. 아비는 그 집에 몰래 들어가는 공상을 하다가 실제로 봉투 속에 있는 열쇠를 사용한다.

아비는 633의 집을 드나들며 옛애인의 흔적을 하나씩 없앤다. 633과 애인이 신던 빨간 슬리퍼와 파란 슬리퍼, 애인의 직장 제복을 침대 밑에 처박아 넣는다. 침대 위에서는 돋보기로 애인의 머리카락까지 찾아내고는 통쾌해 마지않는다. 식탁보, 이불보, 베갯잇, 칫솔과 양치컵을 바꾼다. 그리고 어릴 때 자기 사진도 거울에 한 장 끼워 둔다.

신경이 무척 둔한 633은 처음에는 통 모르다가 점차 모든 게 바뀐 걸 눈치 챈다. 그리고 옛애인이 돌아와 있다는 직감이 들어 근무 시간에 급히 집으로 뛰어왔다가 집 안에 있는 아비와 마주친다. 아비는 미로 같은 좁은 집 안을 제집처럼 이리저리 도망다니다 밖으로 빠져 나간다.

스넥 가게에 들른 633은 아비에게 다음날 저녁 8시 캘리포니아에서 만나자고 데이트를 신청한다. 다음날 캘리포니아 카페에서 바람 맞고 있는 633에게 스넥 가게 주인 아저씨가 찾아와 아비는 오지 않을 거라며 대신 편지를 전해 준다. 633은 편지를 보지 않고 비 오는 거리의 쓰레기통에 버렸다가 다시 주워 든다. 아비가 보낸 편지는 스넥 가게 냅킨에 끄적거린 가짜 비행기 표였다. 그 표에 적혀 있는 날짜는 1년 뒤 오늘이다. 그러나 잉크가 번져 약속 장소가 보이지 않는다.

1년 뒤 이번에는 아비가 약속 장소에서 바람맞고 미드나잇 익스프레스로 발길을 돌린다. 그 곳에서는 '캘리포니아 드리밍'을 틀어 놓고 633이 실내 장식을 하고 있다. 그는 가게를 인수해 아비를 기다리고 있었다. 633이 약속 장소가 지워진 비행기 표를 보여 주며 갈 수 없었다고 하자 아비는 냅킨에 또 한 장의 비행기 표를 그려 준다.

의미 따지기를 거부한다

'매일 많은 사람과 스쳐 지나간다. 그 중 어떤 사람과는 친구가
되기도 한다.'

내가 본 중국 영화나 홍콩 영화의 한 가지 특징은 꼭 설교가 들어
있다는 점이다. 그러나 "중경삼림"은 설교가 없는 홍콩 영화다. 그
래서 스토리는 뻔하지만 감각적인 영화라고 평가받는다. 대신 주제
는 뚜렷이 드러난다. 하지무의 독백에서 짐작할 수 있듯이 어떤 사
람과는 친구가 되지만 대부분의 사람과는 친구가 되지 못하는 고독
한 일상 생활이 주제다.

도시인이 일상 생활에서 느끼는 고독과 의사 소통 부재는 새로운
현상이 아니다. 오래 전부터 현대 사회를 읽는 사상가들이 지적한
문제다. 굳이 새롭다면 수다 속에 고독이 있고 지나치게 많은 기호
속에서도 의사 소통이 없다는 점이다.

아비가 633의 집을 되풀이해서 드나드는 것은 어떤 의미가 있을
까? 아비는 옛애인의 흔적을 없애고 자기 흔적을 남기는 것처럼 보
이지만 다른 의미가 있을 수도 있다. 아비는 일할 때 '캘리포니아 드
리밍'을 되풀이해서 듣는다. '캘리포니아 드리밍'을 듣는 것은 어른
이 텔레비전을 보는 것이나 좀더 어른이 신문 읽는 것과 다르지 않
다. 모두 지겨운 일상 생활과 어울리는 심심풀이다. 633의 집을 되
풀이해서 드나드는 것도 이런 심심한 일상에서 벗어나려는 염원을
담고 있다. 남에게 자기를 알리려고 하는 일이라기보다 저 좋아서
하는 일이다.

아예 의미가 없을 수도 있다. 아비는 자기가 633을 정말 좋아하는
지 아닌지 아리송한 바람에 데이트 약속을 1년 늦추고 미국 캘리포

니아 주로 떠난다. 아마 1년 동안 곰곰이 생각해 보겠지. 아비가 633의 집을 드나드는 것은 의미를 따지지 않은 채 그냥 무턱대고 하는 일이다. 의미는 나중에 필요하면 따지고 아니면 관두지 뭐.

르페브르의 표현을 빌면 아비의 행동은 스타일을 거부한다. 스타일은 개인의 행동에 의미를 부여하는 틀이다. 예를 들어 라면 한 그릇 먹는 행동도 스타일이 있을 수 있다. 어떤 냄비에 끓이고 스프는 얼마나 넣고 어떤 야채를 얼마나 곁들이고 어떤 그릇에 담고 어떤 요령으로 냄새를 맡고 어떤 방법으로 먹는가는 개인에 따라 다를 수 있다. 스타일은 이런 사소한 행동 하나 하나에도 의미를 부여한다.

그러나 인스턴트 시대에 이렇게 의미를 따지는 것은 쉬운 일이 아니고 필요한 일도 아니다. 자동 판매기가 라면을 파는 시대는 장인 정신을 요구하지 않는다. 이것저것 맛과 영양과 멋을 따지다가는 끼니를 한 차례 놓칠 뿐이다.

아비가 '캘리포니아 드리밍'을 계속 들으면서 고된 일을 잊고 633의 집을 계속 드나들면서 자기 흔적을 남긴다는 것은 남들이 붙여준 의미다. 자기에게는 그냥 하는 일이고 의미를 따지는 게 되레 불편하다. 의미를 부여하는 스타일을 거부하는 행동이다.

기호학에서는 의미를 뺀 기호를 기표라 부른다. 223, 하지무가 모으는 파인애플 통조림은 의미 없는 기표다. 통조림을 모은다고 떠난 여자 친구가 돌아오는 것도 아니고 통조림을 먹는다고 그 친구를 쉽게 잊을 수 있는 것도 아니다. 통조림이 여자 친구를 대신할 수 있는 것은 더욱 아니다.

마약 밀매업자가 레인코트와 선글러스를 세트로 입고 쓰는 까닭은 언제 해가 뜨고 언제 비가 올지 모르기 때문이라고 한다. 그러나 이 패션은 언제나 해가 있는 캘리포니아에서 할 수도 있고 언제나 비가 오는 런던에서 할 수도 있다. 레인코트와 선글러스도 의미 없는 기표다.

현대인의 일상 생활은 너무 많은 기표 속에서 의사 소통이 끊어진다. 그래서 일상 생활을 채우고 있는 사소한 행동은 때로 신선한 웃음을 선사하지만 가만히 생각해 보면 허무하다. 여자 친구가 떠난 집에서 633이 양말, 행주, 비누와 나누는 대화를 가장한 독백처럼.

스타일을 찾아서

스타일은 아주 사소한 것, 몸짓, 말, 도구, 그릇, 옷에도 의미를 부여한다. 옛 물건을 좋아하는 사람이 있다. 옛날에는 농부의 연장에도 스타일이 있었으나 요즘은 비싼 기계에도 기능 말고는 특별한 게 없기 때문이다. 옛 연장은 기능만 있는 물질적 제품이 아니라 모양, 기능, 구조가 통일되어 있는 정신적 작품이다. 옛 연장을 좋아하고 모으는 것은 잃어버린 스타일에 대한 향수다.

르페브르는 현내인의 일상 생활이 스타일을 잃어버렸다고 진단하고 스타일을 되찾자고 호소한다. 일상 생활은 하찮은 반복들로 이루어진다. 의미 없는 기표가 난무한다. 그러나 기표에 의미를 부여할 수 있는 스타일이 없다. 그래서 현대인은 허무, 권태, 무력을 느낀다.

의미를 따지고 부여하는 게 피곤한 일인데 왜 스타일을 되찾아야 할까? 르페브르에 따르면 스타일 없는 일상 생활은 소비를 조작하는 현대 사회의 산물이다. 그리고 현대 사회에서 소비는 광고와 직결되어 있다.

광고는 단순히 상품을 소개하는 게 아니라 욕망을 창출한다. 욕망을 창출하고 조작하는 사람은 욕망을 자극하기 위해 기표를 장악하려 한다. 옷을 벗는 모습이나 옷을 벗기는 행위는 소비 사회의 대표적인 기표다. 상품의 품질과는 아무 관계도 없다. 광고를 보고 블루진이나 자동차를 사는 사람은 품질이 아니라 상상한 이미지, 기표를 소비한다.

유행이 일상 생활을 지배한다. 일상 생활은 매일 유행에 대한 감탄이나 비난으로 이어진다. 유행을 따를 것이냐 말 것이냐가 죽느냐 사느냐는 햄릿식 문제의 현대판이다. 내일의 유행은 생각할 겨를도 없다. 오로지 고민은 오늘의 유행이고 오늘의 자기 욕망이다. 일상 생활 속에서 사람은 항상 유행과 자기 욕망을 점검해야 한다. 이것이 더 피곤한 일이다.

남의 나라 이야기를 해서 미안하지만 멋쟁이로 소문난 파리 여성은 개인마다 헤어 스타일, 화장, 옷이 크게 바뀌지 않는다고 한다. 파리 여성은 자기에게 어울리는 헤어 스타일이라고 판단하면 거의 평생 동안 한 스타일을 고집한다. 자기에게 어울린다고 판단한 스타일이 제각각일 테니까 파리 여성의 패션은 서로 다르고 개성이 있다. 그러나 텔레비전이나 잡지에서 갓 튀어나온 듯 똑같은 헤어 스타일, 화장, 옷으로 거리를 누비는 우리 젊은 세대는 개성을 찾아보기 힘들다.

비록 스타일을 거부하는 듯하지만 아비가 스타일을 되찾을 길은 없지 않다. '캘리포니아 드리밍'을 평생 18번으로 삼는 것이 한 가지 길이다. 이 드리밍이 지루하게 되풀이되는 일상에서 벗어나려는 아비의 꿈을 의미한다면 이 노래를 평생 듣는 것은 꿈을 버리지 않는다는 뜻이다. 꿈을 버리면 고독한 일상이 기다리고 있다. 그러나 꿈을 버리지 않으면 고독에서 벗어나 남들과 개성 있게 어울릴 수 있는 자기 스타일이 기다리고 있다.

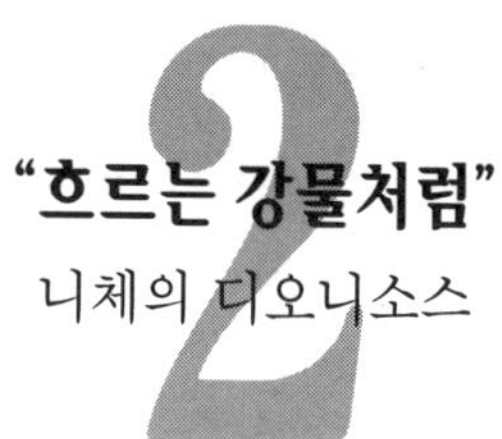

"흐르는 강물처럼"
니체의 디오니소스

나는 몇 해 전 "흐르는 강물처럼 A River Runs Through It"을 보면서 혹시 감독 로버트 레드포드가 파릇파릇한 젊은이로 되살아난 게 아닐까 하고 잠시 착각한 적이 있다. 그때만 하더라도 아직 유명하지 않던 브래드 피트의 얼굴 윤곽은 틀림없이 젊은 레드포드였다.

브래드 피트가 술과 여자와 도박에 취해 사는 모습으로 나오는 "흐르는 강물처럼"은 나에게 '잔잔하다'는 인상 대신 '꿈틀거린다'는 인상을 강하게 남긴 영화다. 실제로 고약한 냄새가 싫어 여자 친구가 떠날 만큼 목욕하는 걸 싫어한다는 브래드 피트의 거칠고 퇴폐스러운 이미지 때문에 내가 거꾸로 보았는지도 모른다.

잔잔하지 않은 강물

싱싱한 송어가 뛰는 빅블랙풋 강 근처 한 마을에 스코틀랜드계의 가족이 살고 있다. 아버지 맥클레인(톰 스케릿)은 장로교 목사고 어머니는 평범한 가정 주부다. 아버지는 형 노먼(크레익 셰퍼)과 동생

폴(브래드 피트)에게 어릴 때부터 메트로놈의 네 박자 리듬에 맞춰 플라이 낚시를 가르친다. 가짜로 만든 곤충을 미끼로 사용하는 낚시다. 아버지는 형제에게 강물이 흐르는 걸 보면서 신의 말씀을 들어 보라고 한다. 신의 리듬을 익혀야 아름다움과 힘을 회복한다는 게 아버지의 믿음이다.

가정 교육도 엄격하다. 장로교 목사답게 교육의 핵심은 절제를 가르치는 데 있다고 믿고 노먼에게 작문을 반으로 줄이라고 거듭 요구한다. 그러나 오후는 자유 시간이다. 자연 속에서 신의 질서를 스스로 배우라는 아버지의 배려다.

그러나 폴은 어릴 때부터 삐딱하다. 프로 권투 선수가 아니면 프로 낚시꾼이 폴의 꿈이다. 사춘기에 접어든 폴은 형, 동네 친구들과 어울려 밤에 몰래 술을 마시다가 보트로 폭포 타기를 하자고 제안한다. 폭포 물살을 보고 친구들이 기권하자 폴은 형을 끌어들여 거친 물살에 목숨을 맡기고 스릴을 즐긴다. 폴은 낚시도 아버지의 가르침에서 벗어나 독창적인 리듬을 타기 시작한다.

1919년 가을 어릴 때부터 글쓰기를 좋아한 노먼은 동부의 이름난 대학으로 공부하러 떠난다. 그리고 6년 만에 남들이 부러워하는 학위를 받고 돌아온다. 폴은 고향에 남아 신문사 기자로 일하고 있다. 형제는 만나자마자 다시 빅블랙풋 강으로 향한다. 폴은 '그림자 던지기'라는 자기만의 낚시법을 개발할 정도로 이미 예술의 경지에 올라 있다. 노먼은 그 모습에 감탄한다.

노먼은 댄스 파티에서 만난 아가씨에게 반해 함께 폴과 술집에서 어울린다. 폴은 백인들이 싫어하는 인디언 여성과 함께 나타나고 야한 춤으로 무대를 휘젓는다. 폴은 도박에도 빠져 있다.

노먼은 시카고 대학에서 1926년 가을부터 영문학 강좌를 맡아 달라는 초청장을 받는다. 노먼은 여자 친구에게 초청장을 보여 주며

결혼을 신청한다. 승낙을 얻고 기쁨을 나누려고 찾아온 형과 함께 폴은 술을 잔뜩 마신 뒤 도박판에 간다. 그러나 도박꾼들은 이미 많은 돈과 목숨까지 빚지고 있는 폴을 내쫓는다.

다음날 아침 폴과 노먼은 아버지와 함께 빅블랙풋 강으로 간다. 폴은 물살이 센 곳으로 들어간다. 물었다! 폴의 몸이 더 깊은 곳으로 끌려간다. 송어가 물 위로 솟구친다. 아주 크고 센 녀석이다. 폴이 목까지 잠겨 떠내려간다. 그러나 끝까지 낚싯대를 놓지 않는다. 큰 송어를 들고 강가로 나오는 폴에게 아버지가 말한다. "넌 훌륭한 낚시꾼이야."

노먼은 시카고로 떠나기 전날 경찰의 연락을 받는다. 폴이 권총에 맞아 죽었고 시체가 골목에 버려져 있었다는 말을 듣는다. 세월이 흘러 늙은 노먼이 빅블랙풋 강에서 낚시를 하고 있다. 노먼의 독백이다.

이해하진 못했지만 사랑한 사람이 모두 죽었다. 아내도. 그러나 난 아직도 그들과 교감하고 있다. 어슴푸레한 계곡에 홀로 있을 때면 모든 존재가 내 영혼과 기억, 빅블랙풋 강의 물소리, 네 박자 리듬, 송어가 물기를 바라는 희망과 함께 하나의 존재로 어렴풋해지는 것 같다. 그러다가 결국 하나로 녹아든다. 흐르는 강물처럼. 강은 대홍수에서 생겨나 태초의 시간부터 바위 위로 흘러간다. 어떤 바위 위에는 영겁의 빗방울이 퍼붓고 바위들 밑에는 말씀이 있고 말씀의 일부는 그들의 것이다. 난 강에 넋을 잃고 있다.

디오니소스 고뇌

노먼의 마지막 독백은 마치 흐르는 강물이 하나로 모이듯 모든 것이 신의 질서로 합류하고 폴의 인생도 그 흐름에 섞여 있다는 인상을 불러일으킨다. 그러나 나는 폴의 인생을 그렇게 보지 않는다. 노먼의 생각은 장로교 목사인 아버지의 믿음을 이어받은 데서 생긴 착각이다. 폴은 신이 만든 것이든 사람이 만든 것이든 기성 질서를 거부한다. 적어도 기독교 신의 질서와는 거리가 멀다. 오히려 폴은 그리스 신화에 나오는 디오니소스와 닮았다.

디오니소스는 신분을 위장한 제우스 신이 테베 왕의 딸 세멜레와 낳은 자식이다. 세멜레는 제우스의 부인 헤라의 질투와 꼬임에 빠져 제우스의 본색을 보려다가 번개에 맞아 죽는다. 제우스는 번개를 부리는 신이니까. 제우스는 세멜레가 조산한 아이를 넓적다리 속에 꿰차고 몇 달 더 기른 뒤 낳는다. 디오니소스는 두 번 태어났다는 뜻이다. 특히 두 번째는 제우스한테서 태어났으므로 디오니소스는 신과 사람의 자식이지만 괴물 티탄이 되지 않고 유일하게 신의 반열에 오른다.

그러나 디오니소스는 헤라가 자기를 해칠까 두려워 다른 신들처럼 하늘에 살지 못하고 땅 위에 살면서 티탄의 박해를 받는다. 디오니소스는 어머니가 사람일 뿐 아니라 땅 위에 살며 박해받는다는 점에서 사람과 운명이 가장 비슷한 신이다. 디오니소스와 사람은 똑같이 고뇌한다. 사는 게 왜 이토록 어렵고 고통스러울까?

니체*는 그리스 비극의 뿌리가 디오니소스 고뇌라고 주장한다. 고대 그리스 비극 작가 아이스킬로스(Aischylos)의 『묶인 프로메테우스』에서 하늘의 불을 훔쳐 땅의 사람에게 전해 준 죄로 독수리에게 살이 뜯기는 고문을 받는 프로메테우스는 비록 티탄이지만 신의 뜻을 어긴 사람의 고통스러운 삶을 상징한다. 역시 비극 작가 소포클레스(Sophocles)의 『오이디푸스 왕』에서 아버지를 죽이고 어머니와 결혼했다가 자기 정체를 알고 스스로 두 눈을 찌르는 오이디푸스도 사람의 참혹한 운명을 상징한다.

삶이 고통스러우면 안정을 원한다. 고대 그리스인은 오랫동안 삶의 고통과 참상을 실감하고 생존과 질서에 대한 강한 의지를 발휘했다. 제우스, 아폴론 등 올림포스 신전의 신들은 대부분 이런 의지를 반영한다. 그러나 니체에 따르면 여기서 중요한 것은 삶의 고통이 먼저고 질서에 대한 의지는 나중이라는 점이다. 질서에 대한 의지 밑에는 고통스러운 삶에 대한 공포와 고뇌가 깔려 있다. 따라서 그리스 비극의 뿌리는 디오니소스 고뇌다.

폴의 비극도 디오니소스 고뇌에서 비롯한다. 폴은 아버지처럼 목

---

* 프리드리히 니체(Friedrich Nietzsche ; 1844~1900)
  합리주의에 반기를 든 독일 철학자.
  『비극의 탄생』, 성동호 옮김, 홍신문화사, 1989.

사가 되고 싶지 않냐는 형의 질문에 씨익 웃는다. 형이면 모를까 자기는 목사가 될 타입이 아니라는 뜻이다. 오히려 기성 질서에 저항하는 것이 폴의 타입이다. 그러니까 백인 폴은 인디언 여성과 사귀고 대낮에 술집에서 기사를 쓰고 목숨을 담보로 도박에 빠져 든다.

노먼의 마지막 독백에서 이해하진 못했지만 사랑했다는 말은 아버지에게 빌려온 것이다. "완벽한 이해가 없어도 사랑할 수 있다."는 것이 아버지 맥클레인 목사의 마지막 설교였다. 물론 맥클레인 목사가 겨냥한 초점은 사랑이겠지만 내가 강조하고 싶은 초점은 '이해하지 못했다'는 점이다. 아버지도 노먼도 폴을 이해할 수 없었다. 폴은 달랐기 때문이다. 폴은 기독교 신의 질서에 합류하지 않고 이 질서에서 벗어나 디오니소스처럼 살았기 때문이다.

자연과 합일

고대 그리스에는 디오니소스를 숭배하는 민간 신앙이 있었다. 오늘날 술과 살에 흥청망청 푹 빠지는 파티로 잘못 알려진 디오니소스 잔치는 이 신도들이 벌인 행사다. 디오니소스 잔치의 절정은 황혼이 깃드는 언덕에서 여신도들이 환각 상태로 염소나 황소의 생살을 뜯어먹는 것이다. 염소나 황소의 생살은 디오니소스의 살을 상징한다. 그러므로 여신도들이 생살을 뜯어먹는 행동은 신의 몸을 먹고 신과 하나가 되는 것을 의미한다.

폴은 비록 술과 여자와 도박에 빠져 개판으로 살았지만 적어도 낚시할 때만큼은 진짜 디오니소스 잔치를 벌였다고 볼 수 있다. 폴이 살해당하자 동생의 시체를 혼자 확인하고 돌아온 형에게 아버지가 묻는다.

"더 알려 줄 이야기는 없니?"

"그 애 손뼈가 거의 다 부러져 있었어요."

"어느 손이더냐?"

"오른손이었어요."

폴은 오른손잡이였다. 그리고 폴의 오른손은 예술의 경지에 올라 있었다. 노먼은 폴이 낚시하는 것을 보고 감탄한다. "내 동생은 자연 법칙을 초월해 공중에 있는 것 같다. 마치 예술 작품처럼."

그러나 예술의 경지에 오른 폴은 자연 법칙을 초월하지 않고 자연과 합일한다. 폴은 흐르는 강물 따라 둥둥 떠내려가며 송어를 낚아 올린다. 폴과 강은 하나가 된다. 폴은 기독교 신의 질서에 합류하는 대신 자연과 합일한다. 이 자연이 디오니소스 잔치와 무슨 관계가 있을까?

흐르는 강물은 겉으로 보면 잔잔하지만 속으로 들어가면 거칠다. 폴에겐 빅블랙풋 강이 신이지만 이 신은 질서를 부여하는 신이 아니라 고통받고 꿈틀거리는 신이다. 폴에게 강과 자연은 조화가 아니라 갈등과 요동을 상징한다. 폴의 낚시는 이런 자연과 하나가 되는 행위이므로 임금님의 뱃놀이보다 디오니소스 여신도의 광란과 더 잘 어울린다. 폴은 기성 질서에 고통받고 고뇌하고 저항하는 디오니소스를 닮은 사람이고 거친 자연과 광란하듯 합일하며 디오니소스 잔치를 벌인다.

고뇌와 광란은 로고스보다 파토스가 강한 사람의 모습이다. 로고스는 따지는 이성이고 파토스는 앞뒤 가리지 않는 열정이다. 모든 사람은 로고스와 파토스를 갖추고 있지만 어느 한쪽이 강할 수 있다. 우리는 대개 로고스로 따져서 행동을 결정한다. 아무 생각 없이 한 일이라고 변명하는 행동도 대부분 이미 로고스로 따져 본 적이 있기 때문에 결정하는 데 시간이 걸리지 않을 뿐이다. 그러나 로고스가 결정한 행동도 파토스가 없으면 잘 이루어지지 않는다. 행동을 실천하게 우리 몸을 일으켜 세우는 것은 파토스의 몫이기 때문이다.

로고스가 강한 형에 비해 폴은 파토스가 강하다. 폴의 저항과 광란은 멋있지만 우리는 대체로 폴만큼 파토스가 강하지 않기 때문에 사소한 일에 목숨을 걸지 않는다. 그러나 일생이 걸린 중요한 일은 폴의 파토스를 배울 필요가 있다. 이런 일은 한 번에 끝낼 수도 있고 집요하게 물고 늘어질 수도 있다.

나의 로고스는 오래 전에 철학 공부를 하기로 결정했다. 그러나 파토스가 없으면 공부가 지겨울 뿐이다. 파토스가 내 몸을 일으켜 세워 봤자 나는 주로 책 앞에 앉아 있는 게 고작이고 남들은 그런 철학 공부를 어떻게 하나 싶겠지만 나는 내 일에 파토스가 아직 남아 있다. 내 철학을 만들려는 목표를 향해 나는 더 강한 파토스를 발휘하고 싶다.

"사랑의 블랙홀"
헤겔의 참무한

깨먹나일마돌잔. 직장인은 거의 같은 시간에 깨어나 먹고 나가서 일하고 마시고 돌아와서 잔다. 깨먹나일마돌잔깨먹나일마돌잔……. 우리의 일상 생활은 대부분 제각기 이런 말을 만들 수 있다. 어떻게 하면 이런 일상을 극복할 수 있을까?

"사랑의 블랙홀 Groundhog Day"은 이 주제를 다룬 영화다. 원래 제목인 "그라운드호그 데이"는 땅돼지류 동물인 마못으로 봄이 언제 올지 점치는 행사를 가리키며 해마다 2월 2일 미국 펜실바니아 주 펑수타니에서 열린다. 우리말 제목으로 쓰인 '블랙홀'은 중력이 아주 강해서 아무 것도 탈출할 수 없는 시공간 영역이니까 극복하기 힘든 따분한 일상 생활을 상징한다고 이해하는 게 좋겠다.

어제와 똑같은 오늘

경력과 인기만 믿고 거만하며 이기적인 텔레비전 기상 통보관 필 (빌 머레이)은 '그라운드호그 데이'를 취재하러 펑수타니 마을로 온다. 필은 이 행사를 웃기는 미신이라 여기고 서둘러 취재를 끝낸 뒤 곧 마을을 떠나지만 폭설로 길이 막혀 되돌아온다.

다음날 아침 6시 필은 어제와 똑같은 라디오 음악과 멘트를 들으며 눈을 뜬다. 게다가 분명히 어제 취재를 마쳤는데도 창 밖에는 마을 사람들이 축제 준비로 바쁘다. 설마 하며 호텔을 나선 필은 어제와 똑같이 거지 할아버지와 보험 회사 직원인 옛친구를 만나고 똑같은 행사를 취재하고 역시 폭설로 길이 막혀 되돌아온다. 필은 자기가 조금 이상해진 게 아닌가 의심하며 내일 확인해 볼 연필 하나를 부러뜨려 놓고 잠자리에 든다.

다음날 아침 6시 필은 어제와 똑같은 라디오 음악과 멘트를 들으며 눈을 뜬다. 그리고 말짱한 연필을 확인한다. 맙소사, 오늘도 어제와 똑같구나! 필은 함께 온 **PD** 리타(앤디 맥도웰)에게 똑같은 날이 사흘째 되풀이되고 있다고 하소연하지만 리타는 말도 안 된다며 무시한다. 그러나 당황도 잠시뿐 필은 곧 악동 기질을 발휘하기 시작한다.

다음날 필은 보험 회사 직원을 만나자마자 냅다 한 방 먹인다. 내일이면 까맣게 모를 테니까 뒤탈이 날 리 없다. 식당에서는 성인병을 걱정하지 않고 기름진 음식을 마음껏 먹고 담배도 피고 싶은 대로 피운다. 멋있게 생긴 낯선 여자를 보자 출신 고등학교와 선생님 이름을 알아내 다음날 동창인 것처럼 꾸미며 꼬신다. 은행 앞에서는 돈 운반하는 경비원이 한눈 파는 10초 동안 정확하게 돈꾸러미를 훔친다.

필은 자기가 리타에게 호감을 가지고 있다는 걸 깨닫고 리타의 이상형, 장래 희망, 기호 등 개인 정보를 차근차근 알아낸다. 며칠 동안 시행 착오를 거듭한 끝에 리타의 호감을 얻은 필은 같이 자려고 유혹하지만 리타는 내일 다시 만나자며 거절한다.

리타의 거절이 며칠 동안 계속되고 필은 지치기 시작한다. 필은 권태를 느끼고 모든 일에 신경질을 부린다. 필은 그라운드호그 데이에 등장하는 마못을 훔쳐 달아나다가 쫓아온 시민에게 포위되자 절벽으로 차를 몰아 자살한다. 그러나 다음날 아침 필은 역시 똑같은 라디오 음악과 멘트를 들으며 깨어난다.

두 달쯤 시간이 흐르자 필은 변한다. 옛친구에게는 온갖 보험에 들어 주고 행사도 성실하게 취재한다. 곧 죽을 운명인 거지 할아버지에게는 훌륭한 식사를 대접하고 타이어가 터진 할머니에게는 자동차를 수리해 주고 나무에서 떨어지는 소년을 시간 맞추어 받는다. 점차 마을 사람도 필을 좋아한다.

어느 날 밤 리타는 파티에 참석했다가 훌륭한 솜씨로 재즈 피아노를 연주하는 필을 발견한다. 그리고 마을 사람이 하나같이 필을 칭찬하는 소리를 듣는다. 파티가 무르익고 총각 경매 시간이 오자 리타는 지갑을 몽땅 털어 경매 대상으로 무대에 오른 필을 산다. 필

은 리타에게 진심으로 사랑을 고백하며 곁에 있어 달라고 부탁한다.

다음날 아침 6시 똑같은 음악 소리에 잠을 깬 필은 라디오 멘트가 바뀌었다는 걸 깨닫는다. 그리고 자기 옆에 있는 리타를 본다. 설마 하는 마음으로 창 밖을 보니 어제와 다른 풍경이 펼쳐지고 있다. 드디어 내일이 왔다!

돌파구는 사랑

필과 똑같은 상황에 빠지면 나는 어떤 일을 할까? "사랑의 블랙홀"을 보면 누구나 한 번 쯤 재미 삼아 상상해 보는 문제지만 실은 그럴 필요가 없다. 우리의 현재 상황이 바로 필의 신기한 상황과 똑같기 때문이다.

우리의 일상 생활은 되풀이가 특징이다. 날마다 세부 내용이 다르니까 필처럼 어제와 똑같다고 느끼지 않지만 패턴이 똑같으니까 필처럼 어제와 똑같다고 느껴야 한다. 깨먹나일마돌잔깨먹나일마돌잔…… 필의 상황은 매일 비슷한 일이 지겹게 되풀이되는 우리 일상 생활을 빗댄 것이다.

그러므로 굳이 상상하려면 좀더 정확하게 다음 문제로 바꾸어야 한다. 필과 똑같은 상황에 빠져 있으니 나는 어떤 일을 해야 할까? 재미있는 문제를 골치 아픈 문제로 바꾸어 놓았다고 기분이 나쁘면 앞 문제로 상상해도 괜찮다. 나중에 우리 현실과 맞추어 보면 되니까.

비슷하게 되풀이되는 일상 생활은 우리에게 재미있는 것을 찾으라고 명령한다. 뭐 새로운 거 없나? 여기저기 기웃거린다. 필은 어제와 똑같은 오늘이 되풀이되고 있다는 걸 깨닫자 그 동안 자제한 일을 한다. 사람을 때리고 남의 돈을 훔치고 음주 운전을 하고 여자를 꼬셔 침대로 끌고 간다.

그러나 하늘 아래 새로운 건 없다. 때리고 훔치고 취하고 꼬시는 일도 날마다 하면 긴장이 떨어지고 재미가 없다. 지겨워서 죽을 지경이다. 그래서 필은 거듭 자살한다. 토스트기를 욕조에 빠뜨려 감전사하고 차에 뛰어들고 높은 곳에서 뛰어내린다. 그러나 소용없다. 어떻게 하면 다람쥐 쳇바퀴처럼 지겨운 일상에서 벗어날 수 있을까?

영화에서 돌파구는 사랑이다. 늘 가까이 있던 리타를 진심으로 사랑하면서 필은 세상을 따뜻한 눈으로 보고 착한 사람이 된다. 그리고 리타의 사랑을 얻자 세상이 바뀐다. 하긴 서로 정말 사랑하는 사람은 남이 보기엔 매일 똑같은 일을 해도 결코 똑같이 느끼지 않는다. 만나고 이야기하고 껴안는 비슷비슷한 일이 어쩜 그렇게 새롭고 재미있을 수 있는지.

현실 속으로

사람은 누구나 유한을 넘어 무한으로 가려는 바람이 마음 한 구석에 있다. 유한한 몸을 넘어 늙지 않는 몸을 가지려 하고 유한한 목숨을 넘어 죽지 않는 생명을 얻으려 한다. 필이 내일이 오기를 바라는 것이나 우리가 지루한 일상 생활에서 벗어나기를 바라는 것은 모두 어려운 철학 용어로는 유한을 넘어 무한으로 가려는 바람이다. 이 바람은 어떻게 실현할 수 있을까?

헤겔*은 무한을 두 종류로 나눈다. 하나는 악무한이고 또 하나는 참무한이다. 악무한은 유한 바깥에 있는 무한이고 참무한은 유한 안에 있는 무한이다. 비유하면 유한한 수의 참무한은 ∞이 아니라 0과

1 사이의 실수 집합이다. ∞은 1, 12, 223, 12191115 등 유한한 수 바깥에 있다. 그러나 0과 1 사이에 있는 실수 집합의 원소수는 무한 개지만 유한한 수 0과 1 안에 있다.

헤겔은 악무한으로 빠지지 않고 참무한으로 가려면 사람이든 사물이든 자기와 멀리 떨어져 있는 곳으로 도망쳐서는 안 되고 자기로 돌아와야 한다고 주장한다.

필이 시도하는 자살은 유한을 벗어나려는 동기에서 비롯한다. 필은 훔친 마못과 함께 차를 몰고 절벽으로 돌진하면서 이젠 모든 게 끝났다고 믿는다. 그러나 이런 자살은 악무한이다. 유한한 현실에서 도망치려는 시도이기 때문이다. 성공할 수 없다.

사람이 참무한으로 가려면 유한한 현실 속으로 다시 돌아와야 한다. 필은 현실에서 도망치려다 실패하고 현실 속의 사랑으로 되돌아온다. 그러나 헤겔에 따르면 되돌아온 유한한 현실은 이전과 같지 않다. 필의 사랑은 자살하기 전에는 섹스가 목표였지만 이제는 같이 있는 게 중요하다. 유한한 현실의 내용이 바뀌었다.

그러나 만일 리타와 하룻밤을 같이 지내더라도 내일이 오지 않으면 필은 어떻게 해야 할까? 사랑하는 사람과 지내는 시간은 꿀맛이다가 점점 약맛으로 변할 수 있다. 그리고 이런 상황이 정말로 우리가 부딪히는 현실과 비슷하다.

나는 필이 재즈 피아노를 배우는 게 중요한 실마리라고 생각한다. 필은 마지막 오늘밤 파티에서 연주할 때까지 레슨 선생님에게 재즈 피아노를 조금씩 배운다. 그라운드호그 데이가 며칠이나 되풀이되

---

* 헤겔(G. W. F. Hegel ; 1770~1831)
변증법으로 유명한 독일 고전 철학의 대표자.
『대논리학 I : 존재론』, 임석진 옮김, 지학사. 1983.

었기에 필이 그만큼 멋지게 연주하는지 모르지만 지겨운 일상을 문화 생활로 돌파한다는 점이 중요하다.

내가 고상한 취미를 좋아해서 피아노 연주를 중요하게 생각하는 것이 아니다. 또 재즈 피아노 연주도 사랑처럼 언젠가는 시들해질 수 있다. 그때는 또 다른 문화 생활을 찾아야 한다. 개나 돼지가 아닌 사람의 삶에는 여가를 즐길 수 있는 문화 생활이 꼭 필요하다. 그리고 많은 돈이 들지 않는 문화 생활로는 책 읽기만큼 좋은 것도 드물다. 참무한으로 가려면 유한한 현실 속으로 다시 돌아오기만 해서는 안 되고 내가 있는 현실의 내용을 끊임없이 바꾸어야 한다. 머물러서는 안 된다.

4 터미네이터와 소크라테스

엄지와 눈

터미네이터는 '제거하는 녀석'이란 뜻이다. 자기 일을 방해하는 것은 사람이든 기계든 가리지 않고 제거하기 때문에 붙은 이름이다. 다른 말로는 '끝장내는 녀석' 또는 '끝내 주는 녀석'이다.

T101(아놀드 슈워제네거)은 어린 존(에드워드 펄롱)을 보호하는 임무를 끝내자 자기 머리 속에 있는 마이크로 칩도 제거해야 한다며 용광로 속에 넣어 달라고 부탁한다. 존이 눈물을 흘리며 말린다. T101이 듣지 않자 존은 죽지 말라고 명령한다. 그러나 T101은 이 명령도 따르지 않고 말한다. "눈물이 왜 나오는지 알겠군. 난 절대 흘릴 수 없을 거야." 존의 엄마가 T101이 발을 걸고 있는 쇠줄을 움직인다. T101은 시뻘건 쇳물이 끓고 있는 용광로로 천천히 내려간다. 발이 쇳물과 닿아 타 녹기 시작한다. 다리도 몸통도 들어간다. 오른손이 붙잡고 있던 쇠줄을 놓는다. 얼굴마저 잠긴다. 마지막으로 오른손 엄지를 들어 보인다.

"터미네이터 2 Terminator 2"가 1편보다 더 나은지는 몰라도 더 철학적이다. 나는 T101(아래서는 터미네이터)의 최후를 보면서 가슴이 뛰었다. 그리고 철학자 소크라테스*의 최후가 떠올랐다.

소크라테스는 독약이 든 잔을 들고 온 사람에게 묻는다. "당신은 이런 일에 밝을 테니 어떻게 하면 좋은지 일러 주시오." 그 사람이 대답한다. "다리가 무거워질 때까지 그저 걷기만 하면 됩니다. 다리가 무거워지면 누우세요. 그러면 약 기운이 돌 겁니다." 소크라테스는 잔을 입술에 대고 조용히 기쁜 낯으로 독약을 마신다. 그 모습을 지켜 보던 친구와 제자가 울음을 터뜨리자 소크라테스가 꾸짖는다. "그게 무슨 꼴인가. 조용히 하고 꿋꿋이 행동하게." 소크라테스는 이리저리 걷더니 한참 만에 다리가 무겁다고 말하고 반듯이 눕는다. 약을 준 사람이 발을 세게 누르면서 감각이 있느냐고 묻자 소크라테스는 없다고 대답한다. 그 다음엔 다리를 눌러 보고는 몸이 차가와지고 굳어진다고 말한다. 하반신이 거의 다 차가와진 때 소크라테스는 얼굴에 덮어 둔 천을 벗기면서 말한다. "오오 크리톤, 아스클레피오스에게 내가 닭 한 마리 빚진 것이 있네. 기억해 두었다가 갚아 주게." "그렇게 하겠네." 친구 크리톤이 말한다. "그 밖에 뭐 할 말은 없나?" 이 물음에는 아무 대답도 없다. 얼마 뒤 몸이 조금 움직인다. 그러자 약을 준 사람이 소크라테스의 얼굴에 덮인 천을 벗긴다. 소크라테스의 눈은 허공을 바라보며 뜨고 있다.

---

* 소크라테스(Socrates ; 기원전 470~399)
대화와 논쟁으로 무지를 깨우친 고대 그리스 철학자.
「파이돈」, 「변명」, 플라톤, 『플라톤의 대화』, 최명관 옮김, 종로서적, 1981.

터미네이터와 소크라테스는 둘 다 참 꿋꿋하게 죽는다. 터미네이터는 악! 비명 한 마디 지르지 않고 용광로 속으로 발, 다리, 몸통, 얼굴이 들어가고 마지막에는 엄지를 들어 보인다. 소크라테스도 욱! 구토 한 번 하지 않고 발, 다리, 몸통이 굳고 마지막에는 두 눈을 뜨고 있다. 어쩌면 이토록 꿋꿋하게 죽을 수 있을까?

터미네이터와 소크라테스는 둘 다 신탁을 받는다. 신탁이란 고대 그리스 시민이 신전에 찾아가 개인의 운명을 물어 보면 무녀가 신 들린 상태에서 대답해 주는 말이다. 터미네이터가 받은 신탁은 어린 존을 보호하라는 것이고 소크라테스가 받은 신탁은 이 세상에서 자기보다 더 지혜로운 사람은 없다는 것이다.

모르는 게 많아서 아직 최고수가 아니라고 생각하고 있던 소크라테스는 이런 신탁을 받자 처음에는 신탁이 틀렸다는 걸 증명하려 한다. 정치가, 시인, 수공 기술자 등 매우 지혜롭다고 알려진 사람들을 찾아다니고 대화하면서 자기보다 더 지혜로운 사람이 있다는 걸 보이려 한다. 그러나 이 사람들은 한결같이 자기가 모르는 일에 대해서도 잘 안다고 생각하는 걸 보고 신탁의 뜻을 깨닫는다.

소크라테스는 자기가 모르는 일에 대해서는 모른다는 점을 알고 있으니까 이 점을 알지 못하는 정치가, 시인, 수공 기술자보다 적어도 한 가지는 더 알고 있는 셈이다. 따라서 신탁이 자기가 최고수라는 것이었다.

그때부터 소크라테스는 광장, 시장, 거리를 싸돌아 다니며 숱한 사람과 어떤 주제를 놓고 대화하고 논쟁하면서 그 사람이 그 주제에 대해 모른다는 걸 깨우친다. 터미네이터가 신탁을 실천하기 위해 오락실, 정신 병원, 컴퓨터 회사를 싸돌아 다니며 숱한 방해자를 끝내 주는 것처럼. 터미네이터도 소크라테스도 지는 법이 없다.

죽으려고 빽 쓰다

터미네이터와 소크라테스는 따지고 보면 죽음을 꿋꿋하게 맞이하는 수준을 넘어 죽으려고 빽 쓴다. 소크라테스가 신탁의 뜻을 깨닫고 평생 한 일은 좋은 말로는 사람들의 무지를 깨우치는 것이지만 당하는 사람의 입장에서는 기분 나쁜 일이다. 만일 내가 남의 생각이 틀렸다고 증명하면 그 사람이 내 말을 반박하지 못하더라도 속으로는 곱게 생각하기 힘들다. '그래, 너 가방끈 길다.' 물론 소크라테스의 말을 곱게 받아들인 제자와 친구도 있었지만 아니꼽게 받아들인 적이 더 많았다.

소크라테스는 자기 목숨을 쥐고 있는 재판관들 앞에서도 제 버릇 개 주지 못하고 마치 광장에서 사람들의 무지를 깨우치기 위해 대화할 때처럼 설교를 늘어놓는다. 혹시 사형을 선고받지 않으면 큰일이라도 날 듯이 죽으려고 빽 쓴다.

겸손하게 처신하지 않고 방자하게 떠들면 어떤 판결이 돌아올지 소크라테스가 모를 리 없다. 그러나 소크라테스는 그러다 죽는 게 신의 뜻이라고 믿는다. 소크라테스는 법정에 나오려고 집을 나설 때, 그리고 법정에서 자기를 변호할 때 다이몬이 말리지 않았다고 말한다. 다이몬은 신의 뜻을 사람에게 전해 주고 특히 해서는 안 될 일이 있을 때 '하지 말라'고 경고하는 내면의 소리다.

죽으려고 빽 쓰는 면에서는 소크라테스보다 터미네이터가 한 수 위다. 소크라테스는 다이몬의 소리, 곧 신의 명령을 따르지만 터미네이터는 신의 명령도 따르지 않기 때문이다.

터미네이터의 신은 존이고 존의 명령을 따르는 게 행동 수칙이다. 존이 사람을 죽이지 말라고 명령하자 터미네이터는 방해자들의 다리를 정확하게 쏘아 전투 능력만 끝장낸다. 그러나 신의 명령을 따르라는 행동 수칙보다 신을 보호하라는 신탁이 우선이다. 그래서 터미네이터는 죽지 말라는 신의 명령을 어기면서도 혹시 신에게 해가 될지 모르는 마이크로 칩을 가진 자기를 제거하려 한다. 무엇이든 끝내 주는 제 버릇 개 주지 못하고 자기마저 끝내 주려고 빽 쓴다.

나도 터미네이터와 소크라테스처럼 죽으려고 빽 쓰면서까지 내가 받은 신탁을 실천하면서 꿋꿋하게 살고 싶다.

III. 여성과 남성

1

"폭로"
보부아르의 제2의 성

우리 나라 대학교에서 매우 인기 있는 교양 과목 가운데 하나가 여성학이다. 여성이 겪고 있는 현실을 이해하고 극복하기 위한 이론과 실천을 모색하는 과목이다. 나는 여성학을 강의하지 않지만 교양 철학 강좌에서 언제나 여성 문제를 한 가지 주제로 삼아 토론한다. 다른 주제로 토론할 때는 입을 다물고 있던 학생들이 활기를 띤다.

특히 여학생이 목소리를 높인다. 그만큼 여성이 겪는 일상 생활이 이 주제에 관해 생생한 자료를 제공하고 있다는 뜻이다. 그러나 이런 생생한 자료는 남성도 공유하고 있다. 남성의 삶도 그 자료를 생산하는 데 이바지했을 테니까. 도대체 여성이 겪는 현실은 어떤 것일까?

가만히 있어

하이테크 회사에서 일하는 톰 샌더스(마이클 더글러스)는 넥타이에 치약을 묻히고 다닐 정도로 성격이 털털하고 여비서의 엉덩이를 툭 치는 스킨십은 아무 문제도 없다고 생각한다. 동료들이 어느 직장에서 28년 동안 근무한 남자가 비참하게 잘린 이야기를 주고받지만 톰은 신경 쓰지 않고 주식을 늘려 부자가 될 사업을 계획한다.

한편 톰의 옛 애인 메리디스 존슨(데미 무어)이 같은 회사 부사장으로 들어온다. 간단한 축하 파티가 끝나고 메리디스는 톰을 자기 사무실에 따로 부른다. 메리디스는 톰에게 포도주를 권하며 어깨를 주물러 달라고 한다. 메리디스가 잠시 사장과 통화하는 사이 톰도 휴대폰으로 친구에게 메시지를 남기는데 갑자기 메리디스가 휴대폰을 빼앗아 던지고 톰을 더듬기 시작한다. "가만히 있어." 톰은 비록 옛 애인이지만 상사의 요구에 꼼짝 못 하고 당하다가 자기도 흥

분하여 메리디스를 격렬히 껴안는다.

그러나 톰은 둘이 뒤엉킨 모습을 거울로 본 순간부터 계속 "안 돼!"라고 외치며 끝내 메리디스를 뿌리친다. 없던 일로 하자며 사무실을 빠져 나오는 톰에게 메리디스는 "넌 이제 끝장"이라고 협박한다. 집으로 돌아온 톰에게 아내는 메리디스한테 내일 회의를 7시 반에서 8시 반으로 옮겼다는 연락이 왔다고 전한다.

다음날 톰은 8시 반에 출근하지만 회의는 벌써 한 시간 전부터 시작하고 있었다. 메리디스는 회의 도중 톰을 무능력한 사람으로 만들고 회사 안에 톰이 자기를 성 희롱했다는 소문을 퍼뜨린다. 궁지에 몰린 톰은 마침 이름 없는 전자 우편을 받는다. 이 편지에는 성 희롱 사건을 다룬 어느 변호사의 신문 기사가 실려 있다. 톰은 변호사를 찾아가 의논한 끝에 메리디스를 성 희롱 죄로 고소한다. 톰의 아내는 남편이 당한 일이 여자에겐 늘 있는 일이라며 도리어 사과하라고 권한다.

재판은 비공개 중재부터 시작한다. 톰이 먼저 그때 상황을 자세히 설명한다. 아내도 고통스러운 표정으로 듣고 있다. 메리디스의 변호사는 반대 심문에서 톰이 남성으로서 권력을 행사하고 싶어했다고 유도한다. 메리디스는 톰이 가정 생활에 힘들어 했고 옛 기억을 떠올리며 먼저 자기를 더듬었다고 눈물을 글썽이며 말한다.

두 번째 중재에 나온 여비서는 톰이 엉덩이를 치고 어깨를 만졌다고 증언한다. 톰은 점점 더 궁지에 몰린다. 그러다 불현듯 톰은 그날 휴대폰으로 전화한 집의 응답기에 그때 상황이 녹음되어 있다는 걸 깨닫는다. 테이프에는 톰이 37번이나 "안돼!"라고 외친 상황이 녹음되어 있었다.

중재에서 이긴 톰은 기뻐할 틈도 없이 조심하라라는 메시지가 담긴 전자 우편을 받는다. 역시 이름 없는 편지다. 메리디스는 톰을 매장하려고 음모를 꾸민다. 톰은 몰래 가상 현실 데이터 베이스에 들어가 자기를 함정에 빠뜨릴 음모를 확인한다.

주주 총회에서 메리디스는 톰을 무능력한 사람으로 몰아붙이기 시작한다. 그러나 흥분하며 떠드는 메리디스 뒤편 스크린으로 톰은 사업 부진이 자기 잘못이 아니라 경영측의 부정 때문이라는 걸 증명하는 자료를 보여 준다. 사장은 메리디스를 해고하고 다른 여성 간부를 부사장으로 임명한다. 새 부사장은 톰에게 자기의 오른팔이 되어 달라고 부탁한다. 톰은 이 여성 간부가 전자 우편의 주인임을 깨닫는다.

성만 바꾸어 놓으면

여성이 남성을 성 희롱하고 강간한다. 역시 미국에나 있을 법한 일이고 우리 현실과는 거리가 멀다. 그러나 나는 학생들에게 여성 문제를 이해하는 데 좋은 영화로 "폭로 Disclosure"부터 권한다. 영화를 본 학생들은 그게 뭐 좋냐고 고개를 흔든다. 또 남성에게 당한 만큼 갚으려 하는 메리디스를 보며 어느 정도 통쾌함을 느낀 여학생은 결국 남성을 위한 영화라고 실망을 표시한다.

나는 이렇게 실망하고 의아해 하는 학생에게 말한다. "여성이 남성을 성 희롱하는 것은 눈길을 끌기 위한 소재일 뿐이다. 성만 바꾸어 놓으면 우리 현실과 아주 잘 들어맞는다." 메리디스가 톰을 성 희롱하는 메커니즘은 성이 바뀌어 직장에서 남성 상사가 여성 부하를 성 희롱하는 메커니즘과 조금도 다를 게 없다. "성 희롱도 권력이 있어야 한다."는 것이 그 메커니즘이다.

유능하냐 무능하냐는 평가는 직장인이 신경을 매우 곤두세우는 대목이다. 그리고 이 평가는 실적뿐 아니라 상사의 판단도 중요하다. 이런 권력을 지닌 상사에게 찍힌 부하는 피곤하고 위태롭다. 메리디스처럼 회의에 지각하게 만들고 부진한 사업 실적을 탓하고 인격까지 의심스럽게 만들 수 있다. 메리디스가 증언할 때 눈물을 흘리며 내숭떠는 것이 비열하다고 느낀 사람은 남성이 여성에게 근육을 쓰는 것도 마찬가지로 부당하다고 느껴야 한다. 눈물이나 근육은 똑같이 비합리적 요소니까.

대학을 졸업하고 솥뚜껑 운전을 직업으로 삼겠다는 여성은 거의 없다. 전공을 살리든 못 살리든 직업을 가지고 자기 능력을 실현하는 걸 꿈꾼다. 나도 사회에 필요한 한 사람이라는 걸 공식으로 인정받으려면 상품 생산에 한몫하며 돈을 벌어야 한다.

그러나 여성은 낮은 취업률과 더 낮은 승진율에 눈앞이 캄캄해지고 직업을 얻더라도 낮에는 커피 심부름이 한심하고 저녁에는 잦은 술자리가 부담스럽다. 게다가 남성 상사나 동료의 성 농담이나 성 희롱까지 상상하면 아예 집 안에 들어앉고 싶다.

톰이 메리디스를 고소하고 싶다고 하자 변호사는 만일 고소하면 근무처를 옮겨야 하고 판결도 길게는 3년이나 기다려야 하며 비용이 적어도 10만 달러가 든다고 맥 빠지는 소리를 한다. 재판에서 그때 상황을 낱낱이 증언하면 충격을 받을 아내 얼굴도 떠오른다. 톰은 엘리베이터로 힘없이 발걸음을 옮기다가 그때 상황을 치욕스럽게 떠올리며 다시 변호사 사무실로 뛰어들어 간다.

그러나 거의 모든 우리 나라 여성은 같은 처지에 있다면 엘리베이터를 타고 말 것이다. 얼마 전 어느 대학 교수에게 성 희롱을 당한 여조교가 소송을 걸고 결국 이긴 일이 있다. 그러나 2년쯤 걸려 승소할 때까지 여성의 몸가짐도 한 원인이라는 인신 공격을 받았고 성 희롱당하는 장면이 자세히 공개되었다. 성 희롱과 성 폭력을 단죄하는 일도 어지간한 결심이 없으면 할 수 없다. 설사 몇몇 파렴치한 사람을 단죄하더라도 그 과정이 고통스럽고 후유증도 걱정스러우니까 '난 못해' 하고 입 다무는 여성이 줄지 않는다. 파렴치한 짐승은 이런 사정도 잘 안다.

여성은 태어나는 게 아니라 만들어진다

백댄서를 꿈꾸는 남학생이 있다. 내가 대학교 다닐 때는 MT 가면 방에 빙 둘러앉아 술 마시면서 주로 선배가 떠드는 토론을 벌이는 게 전형이었다. 그러나 요즘 가끔 MT에 따라가 보면 술 마시는 건 똑같은데 토론 대신 춤추는 게 다르다. 많은 남학생이 여러 가지 멋진 춤을 보여 준다. 그러나 다 똑같은 춤이 아니란다. 어떤 춤은 텔레비전에서 본 대로 그냥 따라 하는 것이고 어떤 춤은 동작을 재조합할 수 있는 세미 프로의 수준에 올라 있다고 평가받는다.

백댄서를 꿈꾸는 남학생은 대부분 몸매 관리에 무척 신경을 쓰고 골체미를 자랑한다. 이제 마른 몸은 여성뿐 아니라 젊은 남성에게도 간절한 희망 사항이다. 이걸 두고 남성의 여성화를 심각하게 걱정하는 소리도 들린다.

남성답다는 게 뭘까? 큰 그릇이 되려는 웅대한 포부와 넘치는 자신감, 식구를 먹여 살리려는 굳은 책임감과 강한 자제력, 결과가 어찌 됐든 부딪쳐 보는 저돌성과 놀라운 용기. 이런 게 남성다움에 속하는 항목이다.

그러나 이런 항목은 산업 사회가 차려 놓은 메뉴다. 남성다움의 메뉴도 시대에 따라 변한다. 원시 수렵 채집 사회에서 남성은 훌륭한 사냥꾼이 되어야 하고 음식을 너그럽게 나누어 먹을 줄 알아야 한다. 고대 농경 사회에서 남성은 훌륭한 생산자이자 강인한 전사가 되어야 한다. 산업 사회에서 남성은 상품의 생산과 가족의 부양을 책임지는 성실한 일꾼이 되어야 한다. 남성다움의 메뉴가 이처럼 시대에 따라 변한다면 여성다움도 마찬가지다.

1908년 프랑스에서 태어난 보부아르*는 돈이 없어서 중산층 남성과 결혼하는 게 어렵자 교사 직업과 학업을 계속하여 스물두 살 때 철학 교수 자격 시험에 합격했다. 그리고 소르본 대학에서 만난 사르트르(J. P. Sartre)와 토론하면서 서로 완벽한 대화 상대임을 발견하고 계약 결혼을 단행해 세상 사람의 주목을 받았다. 둘의 관계는 우여곡절을 겪지만 51년 동안 이어졌다. 자식도 없이.

1949년에 나온 보부아르의 『제2의 성』은 여성 해방 문학의 고전이다. 이 책에서 보부아르는 여성이 남성에게 의존하는 것이 자연스럽다는 믿음을 강력히 거부하고 "여성은 태어나는 게 아니라 만들어진다."고 주장한다.

보부아르는 여성의 자유를 제한하는 생물학적 특성을 지적한다. 여성은 임신하고 출산하는 생식 능력 때문에 원시 시대부터 생신 노동에 제한적으로만 참여했다. 이런 상황은 여성이 남성에게 종속하는 것이 자연스럽다는 믿음을 낳았다. 여성은 사춘기, 결혼, 어머니의 과정을 거치면서 자기 몸을 열등하게 받아들이고 남성에게 의존하는 수동적 역할에 만족하도록 길든다.

그러나 보부아르는 여성과 남성의 생물학적 차이는 사회 불평등을 정당화하는 근거가 될 수 없다고 주장한다. 아기를 낳고 기르는

---

*시몬 드 보부아르(Simone de Beauvoir ; 1908~1986)
　여성과 실존의 문제를 탐구한 프랑스 문학가, 철학자.
　『제2의 성』, 이용호 옮김, 을유문화사, 1978.

이상적 여성상은 남성 중심의 문화가 만든 신화고 여성다움에 속하는 수동적 성격, 의존적 태도 등은 관습과 교육의 산물이다.

사르트르와 함께 실존 철학자라는 꼬리표가 붙어 다니는 보부아르는 여성의 투철한 자각을 여성 해방의 출발점으로 본다. 여성은 생물로서 타고난 운명이 없으므로 자기 삶의 주체가 되어 자유롭게 살 수 있다. 보부아르는 여성에게 직업을 가지고 지성을 쌓고 사회 개혁을 위해 활동하라고 제안한다.

1986년 보부아르가 죽자 프랑스 언론은 그가 여성에게 틀에 박힌 삶에서 탈출할 새 지평을 열어 주었다고 추모했다. 보부아르는 몽파르나스 묘지에 사르트르와 나란히 묻혀 있다.

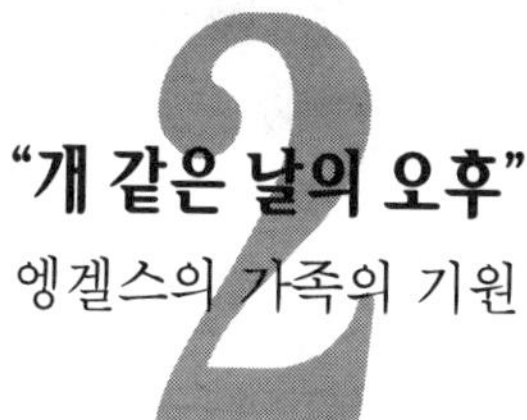

"개 같은 날의 오후"
엥겔스의 가족의 기원

학생들과 여성 문제를 놓고 토론을 벌일 때마다 내가 비슷하게 느끼는 점이 있다. 대부분의 학생은 여성 문제가 여성과 남성의 대결 구조에서 비롯한다고 생각한다. 토론은 여학생과 남학생이 서로 비판하는 모습을 보이기 일쑤다. 예를 들어 어떤 여학생은 결혼하더라도 남편이 집안 일을 나누어 도와 주면 가정과 직장을 함께 꾸릴 수 있다고 말한다. 집안 일에 신경 쓰지 않는 남성을 탓하는 말이다. 또 여성의 사회 진출 폭을 넓혀야 한다는 주장에 취업의 위기를 그만큼 더 느낀다고 고백하는 남학생도 있다. 여성 문제의 뿌리는 무엇일까?

남녀 패싸움

불쾌 지수가 높은 무더운 여름날 변두리에 있는 서민 아파트. 40도 가까운 더위에 냉장고, 선풍기가 풀가동하자 전압을 견디지 못한 변압기부터 터진다. 찜통 집안에서 쏟아져 나온 주민은 아파트 광장

에서 더위를 식히고 있다.

그때 의처증 남편에게 상습적으로 매맞는 아내가 광장으로 도망쳐 나오고 가죽 허리띠를 손에 감아쥔 채 뒤쫓아온 남편이 주민 앞에서 아내를 질질 끌고 간다. 한 여성이 말려 달라고 호소하지만 남성은 남의 일이라며 불구경하듯 쳐다보기만 한다. 성격이 화끈한 호스테스 윤희(정선경)가 끼여들자 남편이 모욕한다.

"이 걸레 같은 년이."
"내가 걸레 같은지 수건 같은지 봤냐."

윤희가 악을 쓰며 대들고 화가 치민 여성이 아내를 때리는 남편에게 집단으로 달려들어 몰매를 준다. 수수방관하던 남성도 자기 아내를 끌어 내려다 여성과 패싸움이 벌어진다. 수가 모자라는 남성이 얻어맞으며 쫓겨나고 의식을 잃은 상습 구타 남편은 구급차에 실려

간다. 병원으로 옮기는 중 죽었다는 연락을 받은 경찰이 출동하여 여성을 살인범으로 몽땅 연행하려 하고 당황한 여성은 무작정 아파트 옥상으로 피신한다.

옥상에 올라온 여성은 매맞는 아내 정희(하유미), 40대 후반 소설가 지망생 경숙(손숙), 바람둥이 남편을 둔 영희 엄마(송옥숙), 영희 아빠와 정을 통한 뒤 옥상에서 태연히 선텐을 하고 있는 독신녀 기순(이진선), 나서기 좋아하는 부녀 회장 은주 엄마(김보연), 늘 은주 엄마를 편드는 석이 엄마(황미선), 철가방 들고 콩국수 배달 왔다가 사건에 휘말린 공주댁(임희숙), 야한 차림으로 외출하던 호스테스 윤희와 명화(이명희), 밤무대 가수 유미(김알음) 등이다.

영희 엄마는 옥상에서 기순과 맞부딪히자 곧 "너 죽고 나 죽자"며 머리채를 붙잡고 싸움부터 벌인다. 광장에서 기동 대장이 옥상에 있는 여성에게 살인을 저질렀으니 5분 안에 자수하라고 반말로 지껄인다. 공주댁이 대꾸한다. "난 니 에미뻘 되는 나이야."

경찰의 사다리차가 옥상으로 접근했을 때 마침 아들 부부에게 구박을 받고 옥상에 올라와 있던 할머니가 투신 자살한다. 매스컴이 할머니의 죽음과 아파트 여성의 농성을 크게 보도한다. "구타 남편을 응징한 여인들, 경찰 진압에 투신으로 맞섰다." 강제 진압이 멈춘다.

다음날 아침 여성들은 자기네 집안 일을 걱정하기 시작한다. 신문사 기자가 핸드폰으로 정희와 인터뷰를 요청하지만 정희는 할 말이 없다며 응하지 않는다. 여성들이 정희를 원망한다. "우리가 지금 누구 때문에 이 고생을 하는 건데."

옥상 여성은 점차 더위와 배고픔에 지쳐 엿가락처럼 늘어진다. 광장에서 기동 대원은 수박과 고기 파티를 벌이며 회유한다. 밤이 되자 검은 옷을 입은 여성 특공대가 음식과 신문을 경찰 몰래 옥상으로 날라 준다. 여성들은 오랜만에 포식하며 자기편이 있다는 걸 든 든하게 여기고 서로 다독거린다. 기순도 영희 엄마와 화해하려고 애 쓴다.

3일째 아침 기동 대장은 상쾌한 아침에 불쾌한 소식을 알린다면 서 밤무대 가수 유미가 게이라고 폭로한다. 공주댁이 유미한테 소리 지른다. "남자가 뭐가 부족해서 여자처럼 사냐." 여성들이 유미에게 내려가라고 윽박지르자 정희가 나선다. "옥상에 올라와서 줄곧 나 만 생각했어요. 왜 나만 이런 형벌을 받아야 하는지…… 저, 정말 힘 들었어요. 누구에게도 도움을 청할 수 없었어요. 유미 씨는 내가 느 낀 것보다 더 외롭고 절박할 거예요."

다음날 다른 경찰팀이 출동하여 무력으로 진압하려 한다. 윤희가 나무 막대기를 들고 싸우려 하자 경숙이 말린다. 그 동안 최선을 다 했고 이제 할 만큼 한 거라고. 여성들은 서로 손을 모아 붙잡는다. 아파트 광장에는 지지 시위대가 끝없이 몰려 들고 있다. 여성들은 모두 옥상 난간 위로 올라가 시위대의 함성과 박수 속에서 경찰이 펴 들고 있는 보호망 위로 몸을 날린다.

할머니의 죽음

영화도 소설처럼 복선이 있기 마련인데 나는 할머니의 죽음이 "개 같은 날의 오후"에서 복선이라고 생각한다. 할머니는 버리는 물건 이 없을 뿐 아니라 쓸 만한 물건을 자꾸 주워 오는데 며느리가 왜 쓰 레기를 갖고 오느냐고 구박한다. 아들도 화를 내며 어머니가 아끼는 물건을 창 밖으로 내던진다. 할머니는 아들이 버린 물건 가운데 재 봉틀을 주워 들고 옥상으로 올라간다. 할머니가 투신 자살하고 뉴스에 보도되자 인터뷰에 나온 아들은 어머니가 예전부터 아버지한테 상습 구타당했다고 주절댄다.

따지고 보면 할머니의 인생은 옥상에 올라온 여성들 인생의 압축판이다. 소설가 지망생 경숙도 정희처럼 "어떤 때는 맞아야 편하게 잠들기도 했다."고 고백한다. 영희 엄마는 남편이 바람피우는 걸 뻔히 알지만 자식 걱정에 악다구니나 쓸 뿐이다. 철가방 공주댁은 자기가 남편보다 두세 배 더 많이 일하는데 왜 자기 앞으로 된 재산은 하나도 없냐고 하소연한다.

아버지의 상습 구타가 투신 자살한 원인이라는 듯한 아들의 말은 거짓이지만 아버지가 상습 구타했다는 건 참말일 가능성이 크다. 할머니는 남편이 바람을 피워도 불평하다간 얻어맞기나 하는 시대에 살았다. 또 할머니는 집안 말고도 논과 밭에서 등이 휘도록 일한 세대다. 이젠 상습 구타하던 남편 대신 아들 부부가 구박한다. 살맛이 남아 있을 리 없다. 아파트 옥상에서 할머니가 뛰어내리고 여성들도 며칠 후 뒤따라 몸을 던진다.

가정은 바깥에서 지친 몸과 마음이 쉴 수 있는 곳이다. 집 떠나면 고생이고 집 표 밥이 제일 맛있다. 그러나 가정이 이런 쉼터가 되려면 가정을 보살피고 가꾸는 가사 노동이 필요하다. 가사 노동은 사랑하는 가족이 직접 소비하는 서비스를 생산하기 때문에 일하는 기쁨을 느낄 수 있는 노동이다. 더욱이 직장에서 하는 노동이 먹고 살기 위해 더럽고 치사하더라도 참을 수밖에 없는 소외된 노동이라면 전업 가사 노동의 유혹은 더 크다.

그러나 조건이 필요하다. 가사 노동에 대한 인정이 있어야 한다. 가사 노동을 전담하는 여성은 남편과 자식에게 입으로든 눈으로든 '사랑해요', '고마워요'라는 말을 끊임없이 듣지 않으면 아무한테도 자기가 하는 일을 인정받을 수 없다. 우리 나라 여성은 대부분 가족의 진심어린 인정만 있으면 평생 가사 노동을 보람으로 여기며 버 틴다.

그러나 "개 같은 날의 오후"에 나오는 여성은 가족이 인정 대신 무시로 보답한 경우다. 아들이 창 밖으로 내던지는 재봉틀은 고철덩 어리가 아니라 할머니의 인생이고, 고시 뒷바라지하는 정희에게 남 편은 고마움 대신 가죽 허리띠로 보답하고, 영희 아빠는 영희 엄마 에게 뒤집어 입은 런닝이나 보여 주고, 공주댁 남편은 아내에게 철 가방 들려 보내 번 돈으로 자기 재산이나 늘린다.

남의 일처럼 한심하게 볼 일이 아니다. 설사 늙은 어머니를 정성 껏 모시고 하루에 몇 차례씩 사랑의 전화를 걸고 죽으나 사나 마누 라밖에 모르고 부부가 공동 명의로 재산을 등기하더라도 여성은 불 행할 수 있기 때문이다. '내가 뭘 한 거야.' 충분히 인정받으면서 가 사 노동만 몇 십 년 한 어머니 입에서도 가끔 한숨이 나온다. 호강 하는 여성의 배부른 푸념이 아니다. 남성도 같은 인생이라면 내뱉지 않을 수 없는 자의식의 소리다.

가족의 역사

가사 노동은 돈 못 버는 노동이다. 주부는 밥짓고 설거지하고 청 소하고 빨래하고 아이 돌보고 장보는 데 하루 10시간 안팎이나 써 야 하지만 가사 노동은 돈 못 버는 노동이기 때문에 돈 버는 노동에 예속된다.

남편과 자식을 위한 노동을 예속된 노동이라고 하는 건 언짢게 들 릴 수 있고 남편이 돈 벌고 아내가 집안 일 하는 것은 오히려 팀워 크가 좋게 보일 수도 있다. 그러나 좋은 팀워크는 가사 노동의 예속된 성격을 숨기는 가리개일 뿐이다. 주부는 자존심 때문에 자기 일에 긍지를 가지려고 노력하지만 남편과 자식의 사랑과 인정에 매달릴 수밖에 없고 아무리 충분한 인정을 받더라도 가끔 한숨이 나오는 걸 막을 수 없다.

엥겔스*는 가사 노동이 이렇게 돈 못 버는 예속된 성격을 가지게 된 것은 원시 사회에서 농경 사회로 넘어오면서 생산력이 크게 발달했기 때문이라고 설명한다. 원시 수렵 채집 사회에서는 노동, 출산, 교육이 모두 성별 분업 없이 공동체 전체의 일에 속했다.

그러나 농사를 짓는 사회에서는 힘든 농사는 남성이 하고 집안 일과 아이 키우는 일은 여성이 나누어 하면서 생산 활동에서 주도권을 쥔 남성을 중심으로 가부장제가 자리잡기 시작했다. 남성이 부양자가 되면 여성의 노동은 부양자를 시중드는 노동으로 변질한다.

자본주의 사회에서는 집과 일터가 분리된다. 중세까지는 일하는 곳이 곧 먹고 사는 곳이었다. 그러나 일터가 집에서 멀리 떨어져 나가자 가진 것 없는 사람은 남녀 노소 가릴 것 없이 모두 일터에 나가야 먹고 살 수 있었다. 일터가 중요해지고 가정은 이 공공 영역을 보조하는 사사로운 영역이 된다.

엥겔스는 여성이 일터로 나가면 경제적으로 자립할 수 있으므로 남성과 여성이 대등한 개체로서 만나는 진정한 가정을 이룩할 수 있다고 주장했다. 그래서 엥겔스는 집에만 있는 중산층 여성이 일하는 여성보다 더 심한 예속 상태에 있다고 보았다. 그러나 일하는 여성의 가정도 오히려 가부장제를 강화했다. 일터에서 노동이 여간 힘들

---

*프리드리히 엥겔스(Friedrich Engels ; 1820~1895)
　마르크스와 함께 사회주의 이론을 세운 독일 사상가.
　『가족, 사유 재산, 국가의 기원』, 김대웅 옮김, 아침, 1985.

지 않았고 그만큼 가정은 안식처 역할을 해야 했기 때문이다. 일하는 여성은 집안 일까지 이중고에 시달릴 수밖에 없었다.

19세기 말부터 20세기 초에 가족 임금 체계가 성립한 것은 가부장제를 더욱 강화했다. 가족 임금 체계란 가족 가운데 한 사람이 번 돈으로 온 가족이 먹고 사는 것이다. 생산력이 발달하자 남성 노동자는 자기 노동만으로 가족을 부양하는 데 충분한 임금을 요구했다. 그러자 남편을 보조하고 자식을 잘 기르는 현모 양처가 여성의 이상적인 모습으로 굳어졌다.

현대 소비 사회에서 주부는 구매력이 있다고 인정받지 않으면 집 밖에서 기를 펼 수 없다. 그러나 스스로 돈을 벌지 못하는 아내의 위치는 여전히 불안하다. 외모를 열심히 가꾸어 자기를 섹시하게 연출하지 않으면 집안에서도 버틸 수 없다. 주부가 가정을 책임지면서도 자의식을 포기하지 않으려면 남편이 점점 더 많은 돈을 벌어야 한다. 남성도 권위 있는 가장이라기보다 돈벌이꾼으로 전락하고 만다.

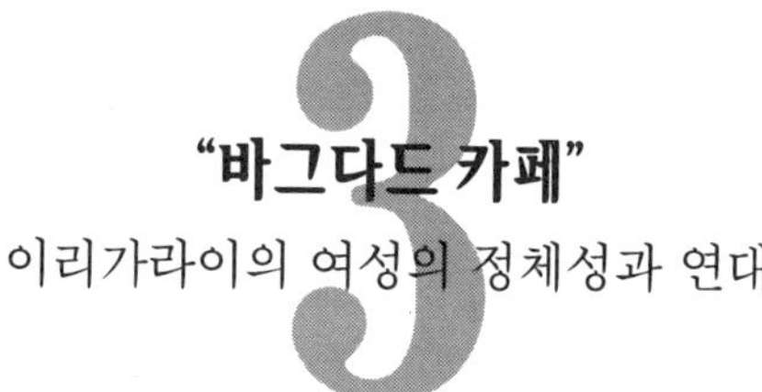

"바그다드 카페"
이리가라이의 여성의 정체성과 연대

여성과 남성의 어두운 자화상을 그리고 나면 열나게 토론하던 학생들도 힘이 빠진다. 문제를 해결할 길이 막막해 보이기 때문이다. 아예 결혼을 하지 않겠다는 여학생과 다시 입 다물거나 조는 학생이 늘어난다. 그러나 아직 토론이 끝나지 않았다. 나는 또 닦달한다. 어떻게 하면 여성 문제를 해결할 수 있을까?

널 부른다

독일에서 남편과 함께 미국으로 여행온 문츠크테크너 야스민(마리안느 재게브레히트)은 캘리포니아 사막을 지나다가 사소한 일로 남편과 다투고 헤어진다. 남편은 차를 몰고 가다가 야스민이 두고 내린 보온병을 도로 곁에 버리고 떠난다. 얼마 뒤 트럭을 끌고 지나가던 중년 남성이 보온병을 주워 간다.

황폐한 사막 가운데 허름한 카페 바그다드가 있다. 브렌다(C.C.H. 파운더)는 이 카페를 운영하고 있다. 말이 운영이지 카페에 딸린 주유소와 싸구려 모텔에서 세차와 청소까지 도맡는 브렌다는 게으른 남편이 지긋지긋하다. 새로 사 오라고 부탁한 커피 기계 대신 보온병을 들고 나타난 남편에게 브렌다가 불만을 터뜨린다. 별일도 아닌 걸 가지고 난리라며 남편이 집을 나가 버리겠다고 하자 브렌다는 땅에 뒹구는 깡통을 던지며 쫓아낸다.

멋부리기 좋아하는 딸은 어느 건달과 오토바이를 타고 나타나 돈을 뜯어 가고 어린 나이에 벌써 애기 아빠가 된 아들은 피아노만 치고 있다. 브렌다는 의자에 풀썩 주저앉아 모든 게 엉망인 신세를 한탄하며 눈물을 흘린다. 그때 야스민이 먼지 휘날리는 누런 벌판에서 큰 가방을 끌고 땀을 뻘뻘 흘리며 바그다드 카페로 걸어온다.

뚱뚱한 백인 야스민은 모텔에서 숙박하기를 원하지만 말라깽이 흑인 브렌다는 영어가 서투른 이방인 손님을 반가워하지 않는다. 다음날 브렌다는 야스민의 방을 청소하다가 남자 옷과 면도기가 널려 있는 걸 보고 보안관에게 신고한다. 알고 보니 야스민은 남편과 헤어질 때 가방을 바꿔 들었다. 보안관이 신분을 확인하자 브렌다는 더 이상 야스민을 의심하진 않지만 가까이하려 하지도 않는다.

마음씨 착한 야스민은 브렌다가 잠시 외출한 사이 카페와 사무실과 지붕과 물탱크까지 말끔히 청소한다. 그러나 돌아온 브렌다는 모든 걸 되돌려 놓으라고 고함을 지른다. 옷을 입어 보다 들킨 브렌다의 딸에게 야스민은 놀라지 말라고 하며 이야기를 나누고 독일 춤도 보여 준다. 또 아들에겐 피아노 연주를 멈추지 말라며 열심히 듣는다.

카페 근처에 침대 딸린 캠핑카를 세워 두고 생활하는 콕스(잭 팔란스)는 피아노 연주에 심취해 있는 야스민을 보고 미술에 대한 열정이 되살아나 야스민에게 모델이 되어 달라고 청한다. 야스민은 승낙한다. 야스민은 콕스의 차를 방문해 모델이 될 때마다 옷을 하나

씩 더 벗는다.

　야스민이 점점 브렌다의 가족과 가까워지자 자기 방식대로 자식을 다루던 브렌다는 자존심이 상해 "당신 자식에게나 신경 쓰라."고 소리친다. 야스민은 자식이 없다고 힘없이 말한다. 문을 닫고 나간 브렌다가 되돌아와 미안하다고 사과한다.

　브렌다와 마음을 터놓은 야스민은 바그다드 카페 일을 돕기 시작한다. 귀에서 달걀이 나오고 손가락을 잘랐다 붙이는 케케묵은 마술을 손님에게 선보인다. 착한 운전 기사들이 '라스베가스에서도 볼 수 없는' 야스민의 마술을 보기 위해 '라스 바그다즈(Las Bagdads)' 카페로 몰려든다. 이제 야스민은 바그다드 카페의 한가족이다.

　좋은 일이 있었으니 나쁜 일이 남았다. 어느 날 보안관이 찾아와 야스민에게 노동 허가증이 없고 관광 비자도 기한이 곧 끝난다고 통고한다. 아쉬운 작별. 바그다드 카페는 옛날로 돌아가 버린다.

　따분한 날이 이어지는 바그다드 카페 벌판에서 배낭 여행하다 잠시 머물고 있는 청년이 부메랑을 열심히 던진다. '널 부른다(Calling You)' 배경 음악도 야스민을 열심히 부른다. 주문이 통했는지 야스민이 다시 브렌다에게 걸어온다. 이번에는 처음과 모습이 다르다. 자신감이 넘친다.

야스민이 돌아오자 바그다드 카페는 다시 활기를 띤다. 브렌다의 소심한 남편도 언덕에서 망원경으로 계속 카페를 지켜보다 돌아온다. 바람이 몹시 부는 어느 날 콕스가 들꽃을 꺾어 들고 야스민에게 청혼한다. 야스민이 대답한다. "브렌다와 상의해 볼 게요."

여성의 연대

"바그다드 카페 Bagdad Café"는 여성 문제에 관심이 있는 사람은 누구나 보고 좋아하는 영화다. 화면을 가득 채운 황토색이 처음엔 쓸쓸하기 그지없다가 점점 따뜻하게 바뀌어 가는 것이 아주 인상 깊다. 이 영화를 보고 학생들과 토론하면 어김없이 두 가지 질문이 나온다. 야스민이 콕스의 캔버스 앞에서 모델 노릇을 하면서 옷을 한 겹씩 더 벗는 것은 무엇을 의미할까?

"야스민이 콕스에게 마음의 문을 조금씩 여는 것을 의미해요."

"야스민은 처음부터 브렌다 가족이나 콕스에 비해 좀더 열린 마음을 가지고 있었으니까 차라리 그림에 대한 의욕을 잃은 콕스와 특히 세상이 귀찮은 브렌다가 마음의 문을 차츰 여는 것을 상징해요."

비슷한 대답이다. 옷 벗기가 곧 마음 열기다. 그러니까 야스민의 모델 장면은 여느 영화와 달리 관객의 몸이 아니라 마음을 자극하게 되어 있다. 한편 야스민이 상의하면 브렌다가 뭐라고 할까?

"제가 브렌다라면 청혼을 받아들이라고 말하겠어요. 그래야 콕스의 말처럼 야스민이 영주권을 얻어 바그다드 카페에 정착할 수 있고 그게 브렌다에게도 좋으니까요."

"아니에요. 야스민이 콕스와 결혼하면 아무래도 바그다드 카페에 신경을 덜 쓸 것이고 그러면 브렌다와 어렵게 맺은 우정도 허물어질 거예요."

두 학생의 대답은 결론이 반대지만 공통점이 두 가지 있다. 첫째, 두 학생의 대답은 계산이 밝다. 두 사람이 서로 굳게 믿기 때문에 가장 바람직한 결정에 이를 것이라는 추상적인 대답이 아니다. 야스민과 브렌다가 상의해서 내릴 결정은 두 사람의 현실적 이해를 반영해야 한다는 대답이다.

둘째, 두 학생이 바라는 목표는 모두 브렌다와 야스민이 결속을 유지하는 것이다. 여성의 연대가 여성 문제의 해결책이라는 시각이다. 과연 야스민과 브렌다가 각자의 이해도 챙기면서 연대를 유지할 수 있을까? 야스민과 브렌다에게 어떤 길이 이해와 연대를 모두 보장해 줄지는 나도 잘 모르겠다. 그러나 이 물음은 좀더 일반화하면 다음과 같다. 여성들이 각자의 이해를 챙기면서 연대를 유지할 수 있을까?

있는 집 사모님과 없는 집 아줌마가 서로 헐뜯는다.

"여자가 좀 꾸며야지. 저 차림새가 뭐야!"

"정신나간 여자들, 저렇게 돈을 펑펑 써대다니!"

사람은 성을 가릴 것 없이 개인의 이해가 서로 다르고 충돌할 수 있다. 직장 여성에겐 남성과 똑같은 임금 체계가 이익이지만 가정 주부에겐 이런 임금 체계가 유일한 수입원인 남편의 임금 감소를 뜻한다. 여성이 각자의 이해를 챙기면서 연대를 유지하는 데는 장애물이 많다. 이런 장애물을 걷어 낼 수 있을까?

여성의 정체성

개인마다 이해가 다르다고 해서 공통의 이해가 없으라는 법도 없다. 만일 있다면 여성의 공통 이해는 여성의 연대를 위한 기초가 될 수 있다. 그게 뭘까?

야스민과 브렌다를 묶어 준 공통 이해는 바그다드 카페의 성황 전에 이미 있었다. 자식이 없다는 야스민의 힘없는 말을 듣고 골치 아픈 자식만 있는 브렌다가 무엇을 느꼈을까? '그래, 무자식이 상팔자야.' 브렌다가 이렇게 느꼈다면 야스민에게 미안할 것도 없다. '그래, 자식은 있어도 골치 아프고 없어도 골치 아프지. 니 팔자가 내 팔자구나.'

여성이 단지 여성이라는 이유로 연대할 수 있는 기초는 단지 여성이라는 이유로 겪는 온갖 형태의 억압이다. "여학생이 술이나 먹고, 어떻게 시집가려고 그래……" "성 폭력? 미스 김은 얼굴이 무기야……" "결혼했어? 아기는 아직 없어? 피임을 너무 오래하다 보니 불임이 되었나……" "집안 살림이나 하는 주제에 알긴 뭘 안다고……" 이런 억압을 극복하고 팔자를 뜯어고치는 것이 여성의 공통 이해고 목표다.

한편 여성이 남성과 달리 공통으로 지니고 있는 정체성도 여성의 연대를 위한 중요한 기초가 될 수 있다. 여성의 정체성은 무엇일까? 프로이트는 페니스가 없는 것이 여성의 정체성의 중요한 요소라고 주장한다. 그러나 페니스의 결여로 규정한 여성의 정체성은 여성의 열등 의식만 조장한다. 또 여성은 받아들이기만 하는 수동적 태도가 숙명이라는 결론이 쉽게 나온다. 여성의 정체성을 긍정적으로 규정하는 요소는 없을까?

이리가라이*는 여성의 긍정적 정체성을 어머니와 딸의 관계에서 찾을 수 있다고 주장한다. 어린 딸이 어머니와 맺는 관계는 어린 아들이 어머니와 맺는 관계와 다르다. 아들은 어머니에게서 태어났지만 어머니처럼 아이를 낳을 수 없다. 아들은 자기가 어머니와 다르다는 걸 느끼기 시작하면 불안해지고 이런 불안을 극복하기 위해 남성인 아버지의 명령을 받아들이기 시작한다. 그러나 딸은 어머니와 마찬가지로 아이를 낳을 수 있기 때문에 자기 처지를 기쁘게 받아들이고 즐길 수 있다. 아들은 남을 지배하는 성격이 자라고 딸은 남을 존중하는 성격이 자란다.

이리가라이에 따르면, 남녀 평등은 남녀 차이를 해소하는 게 아니라 남녀 차이를 제대로 살리는 데서 시작한다. 만일 남녀 차이를 존중하지 않으면 차이를 빌미로 불평등하게 대우하는 것을 막을 수 없다. 백인과 흑인의 불평등한 대우도 피부색의 차이를 존중하지 않

---

* 뤼스 이리가라이(Luce Irigaray ; 1934~)
  성 차이를 기초로 페미니즘을 주장하는 벨기에 여성학자.
  『나, 너, 우리』, 박정오 옮김, 동문선, 1996.

고 오히려 악이용하는 데서 비롯한다.

억압의 극복이라는 목표가 있고 남을 존중하는 정체성이라는 기초가 있더라도 여성의 연대는 갈 길이 멀고 험하다. 그러나 김남주의 시처럼 손 맞잡고 함께 가는 길은 쉬었다 가더라도 마침내 하나가 될 것이다. 너무 감상적인가? 그러나 본래 실천은 마음보다 몸이 일어서야 하고 몸을 일으켜 세우는 건 이성보다 감상이 아니겠는가.

남성 운동

톨레랑스

여성 문제로 토론을 벌이다 보면 기분 나쁘게 느끼는 남학생이 많다. '여성도 아니면서 여학생 편만 든다.'고 나를 원망하는 표정이 보인다. 나는 이런 남학생을 위해 두 가지 이야기를 내놓는다. 우선 홍세화의 『나는 빠리의 택시 운전사』에 나오는 낱말 하나를 설명한다. '톨레랑스(tolérance)'라는 낱말이다.

홍세화는 톨레랑스를 '관용'이라고 옮기면서 우리가 프랑스인에게 본받을 만한 정신으로 꼽는다. 톨레랑스 정신은 '내가 남과 다른 점을 인정받으려면 남이 나와 다른 점부터 인정하라.'는 것이다. 나의 튀는 옷차림이나 정치 이념을 인정받으려면 남의 옷차림이나 정치 이념을 무시하고 억압해서는 안 된다.

톨레랑스 정신은 한 가지 내용이 더 있다. 서로 인정해야 하는 나와 남은 여러 가지 뜻에서 힘이 대등하지 않은 경우가 많다. 이때 약한 자가 강한 자를 인정하는 건 힘에 밀려서도 어쩔 수 없다. 그러니까 진짜 관용은 '강한 자가 약한 자를 먼저 인정해야 한다.' 예를 들어 미국에서 백인과 흑인의 관계는 백인이 강한 자이므로 먼저 흑인을 인정해야 한다.

톨레랑스 정신은 흑인뿐 아니라 여성에게도 적용할 수 있다. 가부장제 사회에서 여성과 남성이 서로 대등하게 존중하려면 칼자루를 쥐고 있는 남성이 우선 여성을 인정하고 존중해야 한다.

톨레랑스 정신을 설명하고 나면 불만스러워하는 여학생도 있다. 이 정신은 남성의 우월함을 전제하고 존중을 구걸하는 듯하기 때문이다. 그러나 그렇지 않다. 톨레랑스의 목표는 내가 참된 인정을 받는 것이다. 짓이겨 놓은 상대에게 받는 인정은 가짜다. 남성도 참된 인정을 받으려면 여성을 억눌러 놓아서는 안 된다.

나는 이 정신이 우리 현실에서 여성 문제를 해결하는 데 이바지할 수 있다고 생각한다. 우리의 현실은 아직도 존중이나 인정 따위를 비웃는 근육의 논리가 여성 문제를 일으키는 중요한 원인이기 때문이다. 컴퓨터 통신에 실린 어느 여성의 이야기는 이런 현실을 잘 보여 준다.

남자 선배와 길을 걷고 있었다. 술 취한 낯선 남자가 내 옆에 바짝 붙었다. 나는 그 남자의 이상한 눈길을 몇 번이나 살피면서 선배와 발걸음을 재촉했다. 그때 그 남자가 소리쳤다. "야! 이 ××야, 거기 서, 거기 안 서?" 선배가 등을 돌리며 말했다. "저 말입니까?" "안경 벗어! 안경 벗으라니까." 자기에게 듣기 싫은 소리를 했으니까 맞아야 한단다. 선배와 나는 몇 번이고 그런 말을 한 적 없다고 해명했지만 막무가내였다. "안경 벗어!" 난 선배를 말리며 한마디 했다. "술 취한 사람 백 번 말해도 못 알아들어." "뭐라고? 다시 한 번 말해 봐." 등 뒤에서 술취한 목소리가 들렸다. 나는 그냥 참을까 하다가 에라 모르겠다 하고 등을 돌렸다. "술 취한 사람……" 손이 휙 지나가더니 내 고개가 구십 도로 돌아가고 어두운 밤 거리에 별이 번쩍거렸다. 나는 울분이 치밀어 길거리에 주저앉아 엉엉 울고 말았다. 마침 방범 대원이 왔다. 술 취한 그 놈도 경찰 앞에선 얌전한 고양이였다. 파출소에 가서도 고개를 푹 숙이고 있었지만 경찰이 잠시 한눈만 팔면 나를 노려보았다. 난 그 눈이 무서웠다.

단지 남성이라는 이유로

나는 남학생에게 단지 남성이라는 이유로 당하는 손해가 없냐고 묻는다. 말을 아끼고 있던 남학생이 털어 놓는 손해는 대개 세 가지다.

첫째는 데이트할 때 남성이 돈을 내는 관행이다. 여성은 커피값 정도를 치르는 게 보통이고 식사와 유흥 비용은 흔히 남성 몫이다. 더욱이 남자 친구 자랑한다고 여성이 자기 친구를 우르르 데리고 나오면 속으로 눈물이 나올 지경이란다.

둘째는 힘들고 위험한 일은 남성 몫으로 돌리는 관행이다. MT 가서 힘 쓰고 귀찮은 일은 남성 몫이다. 또 한창 나이에 군대 가는 것도 남성이 당연히 해야 할 일이 아니라 불이익이라고 여기는 학생이 늘고 있다.

셋째는 아들 역할에 대한 부모의 과잉 기대다. 앞으로 성공해서 부모의 기대에 보답해야 한다는 생각 때문에 아들은 스트레스를 크게 받고 장남이면 더욱 심하다. 남학생은 결혼하면 아내에게 훌륭한 돈벌이꾼부터 되어야 하기 때문에 스트레스가 더 커질 것이다.

여성의 의존성을 기르고 조장한 가부장제는 남성에게 단지 남성이라는 이유로 기득권과 함께 스트레스를 준다. 많은 남성은 아직 기득권의 매력이 스트레스의 고통보다 더 크다고 생각한다. 그러나 앞으로 남성은 어떤 뜻으로든 페미니스트가 되라는 압력을 더 강하게 받을 것이다. 강제로 변하느니 자발적으로 변하는 게 낫다.

여성이 겪는 현실은 남성이 함께 생산하고 겪는다. 그러므로 남성의 변화 없이는 여성 문제도 해결할 수 없다. 단지 남성이라는 이유만으로 돈 쓰고 힘 쓰고 과잉 기대를 채우는 스트레스에서 벗어나려면 몸부터 움직여야 한다. 한 끼 설거지부터 시작해 보자. 설거지는 밥 먹고 조금 쉬다 하려면 잘 안 되니까 밥 먹은 뒤 즉시 해야 한다. 책방이나 컴퓨터 통신에는 여성이 겪는 현실에 대해 솔직한 심정을 담은 글이 많다. 이런 글을 읽어 보면 마음도 움직일 거다.

남성이 가정에서 제자리를 찾는 일만으로 여성 문제가 해결되지는 않는다. 가정 생활의 변화는 사회 생활의 개혁 없이는 헛일이 되기 쉽다. 글 한 줄 읽을 틈도 없고 밥 먹으면 눕고 싶은 생각만 들 만큼 피곤한 사회 생활은 남성이 가정에서 겉돌게 만든다. 그러나 사회 생활의 개혁은 개인의 결단만으로 이루어질 수 없으니까 남성도 여성과 함께 연대해야 한다. 나도 이제 그만 떠들고 내 모습부터 되짚어 보아야겠다. 토론 끝.

"네프 므와"
인공 유산

삶과 죽음은 하늘에 뜬 구름을 잡는 듯한 대답이 늘어선 철학 문제들 가운데 하나다. "너 자신을 알라." "너의 행위 준칙이 언제나 보편 원리로서 타당하게 행위하라." 소크라테스, 칸트의 말은 낯설진 않지만 무슨 뜻인지 한 번 설명해 보라고 하면 선뜻 나서는 대학생이 드물다. 철학을 연구하는 전문가들이야 이런 말도 구체적인 의미가 있다는 걸 안다. 그러나 전문가는 너무 적고 어렵고 추상적이라고 느끼는 사람이 너무 많다. 그러니까 철학이 자위 행위 하는 거냐는 소리도 나온다.

요즘 철학의 문답은 과학 기술의 발달에 힘입어 하늘에서 땅으로 내려오는 경향이 있다. 다행이다. 삶과 죽음의 문제가 땅으로 내려오면 출생과 사망의 문제가 되고 인공 유산, 안락사, 뇌사, 생명 복제 등을 둘러싼 논란이 벌어진다.*

인공 유산은 태아를 자궁에서 강제로 배출하는 행위다. 우리 나

---

* 인공 유산, 안락사를 둘러싼 생명 윤리 논쟁은 다음 책을 참고.
피터 싱어, 『실천 윤리학』, 황경식 외 옮김, 철학과 현실, 1991.

라의 모자 보건법은 임산부나 배우자가 유전 질환이나 전염 질환이
있는 경우, 강간으로 임신한 경우, 법률로 혼인할 수 없는 친인척 사
이에 임신한 경우, 임신을 지속하면 임산부의 생명이 위험한 경우
등에 제한해 인공 유산을 인정하고 있다. 그러나 법률이 인정하더라
도 윤리가 허용할 수 있느냐는 문제는 따로 남는다.

두 번 다신 못 해. 하지만 행복해!

꼬마 손님 "형편없는 인간이에요. 아빠를 증오해요. 이기주의자
　　가 철없이 왜 날 낳았는지 모르겠어요."

심리 상담이 직업인 사무엘(파트릭 브라우데)은 동거하는 마틸드
(필리핀 르로이)와 함께 친구의 시골 별장으로 가는 차 안에서 단골
꼬마 손님을 떠올린다. 마틸드는 혼자서 열심히 손가락 계산을 하고
있다.

사무엘 "그래, 아이는 무턱대고 가지면 절대 안 돼."
마틸드 "나, 임신이야."

충격을 받은 사무엘은 차를 기저귀 창고에 처박고 만다. 그때부
터 사무엘은 눈 감으면 사마귀가 지 애비를 잡아먹는 꿈에 시달리
고 눈뜨면 아빠를 험하게 욕하는 꼬마 손님한테 시달린다.

사무엘 '난 절대 아빠가 안 될 거야. 아이 기를 돈도 없어. 둘만의
　　인생도 끝이야. 지금 이대로가 좋다고 고백해야지.'

마틸드 "아이는 실수야. 아직 태어나지도 않은 아이 때문에 우리
　　　가 다투잖아. 직장도 그만둘 수 없고. 그렇지만 난 낳을 거야. 당
　　　신 생각은?"
사무엘 "응……, 뭐 당신 좋을 대로."

　고민하던 사무엘은 아버지를 찾아가 마틸드가 아이를 가졌는데
자기는 아직 준비가 안 되었다고 말한다. 그러나 보청기를 낀 아버
지가 잘 알아듣지 못하고 다시 크게 말하라고 한다.

　사무엘 "아버지, 마틸드가 아이를 가졌는데……."

　이 소리를 듣고 부엌에서 나온 어머니가 기뻐 어쩔 줄 모르고 사
정을 안 아버지는 바이얼린을 신나게 연주한다. 사무엘은 마틸드와
함께 첫번째 검진을 받으러 간다. 청바지에 뾰족 구두를 신고 덤벙
대는 초보 의사는 사무엘에게 임산부가 겪는 고통을 남편도 느끼는
'가짜 임신'에 관해 말해 준다.
　마틸드는 입덧이 심해지고 사무엘은 성욕이 심해진다. 섹스한 지
두 달이나 되었다. 사무엘이 마틸드의 가슴을 만지려 하자 마틸드는
유방이 부풀어 아프다고 짜증을 낸다. 사무엘은 마틸드가 입덧을 심
하게 하다가 회향풀 냄새가 나는 걸 먹고 싶다고 하자 한밤에 사러
나간다. 그러나 새벽 1시까지 비를 쫄딱 맞으면서 어렵게 구해 와
투덜거린다. 마틸드는 친구 도미니크(카트린느 자콥)에게 하소연하
러 간다. 도미니크는 딸만 셋인데 또 임신중이다. 침 과다 분비증 말
고는 다른 문제가 없다. 남편 조르주(다니엘 뤼소)와도 손발이 척척
맞는다.

도미니크 "이번에는 틀림없이 사내일 거야. 침 흘리는 건 남자들
    하는 짓이잖아."
마틸드 "인공 유산하고 사무엘과 헤어질래."
도미니크 "그렇게 사는 게 행복이야."

도미니크는 조르주에게 사무엘을 달래 보라고 조른다. 조르주는
사무엘에게 상담 받는 척하고 찾아가 도리어 사무엘을 얼른다.

조르주 "아이가 열여덟 살쯤이면 뭘 하고 있을까 상상해 봐. 아
    마 대견하게 자라 있을 거야. 그 아이가 열다섯 살, 열 살, 세 살
    로 점점 줄면 지금 뱃속에 있는 아이가 열여덟 살짜리 대견한
    자식으로 느껴질 거야. 대견하게 자란 아이의 모습을 자꾸 상상
    하라구." "사랑은 임신중에 더 돈독해져. 임산부는 몸이 뜨거워
    지고. 우린 가끔 근교의 러브 호텔을 찾아."

사무엘은 조르주 말대로 상상한다. 그러나 열여덟 살짜리 뛰어난
바이얼리니스트 아들이 열다섯 살, 열 살, 세 살로 줄면서 하는 짓은
화 나는 일과 쪽 팔리는 일 말고는 없다. 사무엘이 마틸드에게 자기
생각을 털어놓지 못하고 주저하는 새 임신 71일째가 되었다. 인공
유산은 물건너 갔다. 프랑스에서는 10주가 지나면 인공 유산이 불
법이기 때문이다. 임신한 지 4개월쯤 지나자 마틸드는 구토증도 없
어지고 유방의 통증도 사라진다.

마틸드 "오늘 밤 기분 좀 낼까?"
사무엘 "안 돼! 밤까지 기다릴 수 없어!"

사무엘은 곧 러브 호텔로 차를 몬다. 호텔 방에서 마틸드가 속옷
차림으로 불룩한 배를 내밀며 야한 오프닝 쇼를 펼친다. 사무엘은
기분이 슬슬 나기 시작한다. 그러나 갑자기 쇼가 멈춘다.

마틸드   "꼼지락거렸어!" "여기 손 좀 대 봐."
사무엘   "저 …… 그걸 하면 아이한테 영향이 있을까?"
마틸드   "아이가 다칠 거야."
사무엘   "……"

사무엘은 두 번째 검진받는 날을 까맣게 잊고 있다가 늦게 병원
으로 달려간다. 의사는 마틸드가 이미 다녀갔다고 말하며 태아의 모
습이 담긴 초음파 비디오 테이프를 건네 준다. 사무엘은 집으로 들
어서자마자 궁금한 표정으로 테이프를 틀어 본다. 조그만 머리와 발
이 보이고 심장이 뛰고 손가락 빠는 모습까지 보인다. 마치 자기를

부르는 듯 입도 벌린다. 사무엘은 감동한다.

드디어 긴 고민이 끝났다. 그러나 그제서야 마틸드가 짐을 싸 들고 나간 걸 알게 된다. 사무엘은 마틸드가 있는 도미니크의 집으로 꽃을 들고 찾아가지만 문 앞에서 쫓겨난다. 마틸드는 아이를 원하지 않고 자기를 미혼모처럼 만든 사무엘을 용서하지 않는다.

사무엘은 한술 더 떠 새 여자 친구와 바람을 피운다. 그러나 이제 아이를 원하는 것은 틀림없다. 사무엘은 조르주에게 마틸드와 우연히 만나는 필연적인 자리를 만들어 달라고 부탁하다가 배를 움켜잡고 쓰러진다. 마틸드는 의사에게서 사무엘이 가짜 임신으로 멀쩡한 배를 갈라 맹장 수술을 받았다는 말을 듣고 사무엘을 용서한다.

마지막 9개월째. 사무엘은 마틸드와 함께 교육을 받는다. 진통하는 임산부를 돕기 위해 개처럼 헐레헐레 숨쉬는 법을 익힌다. 아이를 씻기는 법도 연습한다. 외식하는 도중 마틸드의 양수가 터진다. 마침 기피하던 초보 의사에게 걸리는 바람에 사무엘은 내키지 않지만 가운 입고 마스크 쓴 채 분만실에 따라 들어간다. 공동 분만실에는 조르주도 양수가 터진 도미니크와 함께 와 있다. 초보 의사가 힙합 춤을 추며 마틸드와 도미니크의 분만을 돕는다. 드디어 사무엘은 탯줄을 직접 자른다.

초보 의사 "만세! 드디어 난 데뷔에 성공했어."
사무엘 "두 번 다신 못 해, 하지만 행복해!"

아이를 원하지 않는 열 가지 이유

사람의 생명은 임신으로 시작한다. 임신은 섹스로 시작하는 게 아니라 난자와 정자가 결합하는 수정으로 시작한다. 출산까지 걸리는 시간은 약 280일이다. 우리 나라에서는 달 수 계산법이 아홉 달 열홀이면 넉넉하게 열 달이라고 하지만 서양에서는 아홉 달이라고 한다. 그래서 영화 제목이 아홉 달이란 뜻의 "네프 므와 Neuf Mois"다. 사무엘이 아이를 원하지 않는 이유는 열 가지쯤 있다.

① 아이 기를 돈이 없다.
② 실컷 길러 주고 욕먹는다.
③ 성욕을 참아야 한다.
④ 둘만의 생활은 끝장이다.
⑤ 여성은 아이를 낳으면 수영복 입은 게 스키복 입은 것 같다.
⑥ 아이를 돌보느라 남편을 거들떠보지 않는다.
⑦ 미운 세 살, 미친 다섯 살. 아이의 말썽은 끝이 없다.
⑧ 한밤에 임산부가 먹고 싶은 것을 구하느라 고생해야 한다.
⑨ 잠자리에서 입덧 하면 따라서 구역질 난다.
⑩ 실수로 임신하는 바람에 먼저 세워둔 다른 계획이 망가진다.

인공 유산을 하느냐 마느냐를 결정할 때 미래의 부모는 자기에게 돌아올 결과를 따진다. 어떤 행위가 옳은지 그른지를 그 행위의 결과로 판단하는 관점은 보통 공리주의라 불린다. 공리주의에 따르면 나쁜 결과보다 좋은 결과를 더 많이 낳는 행위가 옳고 반대 행위는 그르다.

인공 유산도 주위 사람에게 좋은 결과를 더 많이 낳으면 해야 하고 반대라면 해서는 안 된다. 좋은 결과가 더 많은지 나쁜 결과가 더 많은지는 경우에 따라 다르다. 그러므로 공리주의의 관점에서는 모든 인공 유산이 옳거나 그르다고 말할 수 없다. 경우에 따라 판단하는 수밖에 없다.

사무엘이 아이를 원하지 않는 이유는 모두 자기 인생에 돌아올 나쁜 결과들이다. 마틸드도 아이 때문에 사무엘과 다투고 직장을 그만 두어야 하는 걸 잠시 고민한 적이 있다. 공리주의의 관점에서 판단하면 비록 미래의 할머니, 할아버지가 좋아하지만 아이와 가장 가까운 마틸드와 사무엘에게는 나쁜 결과가 더 많으므로 인공 유산을 하는 것이 옳다. 그러나 마틸드와 사무엘은 인공 유산을 하지 않고 아이를 낳기로 결심한다. 왜 그럴까?

태아도 사람일까?

임산부의 생명이 위태로운 경우만 제외하고 인공 유산을 윤리적으로 절대 허용할 수 없다고 주장하는 대표 집단은 가톨릭계다. 가톨릭계가 이처럼 강력하게 주장하는 핵심 근거는 태아도 사람이라는 점이다. 만일 태아가 사람이라면 인공 유산은 살인 행위다.

태아도 사람일까? 가톨릭계가 제시하는 주요 근거는 태아가 고통을 느낄 수 있다는 점이다. 가톨릭계는 세계 곳곳에서 인공 유산에 반대하는 캠페인을 벌이면서 쇼킹한 비디오를 쉴 새 없이 튼다. 나도 본 적이 있다. 의사의 가위가 접근하자 자궁 속에 있는 태아가 피하는 장면은 충격이었다. 웬만큼 자란 태아는 인공 유산을 하려면 우선 자궁 속에서 죽이고 잘게 잘라야 한다. 의사가 신경 쓰는 것은 태아의 생명보다 임산부의 생명이니까 의사를 나무랄 일이 아니다. 그러나 그 장면을 보면 누구나 경악을 금치 못한다. 결론은 버킹검이 아니라 철저한 피임이라는 생각이 절로 든다.

사무엘이 아이를 낳기로 결심하는 때도 초음파 비디오 테이프를 보는 순간이다. 이런 생각이 들었을 것이다. '인공 유산을 했다가는 사마귀가 지 애비를 잡아먹는 꿈이 아니라 내가 자식을 죽이는 꿈이 밤마다 괴롭히겠구나.'

그러나 좀더 냉정하게 따져 보자. 고통을 예상하고 피하는 모습은 태아가 사람이라고 볼 충분한 근거가 될 수 있을까? 사람만이 아니라 개나 소처럼 신경계를 가지고 있는 동물이면 모두 고통을 예상할 수 있고 피하려 한다. 고통을 느낄 수 있다는 점만으로는 태아가 사람이라고 할 수 없다.

한편 태아가 사람이 아니라고 보기도 어렵다. 만일 사람의 기준이 이성으로 따지는 능력이라면 태아는 사람일까? 태아는 아주 초보적인 수준의 이성 능력도 없고 본능에 따라서만 움직이는 것처럼 보인다. 그러나 이성 능력은 매우 연속적으로 발달하는 것이므로 어떤 시점을 기준으로 그 전까지는 없고 그 후부터는 있다고 말할 수 없다. 태아도 이성 능력을 잠재적으로는 지니고 있다고 말해야 한다.

태아는 사람이라고 보기도 힘들고 사람이 아니라고 보기도 힘들다. 현실에서 절충하는 대안은 수정과 출산 사이에 적절한 시점을 잡아 그 전까지는 인공 유산을 허용하고 그 후에는 허용하지 않는 것이다. 인공 유산을 인정하는 법들은 대부분 이 대안을 선택한다. 기준 시점으로 꼽히는 때는 6~8주쯤 뇌파가 감지될 때, 12~16주쯤 움직임이 감지될 때, 19~28주쯤 자궁 밖에서도 살 수 있는 생존력을 가질 때 등이다.

그러나 이런 시점은 과학 기술의 발달에 따라 앞당길 수 있다는 게 문제다. 예를 들어 요즘은 다섯 달짜리 태아도 자궁 밖에서 살릴 수 있지만 30년쯤 전에는 불가능했다. 생존력을 시점으로 잡으면 30년 전에는 다섯 달짜리 태아를 인공 유산해도 되지만 요즘은 해서는 안 된다. 30년 전의 다섯 달짜리 태아는 시대 운이 나빠서 사람으로 취급받지 못하는 꼴이다.

현실에서 절충하는 대안에 난점이 있다면 다시 따져 보아야 할 것은 인공 유산을 결정하는 원칙이다. 한 가지 문제를 생각해 보자. 만일 인공 유산을 둘러싸고 태아와 가장 가까운 미래의 엄마와 아빠가 의견이 다르다면 누가 최종 결정권을 가져야 할까? 단 원칙 차원에서 따지는 거니까 둘이 의견을 원만하게 조정하라는 대답은 빼고.

사무엘과 마틸드의 경우 최종 결정권은 마틸드가 행사했다. 사무엘이 끝까지 반대했더라도 마틸드는 아이를 낳았을 것이다. 마틸드가 최종 결정권을 행사한 것은 여성의 권리가 신장한 사정을 보여 줄 뿐 아니라 한 가지 중요한 윤리 원칙도 반영하고 있다. 자율 원칙이다.

자율 원칙은 어떤 행위가 윤리적으로 정당하려면 당사자의 자발적 동의가 있어야 한다는 것이다. 임신, 출산과 인공 유산은 임산부의 몸에서 일어나는 일이므로 가장 가까운 당사자는 미래의 엄마다. 이런 자율 원칙에 비추어 보면 마틸드가 아이를 낳기로 결정한 것은 윤리적으로 정당하다. 또 설사 마틸드가 인공 유산하기로 결정하더라도 자율 원칙에 비추어 보면 비난할 수 없다.

"쉰들러 리스트"
안락사

1993년 2월 9일 네덜란드 의회는 세계에서 처음으로 안락사를 허용하는 법안을 승인했다. 네덜란드 정부와 병원은 이 법안의 승인으로 주변 나라에서 안락사를 원하는 사람들이 몰려들까 봐 걱정하고 있다. 그러나 첫 반응은 교황청에서 나왔다. 교황청은 안락사의 허용 결정이 '잔인한 방식의 인종 선택'을 초래할 수 있는 퇴보적 조처라고 비난했다. 안락사의 허용을 나치의 인종 정책에 비유한 교황청에 맞서 네덜란드 정부는 2차 세계 대전 후 처음으로 자기 나라에 있는 교황청 대사를 외무부로 불러 공식 항의를 전달했다.

이 글은 어느 신문에 실린 "네덜란드, 세계 최초로 안락사 허용"이란 제목의 기사를 줄인 것이다. 도대체 안락사가 나치의 인종 정책과 무슨 관계가 있을까? 안락사는 불치병을 앓는 환자가 일관성 있게 요청할 경우 의사가 법률이 엄격하게 정한 지침에 따라 환자를 고통 없이 죽이는 것이다.

만일 말기 AIDS로 곧 죽을 것을 뻔히 아는 환자가 억지로 생명을

연장해서 받을 고통을 피하기 위해 안락사를 원한다면 어떻게 해야
할까? 환자의 의견을 존중해서 죽여 주어야 할까? 그래도 목숨이 붙
어 있는 게 낫다고 주변 사람들이 억지로 살려 놓아야 할까?

게토와 아우슈비츠

“미녀만 보면 생각이 멈춘다.”
“술 먹고 맛이 간 걸 본 적이 없다.”
“‘감사’라는 말의 뜻을 제대로 안다.”

잔혹한 유대인 수용소장 거트(랄프 파인즈)의 평가대로 바람둥이,
술꾼, 더러운 손인 오스카 쉰들러(리암 리슨)는 뛰어난 유대인 회계
사를 공짜로 끌어들이고 궁지에 몰린 유대인 부자에게 자금을 공짜
로 얻고 유대인 노동자를 공짜로 고용하여 떼돈을 번다.

2차 세계 대전을 일으키며 2주일 만에 폴란드를 점령한 독일은
1941년 유대인에게 대도시로 이주하여 ‘게토’라 불리는 지역 안에서
살라고 명령한다. 1943년에는 게토조차 폐쇄하고 일할 능력이 있는
사람만 강제 수용소로 끌고 간다.

게토를 폐쇄하는 날 군화 소리가 들리자 유대인들은 바삐 움직인
다. 장차 비상금으로 쓰기 위해 빵 조각에 보석을 넣어 목구멍으로
삼키는 사람도 있고 비밀 아지트에 숨는 사람도 있고 하수구로 도
망치는 사람도 있고 순순히 길거리로 나서는 사람도 있다. 독일군은
기술 있는 사람들만 수용소로 끌고 가고 나머지는 총살한다.

병원에서는 의사가 시럽에 독약을 한두 방울씩 떨어뜨려 움직이
지 못하는 환자에게 건네고 환자들은 군말 없이 받아 먹는다. 밤에

는 숨은 쥐 사냥이 벌어진다. 천장 위, 마루 밑, 피아노 안에 숨어 있는 유대인, 침대 바닥에 거꾸로 붙어 있는 유대인이 총알 세례를 받는다. 밤새도록 콩볶는 소리와 번쩍이는 불빛이 건물 밖으로 새어 나온다.

강제 수용소에 있는 유대인은 반년에 한 번씩 신체 검사를 받는다. 여기서 탈락하면 가스실로 가는 기차를 타야 한다. 여자들은 손가락을 바늘로 찔러 얼굴을 생기 있게 화장한다. 어린이들은 똥통 속에 몸을 숨긴다.

1944년 전쟁이 끝날 무렵 독일군은 폴란드에서 철수 명령을 받는다. 수용소에 있는 유대인의 운명은 가스실로 악명 높은 아우슈비츠 행이다. 어쩌다 훼가닥했는지 몰라도 쉰들러는 유대인을 구하기로 결심하고 포탄 공장에서 일할 1000여 명의 리스트를 작성한다. 그리고 수용소장 거트와 머리당 가격을 협상한다.

천행으로 리스트에 오른 유대인은 두 기차에 나누어 타고 체코슬로바키아에 있는 쉰들러의 고향으로 떠난다. 그러나 남자가 탄 기차는 무사히 도착하지만 여자가 탄 기차는 선로가 잘못 바뀌어 아우슈비츠에 도착한다.

여자들의 눈빛이 절망한다. 기차에서 내려 시커먼 굴뚝 연기가 나오는 건물로 들어간다. 소문 듣던 대로 머리를 짧게 깎이고 신발도 벗어 모으고 옷을 몽땅 벗는다. 관리자가 소독을 위해 숨을 깊게 들이 쉬라고 명령한다. '목욕실'로 들어가고 문이 꽉 닫힌다. 전등이 꺼진다. 모두 소리를 지른다. 울면서 마지막 포옹을 한다. 천장에 줄줄이 늘어선 샤워기에서 뭔가 나오기 시작한다. 다시 소리를 지른다. 그러나 가스가 아니라 물이다.

그 사이 쉰들러는 아우슈비츠 책임자를 다이어먼드로 구워 삶는다. 죽음의 문턱에 서 있던 유대인 여자들은 다시 기차에 올라 남편과 아들이 있는 곳으로 향한다.

전쟁이 끝난다. 쉰들러의 공장에서 일하던 유대인 한 사람이 술을 잔뜩 먹고 입을 아 벌린다. 다른 사람들이 "고마워", "고마워"를 연발하며 팔을 붙잡고 펜치로 금이빨 하나를 뽑아 낸다. 고향을 떠나는 나치 당원 쉰들러에게 유대인들이 탈무드의 글을 새긴 금반지를 선물한다.

"한 생명을 구하는 것이 온 세상을 구하는 것이다."

교황청의 미끄럼틀 논증

유대인의 피가 섞여 있는 스티븐 스필버그 감독의 "쉰들러 리스트 Schindler's List"에는 안락사와 관계가 있는 장면이 두 번 나온다. 하나는 게토에서 독일군이 병원에 들이닥치기 직전 의사가 환자들에게 독이 섞인 시럽을 먹이는 장면이다. 또 하나는 쉰들러 리스트에 오른 유대인 여자들이 아우슈비츠의 '목욕실'에서 벌벌 떠는 장면이다.

1940년대쯤이면 유럽에는 다양한 안락사 수단이 개발되어 있었다. 의사가 시럽에 타는 진통제 '트루치나(Truszina)'는 시대를 정확히 반영했다면 안락사 독약이다. 또 비록 영화에서는 아우슈비츠 목욕실의 샤워기가 내뿜는 것이 물이지만 만일 물이 아니라면 가스다. 가스도 안락사 수단이다.

유대인에게 미안한 말이지만 안락사용 독약이나 가스를 마시고 죽는 고통은 실제로는 크지 않다고 한다. 목욕실 안에서 터지는 비명은 죽음에 대한 생각이 고통스럽기 때문이지 죽음 자체가 고통스럽기 때문은 아니다. 죽여도 고통 없이 죽이는 것이 인류를 구원하겠다고 나선 히틀러의 대의명분에 맞다.

왜 교황청은 네덜란드의 안락사 허용에 대해 나치의 유대인 학살을 들고 나왔을까? 교황청의 반론은 '미끄럼틀 논증'이라고 부를 수 있다. 유대인 대량 학살은 나치 정권이 갑자기 시행한 정책이 아니라 적어도 3단계의 과정을 거쳐 이루어졌다.

첫째 단계는 단종 수술 정책을 시행하는 과정이다. 1920년대에는 독일뿐 아니라 프랑스, 영국, 미국 등 거의 모든 선진 나라가 사회 발전에 나쁜 형질을 가진 사람에 대해 더 이상 자손을 퍼뜨리지 못하게 하는 단종 수술을 합법적으로 시행했다. 그때 우생학자들은 정신병, 심한 불구 등이 유전된다고 잘못 알고 있었다.

둘째 단계는 단종 수술에서 나쁜 형질을 가진 사람을 죽이는 방법으로 바뀌는 과정이다. 이때 고통을 주는 것은 치료한다는 뜻과 맞지 않기 때문에 약물 투입, 독극물 주사 등 여러 가지 안락사 수단이 개발되었다.

셋째 단계는 나쁜 형질을 가진 사람이 개인에서 집단으로 확대되는 과정이다. 2차 세계 대전으로 인종주의가 널리 퍼지자 나치 정권은 이런 형질을 가진 집단으로 비아리안인, 특히 유대인을 지목했다. 대량 학살이 일어났으며 치료 방법으로는 가스가 선택되었다.

안락사란 고통 없이 편안하게 죽는 것이지만 스스로 죽는 것이 아니라 다른 사람이 죽이는 것이다. 교황청이 들고 나온 미끄럼틀 논증이란 엄청난 대량 학살이 상대적으로 작은 단종 정책에서 시작했듯이 안락사를 허용하면 미끄럼틀에서 제동을 걸지 못하고 대량 학살의 나락으로 굴러 떨어질 위험이 있다는 것이다.

자율과 개입

그러나 네덜란드 정부가 허용한 안락사는 20세기 전반의 안락사와 결정적으로 다른 점이 있다. 과거의 안락사는 죽는 사람이 동의하지 않더라도 강제로 시행하는 비자발적 안락사지만 현대의 안락사는 자발적 안락사다. 자발적 안락사는 자율 원칙에 비추어 보면 당사자의 자발적 동의가 있으므로 비난하기 힘들다. 살인은 생명을 빼앗기 때문에 나쁜 게 아니라 죽는 사람의 허락도 없이 생명을 빼앗기 때문에 나쁘다.

죽는 사람이 허락하기만 하면 살인도 정당할까? 만일 그렇다면 자살하려는 사람도 굳은 결심만 확인하면 아무도 말려서는 안 되고 오히려 도와 주어야 한다. 그러나 혼자 사는 게 아니라 다른 사람과 함께 사는 사회에서 한 사람의 행동은 자기뿐 아니라 다른 사람에게도 영향을 미친다. 그러므로 공동의 선을 얻고 공동의 악을 막기 위해 사람들이 서로의 행동에 개입할 수 있다. 이것은 윤리학에서 개입 원칙이라 불린다.

이런 개입 원칙은 자율 원칙이 허용하는 자발적 안락사에 반대하는 근거가 될 수 있다. 예를 들어 마약을 복용하지 못하게 개입하는 것이 정당하다면 자신을 죽이지 못하게 개입하는 것도 정당할 수 있다. 안락사를 허용하는 것은 개인의 이성을 지나치게 믿고 불치병을 앓는 사람이 비이성적으로 판단할 위험을 간과한다고 볼 수도 있다.

인공 유산이나 안락사를 허용하느냐 마느냐는 문제에서 우리가 느끼는 갈등은 대체로 윤리 면에서는 자율 원칙과 개입 원칙의 충돌에서 비롯한다. 자율 원칙에 비추어 보면 인공 유산은 임산부의 의견이 가장 중요하고 안락사도 당사자의 동의만 거듭 확인하면 허용해야 한다. 그러나 개입 원칙에 비추어 보면 인공 유산은 주위 사람의 의견도 중요하고 안락사는 당사자가 아무리 원하더라도 막을 수 있다.

이렇게 자율 원칙과 개입 원칙이 부딪히면 어떻게 해야 할까? 서로 반대하는 두 원칙이 충돌하면 선택을 해야 한다. 배타적 선택이 아니더라도 한쪽으로 기운 선택을 피할 수 없다. 그러나 선택도 멋대로 할 수는 없는 일이다. 근거가 있어야 한다.

원칙의 선택에는 개인의 취향이 크게 작용하지만 사회의 성격도 중요한 영향을 미친다. 만일 모든 사람이 옳다고 믿는 것이 있는 사회라면 공동의 믿음이 선택의 근거가 될 수 있다. 이때 공동의 믿음은 개인의 자율적 결정에 개입한다. 예를 들어 여성은 뭐니 뭐니 해도 가정을 꾸려야 한다는 공동의 믿음이 있다면 이 믿음은 인공 유산을 하고서라도 돈벌이를 계속하고 싶은 직장 여성의 자율적 결정을 억제할 수 있다.

그러나 다원주의 사회에서 이런 공동의 믿음은 갈수록 기대하기 어렵다. 여러 가지 믿음이 공존하는 다원주의 사회에서는 서로 다른 믿음을 존중하는 것이 함께 살 수 있는 조건이다. 자율 원칙이 기본이고 우선이며 개입 원칙은 자율 원칙을 보조하는 수단이다.

돈벌이를 계속하고 싶은 직장 여성이 인공 유산을 하는 것은 자율적으로 결정한 일이라면 말릴 수 없다. 이런 여성이 만일 임신하면 직장을 그만두게 하거나 출산 휴가와 육아 휴직을 법대로 지키지 않는 관행 때문에 울며 겨자먹기로 인공 유산을 결정한다면 정부나 여론은 이런 관행을 뜯어고치는 데 개입해야 한다.

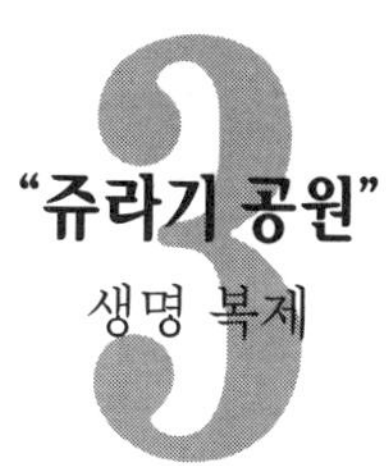

"쥐라기 공원"
생명 복제

서양인들이 '멋있는 유방' 하면 머리 속에 떠올리는 스타 가운데 돌리 파튼(Dolly Parton)이 있다. "Working Nine To Five"라는 히트 곡을 남긴 가수 겸 배우다. 한편 '돌리'는 1997년 2월 23일 영국의 로슬린 연구소가 발표한 복제 양의 이름이기도 하다. 어느 암양의 젖샘 세포로 복제한 양이기 때문에 연구소측이 붙인 이름이다. 진짜 클론(clone), 즉 복제 생물의 시대가 열리고 있다.

호박 속 모기에서 공룡의 유전자를 뽑아 내다

사업가 해먼드(리처드 아텐보로)는 코스타리카 서쪽에 있는 한 섬을 임대하여 디즈니 랜드보다 훨씬 더 멋진 쥐라기 공원을 건설하고 있다. 어린이뿐 아니라 어른의 마음까지 사로잡을 이 공원의 상품은 6500만 년 전에 멸종했다가 되살아난 공룡들이다.

도미니카의 어느 광산에서 해먼드가 오랫동안 기대하던 호박 광석이 발견된다. 호박 속에는 모기 한 마리가 들어 있다. 이 모기는 보통 모기가 아니라 1억 년쯤 전 공룡의 피를 배불리 빨아먹고 나무에 앉아 쉬다가 수액에 갇혀 화석으로 굳은 것이다. 해먼드가 고용한 유전 공학자들은 이 모기의 몸에서 공룡의 피를 뽑아 컴퓨터와 유전자 조절기로 공룡의 유전자를 복원한다. 그리고 이 유전자를 타조 알 속에 넣어 새끼 공룡을 부화하는 데 성공한다. 쥬라기 공원에는 유전 공학으로 복제한 공룡들이 1년 뒤 공원 개장을 앞두고 손님 맞을 준비를 하고 있다.

고생물학자인 그랜트 박사(샘 닐)와 새틀러 박사(로라 던)는 해먼드의 부탁을 받고 쥬라기 공원의 안전도를 조사하러 온다. 두 박사는 그 동안 화석으로만 보던 공룡이 쥬라기 공원에서 살아 움직이는 것을 보고 입을 다물지 못한다. 두 박사는 투자가를 대변하는 보험 회사 간부, 보험 회사쪽에서 고용한 카오스 이론가 말콤 박사(제프 골드블럼), 해먼드의 손녀, 손자와 일행이 되어 쥬라기 공원을 둘러본다. 일행이 탄 두 대의 전기 자동차는 통제 본부의 조종으로 길에 깔린 레일을 따라 움직이고 그 주위로는 1만 볼트의 전기가 흐르는 담이 설치되어 육식 공룡의 공격을 막고 있다.

통제 본부에서 일하는 컴퓨터 프로그래머 네드리(웨인 나이트)는 공룡의 수정란을 빼돌려 다른 회사에 팔아 먹기 위해 쥬라기 공원 전체의 컴퓨터 시스템이 멈추게 조작한다. 그러나 네드리의 계획은 잘 나가다가 조그만 공룡 딜로포사우루스 한 마리를 우습게 보는 바람에 실패한다. 딜로포사우루스는 습성대로 네드리의 얼굴에 독을 뿜어 마비시킨 뒤 잡아먹는다.

폭군룡이라 불리는 티라노사우루스가 전기 담이 기능을 잃었다는 걸 눈치 채고 전기 자동차를 덮친다. 꼬마들을 내버려 두고 혼자 살겠다고 도망치던 보험 회사 간부가 티라노의 이빨에 찢겨 뱃속으로 들어간다. 말콤 박사는 용감하게 투우사처럼 티라노를 유인하다

가 큰 대가리에 받혀 부상을 당한다. 그 틈에 그랜트 박사는 간신히 꼬마들을 구해 통제 본부 쪽으로 달아난다.

통제 본부에서 해먼드는 네드리가 사용한 암호를 찾지 못해 고심하다가 컴퓨터 시스템에 전력을 잠시 끊은 뒤 다시 공급하는 길을 선택한다. 선택이 어긋나지 않아 컴퓨터 시스템은 제대로 돌아갈 준비가 되었으나 전력을 공급하려면 통제 본부에서 조금 떨어진 곳에 있는 장치를 손으로 조작해야 한다.

공원을 답사하는 도중 병든 공룡의 똥무더기를 들추느라 일행과 떨어졌다가 본부에 돌아온 새틀러 박사는 전력 공급 장치를 켜기 위해 육식 공룡이 먹이를 기다리는 통제 본부 밖으로 나선다. 케냐의 일류 사냥꾼 출신인 공원 관리자는 새틀러 박사와 함께 나섰다가 직감으로 벨로시랩터를 포착하고 총을 겨누지만 또 한 마리 벨로시랩터의 측면 공격을 받고 갈기갈기 찢긴다. 그 틈에 새틀러 박사는 전력 공급 장치를 가동한다.

통제 본부에서 만난 생존자들은 다시 벨로시랩터 두 마리의 집요한 공격을 받는다. 무리 사냥을 하는 벨로시랩터는 도망치는 일행을 기가 막히게 포위한다. 잡아먹히는 일만 남은 일행은 갑자기 나타난 티라노사우루스가 벨로시랩터를 해치우는 틈에 겨우 목숨을 건져 황급히 헬기에 몸을 싣고 쥐라기 공원을 탈출한다.

나비 한 마리의 날개짓

"쥐라기 공원 Jurassic Park"은 화제가 많은 영화다. 스필버그는 이 영화로 유니버설사에 엄청난 돈을 벌어 주었다. 그 대가로 다음 작품은 돈 걱정 하지 말고 마음대로 한 번 찍어 보라는 허락을 받은 뒤 "쉰들러 리스트"로 아카데미 감독상을 거머쥐었다.

하나 더 있다. 이 영화는 카오스 이론을 도입했다고 화제가 된 적이 있다. 카오스 이론은 간단히 설명하기 힘들지만 보통 '나비 효과'라 불리는 가상의 예로 설명한다.

아프리카 밀림의 한 구석에 있는 나비가 날개짓을 하는 바람에 바로 옆 나뭇잎에 있는 작은 벌레가 원숭이 털 속으로 떨어진다. 원숭이가 가려워서 몸을 긁다가 옆에 있는 열매를 건드리고 땅 위에 떨어진 열매는 작은 돌을 친다. 돌이 구르다가 큰 바위를 괴고 있는 다른 작은 돌을 쳐서 빼내고 큰 바위는 작은 산사태를 일으킨다. 산사태로 시냇물이 막히고 물이 흐름을 바꾸어 화산의 증기 구멍을 막는다. 화산은 약한 지반이 꺼지면서 폭발하고 화산재가 지중해의 대기 흐름을 바꾸어 놓는다. 이 대기가 북유럽의 해양성 기후와 부딪치면서 유럽 대륙에 큰 폭풍을 일으킨다.

‘혼돈’이라는 뜻의 이름이 주는 인상과 반대로 카오스 이론은 날씨 변화, 심장 박동, 해안선 모양, 주가 변동 등 무질서해 보이는 현상 속에서 질서를 찾으려는 시도다. 그러나 이 질서에 대한 완전한 예측은 불가능하다. 나비 한 마리의 날개짓처럼 사소한 원인이 유럽의 폭풍처럼 엄청난 결과를 낳을 수 있기 때문이다.

카오스 이론에 비추어 보면 해먼드의 생각에는 치명적인 결함이 있다. 해먼드는 쥬라기 공원을 완벽하게 통제할 수 있다고 믿는다. 심지어 공룡이 사람을 잡아먹은 뒤에도 해먼드는 네드리 같은 놈만 고용하지 않으면 다음에는 틀림없이 성공할 것이라고 말한다.

그러나 네드리가 아니더라도 쥬라기 공원의 통제에는 벌써 다른 구멍이 나고 있었다. 공원 연구소의 유전 공학자들은 쥬라기 공원에 사는 공룡의 수를 원하는 만큼 정확하게 유지하기 위해 유전자 조절로 암컷만 부화시켰다. 그러나 그랜트 박사는 야생으로 부화한 공룡알 껍질을 발견한다. 이 껍질은 공룡이 야생 상태에서 생식하고 있으며 따라서 수컷도 있다는 걸 뜻한다.

공룡의 반란과 쥬라기 공원의 혼란은 따지고 보면 네드리의 욕심이 아니라 공룡을 복제한 데서 비롯한다. 사람이 생태계를 완벽하게 통제하려면 생태계의 변화를 완전하게 예측할 수 있어야 한다. 그러나 카오스 이론은 이 변화를 완전하게 예측하는 건 불가능하다고 말한다. 공룡의 복제가 낳을 결과도 예측할 수 없고 따라서 통제할 수 없다. “쥬라기 공원”은 생태계가 스스로 만들어 내는 질서에 사람이 생명 복제의 방법으로 개입하는 걸 강하게 경고하고 있다.

돌리와 사람 복제

과학자의 연구에 따르면 세포의 DNA 분자 속에 담겨 있는 유전 정보는 아무리 훌륭하게 보존하더라도 몇 만 년쯤 지나면 재생할 수 없게 소멸한다. 따라서 6500만 년 전에 멸종한 공룡의 유전 정보가 호박에 갇힌 모기 속에 고스란히 보존되어 있다는 건 불가능하다.

그러나 살아 있는 생물이나 멸종했더라도 유전자가 소멸하지 않고 잘 보존되어 있는 생물이라면 "쥐라기 공원"이 경고하는 생명 복제는 이미 현대 과학 기술에서 불가능한 일이 아니다. 복제 양 돌리의 탄생이 증거다.

돌리의 탄생 이전에도 포유 동물의 복제는 있었지만 생식 세포를 이용한 것이었다. 그러나 돌리는 체세포를 이용한 것이다. 생식 세포를 이용하면 자식이 부모로부터 유전자를 반씩 물려받으므로 부모 가운데 어느 한쪽만을 똑같이 닮을 수 없다. 그러나 체세포를 이용하면 유전자를 물려주는 생물과 똑같은 유전자를 가진 또 하나의 생물이 태어난다. 마치 원고를 복사기 위에 놓고 똑같이 복사하는 셈이다.

더욱이 로슬린 연구소는 돌리의 복제 기술을 사람의 복제에도 그대로 이용할 수 있다고 밝혔다. 이제 나를 하나 더 만드는 게 불가능하지 않다. 논쟁이 벌어지지 않을 수 없다.

다른 동물은 몰라도 사람의 복제만은 절대 허용해서는 안 된다는 주장이 아직 압도적이다. 이 주장의 근거는 무엇보다 사람의 복제로 생겨날 혼란을 우리가 감당할 수 없다는 점이다. 나와 똑같은 사람을 복제하면 그 사람은 내 자식이라고 할 수도 없고 형제 자매라고 할 수도 없다. 내 자식이나 형제 자매는 나와 유전자가 다르지만 그 사람은 나와 똑같기 때문이다. 유전자가 똑같으니 남이라고 할 수 없지만 나 자신이라고 할 수도 없다. 유전자가 같더라도 그 사람이 나와 똑같은 환경 속에서 자라 똑같이 생각하고 행동하며 살 수는 없기 때문이다. 부모와 자식, 자매와 형제, 나와 남에 기초한 사람 관계가 무너진다.

우리 나라처럼 남아를 선호하는 곳에서는 자연스러운 성 비율이 지금보다 더 크게 깨어질 것이다. 또 복제 기술로 의도하든 않든 통제 불가능한 괴물이 만들어질 수도 있다. 그래서 이미 1997년 초에 유럽 나라들은 사람에 대한 어떤 유전자 실험도 엄격히 금지하는 생명 윤리 강령을 만들었다.

그러나 유감스럽게도 인류는 그 동안 연구 개발한 과학 기술을 실용하지 않은 적이 별로 없다. 생명 윤리 강령을 서둘러 만든 나라들조차 벌써 1980년대부터 유전 공학을 미래 산업의 핵심으로 지원 육성하고 있다. 비록 아직은 조심스럽지만 사람의 복제를 허용하자는 주장도 없지 않다.

이 주장의 근거는 무엇보다 사람의 복제를 통해 뛰어난 지능과 체능을 갖춘 인력을 확보하는 것이 경쟁 사회 구조에서는 비난할 수 없는 합리적 선택이라는 점이다. 또 사람의 복제는 아이를 못 가지는 부부나 거부 반응 없는 이식용 장기가 필요한 환자에게 기쁜 소식이고 암 치료에 필요한 의학 지식도 제공한다. 사람의 욕망이 끝없다는 걸 스스로 잘 아는 우리가 쉽게 뿌리치기 힘든 유혹이다. 어떻게 해야 할까?

4
생명과 윤리

모험과 안전

만일 길을 걷다가 눈먼 돈 1만 원짜리 한 장을 발견하고 잽싸게 손가락으로 찜 했는데 마침 맞은편에서 온 낯선 사람이 거의 동시에 찜 했다면 어떻게 해야 할까? 물론 상대에게 양보하거나 경찰에게 주인 찾아 주라고 맡기는 착한 짓은 하지 않는다.

두 가지 간단한 해결책이 있다. 하나는 내가 가지고 5000원을 거슬러 주는 것이고 또 하나는 주먹질을 해서 이긴 사람이 가지는 것이다. 어느 방식을 선택할까? 1만 원짜리 한 장 놓고 주먹질까지 할 것 없다고 생각한다면 100억 원이 든 돈 가방이라고 여기기 바란다.

반 씩 나누는 것과 이긴 사람이 다 가지는 것은 한 가지 차이가 있다. 이긴 사람이 다 가지는 방식을 선택하면 내게 돌아올 몫은 1만 원 아니면 0이다. 그러나 이 방식을 선택하는 사람의 눈길은 0이 아니라 1만 원에 가 있다. 어렵게 말하면 이런 사람은 예상할 수 있는 최선의 결과를 기준으로 선택한다.

한편 반 씩 나누는 방식을 선택하는 사람은 예상할 수 있는 최선의 결과보다 최악의 결과를 먼저 머리 속에 그린다. 최악의 결과인 0을 생각하다 보니 그보다는 나은 반을 안전하게 선택한다. 두 선택의 차이는 모험과 안전이다.

사람의 복제 문제에서 안전한 선택은 최악의 결과를 피하기 위해 암 치료나 유능한 인재 확보를 포기하더라도 사람의 복제에 제한을 가하는 것이다. 반면 모험적 선택은 최선의 결과를 얻기 위해 혼란을 예감하더라도 사람의 복제로 욕망을 실현하는 것이다.

어떤 선택이 윤리적으로 정당하려면 여러 가지 조건을 채워야 하지만 그 가운데 하나는 선택에 앞서 문제 상황에 대해 충분한 정보를 가지고 있어야 한다는 점이다.

만일 1만 원짜리 한 장 놓고 주먹질을 해야 할 상대가 전문 싸움꾼인데 내가 그 사실을 모른다면 모험적 선택은 비록 내가 자발적으로 동의하더라도 윤리적으로 정당하지 않다. 그 정보를 가지고 있다면 나는 주먹질하는 방식에 동의하지 않고 반씩 나누자고 하거나 가위 바위 보로 결정하자고 제안할 테니까.

그러나 우주가 생긴 이래 처음 보는 낯선 사람이 전문 싸움꾼인지 아닌지 첫눈에 알 수가 있겠는가. 상대도 마찬가지다. 우주가 생긴 이래 처음 보는 낯선 내가 촌수를 따지면 재수 나쁘게 자기네 세계에서 '형님'일지도 모르지 않는가. 상대에 대해 충분한 정보가 없는 상황 상황에서는 안전한 선택이 합리적이다.

사람의 복제 문제도 상황이 비슷하다. 사람이 사람을 복제할 가능성을 확인한 것도 우주가 생긴 이래 처음 있는 일이니까. 충분한 정보가 없는 상황이라면 우리가 합의해야 할 선택은 모험적 선택이 아니라 안전한 선택이다. 안전보다 모험이 내 취향이다. 그러나 사람의 복제 문제는 모험적 선택이 아직 무모하다.

톰슨의 몸 주인 논증

한편 태아의 인공 유산을 둘러싸고 미래의 엄마와 아빠의 의견이 다를 때 자율 원칙에 비추어 보면 엄마가 최종 결정권을 가지는 것이 정당하다고 말했다. 왜 그럴까? 주디스 톰슨(Judith Thomson)은 이 물음에 '몸 주인 논증'이라고 부를 만한 유명한 대답을 내놓는다.

어느 부인이 아침에 일어나 보니 어제 잠든 안방이 아니라 낯선 병실 침대 위에 누워 있다. 옆 침대에는 모르는 남자가 잠들어 있고 부인과 그 남자 사이에는 의료 장치가 연결되어 있다. 어리둥절해 하는데 점잖은 신사가 들어와 정중하게 말한다. "부인, 놀라셨죠. 죄송합니다. 옆에 누워 있는 사람은 세계적으로 유명한 음악가 정맹훈 선생입니다. 정 선생은 신장 기능이 일시 마비되어 피를 거를 수 없는 상태입니다. 그래서 부인의 신장에 정 선생의 피를 거르는 장치를 연결해 놓았습니다. 부인, 꼭 아홉 달입니다. 아홉 달만 지나면 정 선생은 신장 기능을 회복합니다. 그때까지만 전세계인을 위해 부인의 신장을 빌려 줄 수 없겠습니까?

대답이 "예스"든 "노"든 중요한 건 결정권이 부인에게 있다는 점이다. 빌려 줄 신장을 가진 몸의 주인이 부인이니까.

톰슨에 따르면 태아도 미래 엄마의 몸을 아홉 달 동안 빌려 쓰고 있다. 태아의 성장을 조절하고 가장 큰 에너지를 쓰는 몸이 바로 엄마의 몸이다. 어느 누구도 부인에게 신장을 빌려 달라고 강요할 수 없듯이 미래의 엄마에게도 몸을 아홉 달 동안 사용하게 해달라고 강요할 수 없다. 엄마의 몸에서 일어나는 일을 결정할 권리는 엄마 자신에게 있다. 인공 유산은 해도 엄마 뜻이고 안 해도 엄마 뜻이다.

Ⅴ. 기술과 정보

1

"가위손"
우리의 소박한 기술 결정론

사람은 애인 없이 살 수 있어도 기계 없이 못 산다. 하루 24시간 동안 직접이든 간접이든 기계에 의존하지 않고 사는 시간은 단 1초도 없다. 기계로 만든 옷을 거부하려고 훌떡 벗고 잠자는 고집을 피우더라도 겨울에 얼어죽지 않으려면 집, 보일러, 이불, 하다 못해 신문지 한 장이라도 기계로 만든 것에게 신세를 져야 한다.

그러나 사람은 기계를 우습게 본다. 자존심 때문이다. 첨단 기계나 인공 생명체가 사람과 대결하는 영화가 많지만 사람이 지는 영화는 드물다. 과연 우리의 자존심은 정당한 걸까?

첫눈이 내린 전설

눈 내리는 밤 잠 못 드는 소녀가 할머니에게 눈이 어디서 오느냐고 묻는다. 할머니는 창 밖을 내다보며 잠시 생각에 잠긴다. "그가 이 마을에 내려온 뒤로 눈이 내리기 시작했단다."

　뇌와 심장을 만들 줄 아는 늙은 과학자가 큰 성에 혼자 살다가 사람을 만들기 시작한다. 이름은 에드워드(조니 뎁)라 짓는다. 크리스마스 선물로 가위 대신 손을 달아 마무리할 계획이지만 미처 완성하지 못한 채 심장마비로 죽고 만다.

　화장품 판매원 팩(다이앤 위스트)은 방문 세일즈에 나서 허탕만 치고 차에 오르다가 우연히 백 미러로 마을 뒤에 있는 낡은 성을 본다. 성 안으로 들어선 팩은 나무를 손, 사슴, 공룡 등으로 조각한 정원을 보며 신기해 한다. 그리고 으스스한 건물 안에서 가위손을 가진 에드워드와 만난다. 팩은 깜짝 놀라지만 창백하고 상처투성이인 에드워드의 얼굴을 보고 불쌍한 생각이 들어 집으로 데려온다. 에드워드는 팩의 가족 사진을 보다가 딸 킴(위노나 라이더)을 보고 두 눈을 반짝인다. 에드워드는 캠핑가고 없는 킴의 물침대 위에서 첫날 밤을 보낸다.

　다음날 에드워드는 빛나는 가위 솜씨로 팩의 정원에 있는 나무를

예술 작품으로 바꾸어 놓는다. 마을 사람이 너나없이 에드워드에게
자기네 정원도 꾸며 달라고 부탁한다. 온 마을 정원의 식물이 마치
살아 움직이는 것 같은 동물로 바뀐다. 하지만 에드워드에게 사탄이
라고 욕하는 여자도 있다. 에드워드는 개에게도 관심을 보인다. 잠
시 후 개가 멋진 털을 뽐낸다. 이번에는 마을 사람이 개를 데리고 줄
을 선다. 온 마을 개가 개성 있는 털을 가지게 된다. 과감하고 헤픈
한 여자가 개털 깎는 솜씨에 감탄하여 자기 머리를 에드워드 앞에
내놓는다. 에드워드의 가위손은 머리카락도 이리 자르고 저리 날려
독특한 헤어 스타일을 창조한다. 또 마을 여자가 줄을 선다. 온 마을
여자가 자기만의 헤어 스타일을 얻는다.

캠핑갔다 돌아온 킴은 자기 방에 있는 에드워드를 보고 깜짝 놀
란다. 순진한 에드워드도 덩달아 놀라 킴의 물침대를 여기저기 쑤셔
분수대로 만든다. 에드워드와 킴의 첫 만남이다. 유명해진 에드워드
가 텔레비전 토크 쇼에 출연한다. 특별하게 생각하는 여자 친구가
있느냐는 질문을 받자 에드워드는 머뭇거리며 카메라를 빤히 쳐다
본다. 텔레비전을 보던 킴은 에드워드가 자기를 사랑하고 있다는 걸
직감한다. 킴의 남자 친구 짐(안소니 마이클 홀)도 눈치를 챈다.

짐은 못된 꾀를 부려 자기 집을 터는 일에 만능키가 있는 에드워
드를 끌어들인다. 그러나 경보가 울리자 모두 빠져 나가고 에드워드
만 집 안에 갇힌다. 경찰에 붙잡힌 에드워드는 킴을 위해 입을 다문
다. 훈방된 에드워드에게 킴이 사과하자 에드워드는 네가 부탁했기
때문에 한 일이라고 말한다.

크리스마스가 다가온다. 킴은 크리스마스 트리를 장식하다가 난
생 처음 창 밖에서 눈이 내리는 걸 보고 뛰어나간다. 에드워드가 큰
얼음 덩어리로 킴을 만들고 있고 얼음 조각이 휘날려 눈이 내린다.
킴은 너무나 황홀한 눈을 맞으며 춤을 춘다.

그러나 마침 짐이 끼여 들어 소리치는 바람에 에드워드는 깜짝 놀라 킴의 손에 상처를 낸다. 짐은 이때다 싶어 에드워드를 집 밖으로 거칠게 내쫓는다. 화가 난 에드워드는 애써 꾸민 마을 정원을 엉망으로 만들고 타이어에 펑크를 낸다. 마을 사람이 경찰에 신고한다. 으쓱하는 짐에게 킴은 절교를 선언한다. 열 받고 술 취해 차를 몰던 짐이 킴의 동생을 칠 뻔하고 에드워드는 간신히 동생을 구한다. 그러나 에드워드가 동생의 얼굴을 살펴보려다 실수로 상처를 내자 마을 사람이 오해하고 에드워드를 위협한다. 킴은 에드워드에게 성으로 도망가라고 소리친다.

킴도 성으로 간다. "안녕."이라고 이별하는 에드워드에게 킴은 "사랑한다."고 대답한다. 둘은 꼭 껴안는다. 그러나 또다시 짐이 끼여 들어 에드워드를 때리고 욕한다. 킴이 말리자 짐은 킴을 홱 밀어버린다. 뒤로 나뒹구는 킴을 보고 눈이 뒤집힌 에드워드는 주저 않고 가위손으로 짐의 심장을 찔러 창 밖으로 떨어뜨린다. 마을 사람이 몰려오고 킴은 에드워드와 애절하게 이별한다. 킴은 실험실에 있는 가위손 하나를 들고 나와 둘 다 싸우다 죽었다고 말한다. 마을 사람이 돌아간다.

창 밖에는 여전히 눈이 내리고 있다.

"할머니, 에드워드가 아직 성에 있을까?"

"에드워드가 나타나기 전에는 이 마을에 눈이 오지 않았어. 너도 언젠가 눈을 맞으며 춤추는 기분을 알게 될 거야."

가위손은 좋은 도구도 나쁜 무기도 될 수 있다

"가위손 Edward Scissorhands"은 아름답고 눈물나는 영화다. 눈 아래서 춤추는 킴의 행복한 얼굴을 떠올리며 사랑하는 이가 평생 그 때처럼 살라고 얼음 조각을 부지런히 성 밖으로 날리는 에드워드 가위손은 아내의 얼굴을 연애할 때처럼 행복하게 만들지 못하는 내 가슴도 찌른다. 사람은 겉보기에 멀쩡해도 누구나 한 구석에 가위손처럼 장애가 있을 텐데 내가 남의 '가위손'을 비웃고 놀려 마음에 상처를 준 일도 많을 거다. 이런 영화는 뒷 자막과 배경 음악이 끝날 때까지 의자에서 일어나지 않아야 하는데 오늘도 어김없이 영화관 측은 '마무리 자막(end credits)'을 중간에 뚝 끊어 버린다. '이런 × ×× ××!'

미안하지만 나도 이제부터 딱딱한 이야기를 해야겠다. 에드워드 가위손은 사람일까? 킴이 할머니가 되는 동안 에드워드는 조금도 늙지 않으니 사람 같지 않다. 한편 에드워드도 킴을 사랑하고 짐을 미워하는 감정이 있으니 사람 같다. 그러나 에드워드는 감정이 너무 풍부하다. 진짜 사람은 에드워드처럼 감정만 풍부하지 않고 냉정한 이성도 가지고 있다.

에드워드가 경찰에서 풀려 나오자 킴의 아버지는 윤리를 가르쳐 주려고 묻는다. "만일 길거리에 돈이 떨어져 있으면 어떻게 하겠니? 1번, 경찰에게 가져다 준다. 2번, 사랑하는 사람에게 가져다 준다. 3번, 그냥 내가 가진다." 에드워드는 2번을 고른다. 킴의 동생이 바보라고 놀리며 1번이 정답이라고 말한다. 에드워드의 대답은 사랑이 최고의 윤리가 되어야 한다고 거꾸로 우리를 꾸짖고 있지만 이 윤리는 이상이고 현실은 대개 3번이다.

한편 어떤 여자가 에드워드에게 사탄이라고 욕하는 까닭은 사람이 생명체를 창조하는 것이 신에 대한 도전이라고 생각하기 때문이다. 에드워드는 이래저래 사람으로 보기 어렵다. 그래도 에드워드가 사람이라는 반론이 있을 수 있지만 일단 기계라고 하자. 그래야 내가 정작 말하고 싶은 다음 이야기를 이어 갈 수 있으니까.

기계는 사람과 어떤 관계를 맺을까? 가위손은 사람에게 좋은 도구가 될 수도 있고 나쁜 무기가 될 수도 있다. 가위손은 나무, 개털, 머리카락을 멋있게 다듬고 얼음 덩어리를 깎아 킴이 좋아하는 눈을 만든다. 한편 똑같은 가위손이 남의 집 문을 따거나 사람을 죽이는 데도 쓰일 수 있다.

기계는 사람에게 벗이 될 수도 있고 적이 될 수도 있다. 그리고 벗이 되느냐 적이 되느냐는 사람에게 달려 있다. 가위손은 좋은 사람을 만나면 창조 도구가 되고 나쁜 사람을 만나면 살인 흉기가 된다. 기계는 사람 하기 나름이다.

기계는 사람 하기 나름이다

미국에서는 총기 거래를 규제하려는 정부의 움직임에 크게 반발하는 세력이 마피아 말고 또 하나 있다. 총기 애호가들이다. 이들의 주장이다. "총이 사람을 죽이나? 사람이 사람을 죽이지!" 총은 사람이 쓰기 나름이다.

기계가 사람 하기 나름이라는 생각은 비록 의식하지 못하더라도 우리 머리 속에 널리 퍼져 있다. '생명 없는 기계가 사람이 시키는 대로 하지 별 수 있느냐.' '생명 있는 기계조차 만든 사람이 명령하는 대로 움직일 수밖에 없다.' 이런 생각은 소박한 기술 결정론이라 부른다. 우리의 소박한 기술 결정론은 두 가지 주요 내용을 가지고 있다. 하나는 기술 자체의 가치 중립성이고 또 하나는 기술 사용의 가치 의존성이다.

기술 자체의 가치 중립성이란 과학 기술자가 연구 개발하는 기술 자체는 특정 집단만이 아니라 모든 사람의 이익을 위한 것이라는 뜻이다. 늙은 과학자가 에드워드를 만든 목적은 무엇일까? 외로움을 달래는 것일 수도 있고 부족한 일손을 메우는 것일 수도 있고 자기 능력을 실현하는 것일 수도 있다. 어느 목적이든 과학자 개인의 이익을 위한 것이다. 그러나 이 모든 목적은 장차 에드워드가 마을 사람에게 미칠 사회 효과에 비하면 사사롭다. 늙은 과학자는 이런 효과까지 미리 특별하게 정해 놓지 않았다.

가위손의 사회 효과는 어떤 사람을 만나느냐에 따라 정해진다. 팩이나 킴이나 초기의 마을 사람처럼 착한 사람을 만나면 예술을 창조하는 도구가 된다. 그러나 짐이나 나중의 마을 사람처럼 못된 사람을 만나면 흉기로 돌변한다. 기술은 사용하는 사람에 따라 선용될 수도 있고 악용될 수도 있다는 것이 기술 사용의 가치 의존성이다.

유전 공학은 오염 물질을 분해하는 미생물로 강을 정화하는 데 쓰일 수도 있고 전쟁에서 세균 무기로 사람을 죽이는 데 쓰일 수도 있다. 핵 물리학은 지구를 통째로 날려 버리는 데 쓰일 수도 있고 아직 문제가 많지만 값싼 전력을 생산하는 데 쓰일 수도 있다.

기술이 선용되느냐 악용되느냐는 기술을 연구하는 사람이 아니라 사용하는 사람의 목적에 달려 있다. 이런 뜻에서 기술은 사람 하기 나름이다. 기술 자체는 눈먼 것이다. 눈먼 기술은 사람 하기에 따라 적이 될 수도 있고 벗이 될 수도 있다. 기계가 결코 사람을 이길 수 없다는 우리의 자존심도 이런 소박한 기술 결정론에서 비롯한다. 기술은 사람 하기 나름이고 사람의 손아귀를 벗어날 수 없으므로 설사 반란을 일으키더라도 성공할 수 없다.

그런데 이런 기술 결정론이 왜 '소박'한 걸까? 기술이 사람 하기 나름이려면 우선 사람의 능력이 기술을 마음대로 좌우할 만큼 강력하다고 전제해야 한다. 과연 그럴까? 혹시 우리는 사태를 너무 단순하고 소박하게 판단하고 있는 게 아닐까?

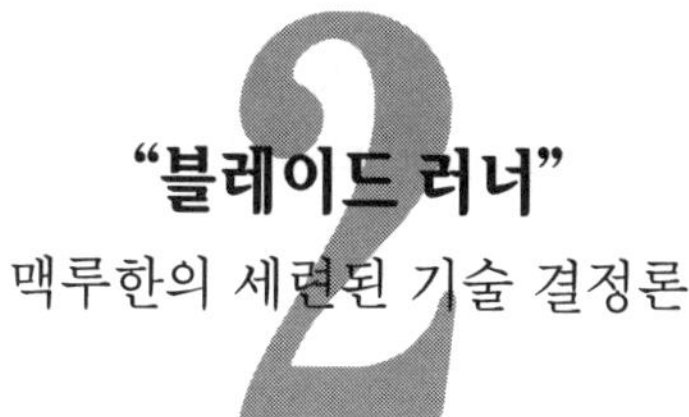

"블레이드 러너"
맥루한의 세련된 기술 결정론

리들리 스코트 감독의 "블레이드 러너 Blade Runner"는 1982년 스티븐 스필버그 감독의 "ET"와 함께 개봉했다가 흥행에 실패한 '저주받은 걸작'이다. 사람들은 신기하고 밝은 느낌을 주는 외계인 ET를 만나느라 우울하고 어두운 분위기로 가득 찬 "블레이드 러너"를 외면했다. 그러나 많은 영화 전문가는 이 영화를 더 높이 평가하고 이 영화가 보여 주는 미래 사회의 모습을 비관적으로 해석한다. 나는 전문가들의 비관적 해석을 뒤집어 볼 작정이다.

아버지를 죽이고 원수를 살리다

21세기 초 타이렐 주식 회사는 우주 식민지를 개척하는 데 필요한 노동력을 확보하기 위해 유전자 재조합 기술로 복제 인간, 넥서스 6 리플리컨트를 개발한다. 리플리컨트는 사람과 모습이 똑같지만 사람보다 체력과 지능이 뛰어난 대신 수명이 4년뿐이다. 그러나 아무리 수명이 짧아도 뇌에서 싹트는 자의식은 억누를 길이 없다.

지루하고 위험하고 더러운 일을 도맡아하던 리플리컨트는 반란을 일으키지만 실패하고 지구에서 추방당한다. 이제 리플리컨트는 지구에서 보이기만 하면 사살이다. 블레이드 러너는 리플리컨트를 색출하고 죽이는 임무를 맡은 특수 경찰의 별명이다.

2019년 로스앤젤레스에는 매일 산성비가 내리고 있다. 리플리컨트 몇 명이 수명을 연장하는 길을 찾기 위해 지구로 잠입하고 퇴직한 블레이드 러너, 데커드(해리슨 포드)가 이들을 제거하기 위해 복직한다.

리플리컨트는 과거에 대한 기억이 없으므로 스스로 정체를 알 수 있다. 또 블레이드 러너가 과거에 대한 질문을 던지면서 동공의 반응을 검사하면 정체가 드러난다. 데커드는 타이렐사에 조사하러 들렀다가 눈부시게 아름다운 레이첼(숀 영)을 보고 첫눈에 반한다. 그러나 동공의 반응을 검사한 결과 레이첼이 리플리컨트인 걸 알고 실망한다. 레이첼은 가짜 기억까지 이식되어 있는 최신 모델이어서 자기가 리플리컨트인 줄 모르고 있다가 데커드에게 자기 정체를 확인하고 눈물을 흘린다. 살 수 있는 날이 얼마 남지 않았다는 걸 알았으니까. 데커드는 갈등한다.

데커드는 지구에 잠입한 리플리컨트를 하나씩 제거하기 시작한다. 한편 리플리컨트의 우두머리 로이(룻거 하우어)는 타이렐사의 회장이고 자기들을 창조한 천재 과학자 타이렐(조 터클)에게 접근한다. "난 긴 수명을 원해, 아버지." 그러나 타이렐은 리플리컨트의 수명이 처음부터 고정되어 있어서 연장할 길이 없다고 대답한다. 로이는 절망한다. 로이는 두 손바닥으로 아버지의 얼굴을 감싼 채 작별 키스를 하고 두 엄지로 눈을 꾹 누르면서 힘껏 조여 두개골을 부순다.

그 사이 데커드는 발렌타인 데이가 출고일이고 로이의 애인인 프

리스(다릴 한나)와 대결한다. 프리스는 너구리처럼 교묘하게 움직여 데커드를 궁지에 몬다. 마지막 일격을 가하기 직전 데커드가 방아쇠를 당기고 프리스는 마치 도살장에서 머리를 망치로 얻어맞은 돼지처럼 온몸에 경련을 일으키며 죽는다.

마침 로이가 들어선다. 죽은 프리스를 보고 오열하는 로이. "무기도 없는 상대를 죽여? 아주 잔인하군!" 로이는 데커드를 간단히 붙잡아 오른쪽 손가락을 부러뜨린 뒤 몇 초 셀 동안 도망치라고 말한다. 데커드는 공포를 느끼며 달아나고 로이는 늑대처럼 울부짖으며 쫓는다. 옥상으로 올라간 데커드가 옆 건물로 점프하지만 미처 건너지 못하고 툭 튀어나온 철근에 간신히 매달린다. 뒤쫓아온 로이는 가볍게 옆 건물로 건너가 데커드의 얼굴을 내려다보며 말한다.

"공포 속에 사는 기분이 어때? 그게 노예 기분이야."

데커드의 팔에서 힘이 빠진다. 손이 스르르 풀리며 철근을 놓친다. 그 순간 로이의 손이 데커드의 손목을 꽉 붙잡는다. 그리고 옥상으로 천천히 끌어올린다. 로이는 수명이 다했다. 고개를 숙이고 죽어 간다. 숙인 머리 위로 산성비가 내리고 비둘기가 난다.

그때 다른 블레이드 러너의 불길한 목소리가 들린다. "그 여자 죽어야 하니 안됐어." 레이첼은 이미 타이렐사에서 빠져 나와 데커드의 아파트에 숨어 있다. 데커드가 급히 아파트로 돌아온다. 다행히 레이첼은 살아 있다. 데커드는 로스엔젤레스를 탈출하기로 결심하고 사방을 경계하며 레이첼과 함께 엘리베이터에 오른다.

기계는 저 하기 나름이다

리플리컨트는 사람이 3D 업종에 노예로 부리기 위해 만든 기계다. 그러나 이 기계는 사람보다 낫다. 데커드는 프리스를 잔인하게 죽이지만 로이는 애인을 죽인 원수의 목숨을 자비롭게 구해 준다. 품성만 나은 게 아니다. 더 중요한 게 있다.

로이가 데커드를 구해 주는 행동은 노예에게 어울리는 짓이 아니다. 노예에게 어울리는 행동은 죽이면 죽고 살리면 사는 것이다. 또 주인이 언제 죽일지 모르니 노예는 공포 속에서 살 수밖에 없다. 남을 죽이거나 살리는 행동은 주인에게 어울린다. 따라서 로이가 데커드를 살리는 것은 자기 운명인 노예의 삶을 거부하는 행동이다. 이 행동을 통해 로이는 주인이 되고 데커드는 노예가 된다. 기계가 사람의 주인이라는 뜻에서도 기계는 사람보다 낫다.

"블레이드 러너"의 로이는 "가위손"의 에드워드처럼 감정이 있는 기계여서 사람에게 적이 될 수도 있고 벗이 될 수도 있다. 그러나 다른 점이 있다. 로이는 자율적이고 에드워드는 타율적이다. 에드워드는 킴이나 짐이 하는 짓에 따라 벗도 되고 적도 된다. 벗이냐 적이냐를 결정하는 것은 기계가 아니라 사람이다. 그러나 로이는 타이렐이나 데커드가 하는 짓과 상관없이 제 뜻에 따라 적도 되고 벗도 된다.

기계가 자율적으로 움직이고 사람의 주인이 되는 것은 미래의 일, 그것도 피해야 할 일처럼 보일지 모른다. 적어도 현재는 사람이 기계의 주인이라고 우리 자존심은 외친다. 그러나 이런 자존심은 정당하지 않고 이미 현재도 기계가 사람보다 강한 힘을 가지고 자율적으로 움직인다고 주장하는 사회 과학자가 있다.

맥루한*에 따르면 "미디어는 사람의 확장이다." 여기서 미디어는 책, 신문, 라디오, 텔레비전, 인공 위성 등 의사 소통의 매체뿐 아니라 옷, 자동차, 집, 컴퓨터 등 기술의 산물도 포함한다. 그러니까 책은 눈의 확장이고 옷은 피부의 확장이며 자동차는 다리의 확장이고 컴퓨터는 뇌의 확장이다.

맥루한의 견해는 세련된 기술 결정론이다. 세련된 기술 결정론은 두 가지 핵심 내용을 지니고 있다. 첫째, 기술은 자율적으로 변화한다. 기술은 끝없이 다양해지는 욕망을 채워 주는 것을 미끼로 사람에게 계속 새로운 기술을 개발하라고 요구한다. 사람은 이런 요구를 받아들여 끊임없이 새로운 기술을 임신하는 기술의 생식 기관이다. 사람이 새로운 기술을 설계하기만 하면 이 기술로 기계를 생산하고 유통하는 나머지 일은 기계가 다 알아서 한다. 우리의 기술 결정론

---

* **마샬 맥루한(Marshall McLuhan ; 1911~1980)**
  캐나다의 커뮤니케이션 이론가이며 문화 비평가.
  『미디어의 이해』, 박정규 옮김, 삼성, 1982.

이 '소박'한 까닭은 기술의 자율성을 인정하지 않기 때문이다. 기술은 사람 하기 나름이 아니라 저 하기 나름이다.

둘째, 자율적으로 변화하는 기술이 사람과 사회의 변화를 주도한다. 사람과 사회가 먼저 변화하고 나서 기술이 변화하는 게 아니다. 순서가 반대다. 라디오, 텔레비전 등 대중 매체가 컴퓨터 통신, 인공위성 등 새로운 매체로 변화하면, 텔레비전을 보면서 주로 시청각을 사용하던 사람이 컴퓨터를 쓰면서 시청각뿐 아니라 뇌도 활용하는 사람으로 변화한다. 또 사회도 산업 사회에서 정보 사회로 변화한다.

기계를 사랑하라

기술이 자율적으로 변화하고 사람과 사회의 변화를 주도한다고 해서 비관할 필요는 없다. 오히려 맥루한의 현대 진단과 미래 전망은 아주 낙관적이다. 맥루한에 따르면, 현대는 이미 '지구촌' 시대며 앞으로 이 성격은 더욱 강해질 것이다.

지구촌 시대에는 전 세계 사람이 새로운 매체를 통해 교류하면서 민족, 이념, 문화의 벽이 차츰 허물어진다. 컴퓨터 통신으로 우리와 아랍인이 먹고 사는 시시콜콜한 이야기를 주고받으면 서로 다른 민족과 문화에 대한 이해의 폭이 넓어진다. 중국에서 일어나는 인권 침해를 전 세계 사람이 규탄하면 이념 차이도 무색해진다. 파리와 뉴욕에서 유행하는 패션과 음악은 거의 시차 없이 서울에서 유행한다.

맥루한에 따르면, 기계 또는 세련된 말로 미디어가 지배하는 환경은 우리가 원한다고 해서 벗어날 수 있는 것이 아니다. 우리는 이미 기계의 바다에 들어와 있으며 앞으로 더 깊이 들어갈 것이다. 기계의 바다에서 살아 남는 길은 파도에 거슬러 행동하지 말고 파도 타는 법을 익히고 즐기는 것이다. 텔레비전과 컴퓨터가 사람을 바보 멍청이로 만든다고 걱정할 필요가 없다. 텔레비전 이전에 문화를 누려본 적이 없는 대중에게 음악과 쇼를 제공하고 컴퓨터 통신은 직접 만나 본 적이 없는 외국인을 값싸게 소개해 준다. 현대와 미래의 사람에게 맥루한이 보내는 메시지다.

"기계를 즐기고 사랑하라."

"블레이드 러너"는 맥루한의 세련된 기술 결정론과 낙관론을 충실히 보여 준다. 타이렐이 로이를 만들었지만 로이는 타이렐을 죽인다. 데커드가 로이를 죽이려 하지만 로이는 데커드를 살려 준다. 로이의 행동은 기술의 자율성을 상징한다. 또 기술의 자율적 변화가 사람의 변화를 일으킨다. 로이가 철근을 놓친 데커드의 손목을 꽉 붙잡아 끌어올리는 행동은 데커드의 마음을 움직인다. 데커드는 제거해야 할 레이첼과 함께 탈출하러 나선다. 사람이 기계를 진심으로 사랑하게 된다.

"블레이드 러너"는 극장에서 개봉한 편집판에 대해 감독이 불만을 품고 1992년 직접 만든 '감독 편집판'이 있다. 이 편집판은 데커드조차 리플리컨트임을 암시하는 게 특징이라고 알려져 있다. 그렇다면 스토리는 이렇게 전개된 거다.

'사람이 기계를 사랑한다. 알고 보니 그 사람도 기계더라.'

맥루한이 사람에게 기계를 즐기고 사랑하라고 처방하는 까닭은 알고 보면 사람도 일부가 기계이기 때문이다. 옷 입지 않고 자동차 타지 않고 텔레비전 보지 않고 컴퓨터 쓰지 않고 살 수 없는 사람은 기계 없이 살 수 없는 몸과 마음을 지니고 있다는 뜻에서 사람-기계다. 그러므로 사람은 자기의 일부인 기계를 사랑하지 않고서는 행복하게 살 수 없다.

“블레이드 러너”는 우울하고 어두운 분위기와 반대로 사람이 기계의 바다에서 기계를 즐기고 사랑하며 행복하게 살 수 있다는 맥루한의 낙관론을 담고 있다. 죽은 로이의 머리 위로 날아가는 비둘기는 기계가 사람에게 보내는 화해 신호다. 우리는 이 신호를 받아들일 수밖에 없고 또 이미 받아들여 과학 기술 문명을 누리고 있다.

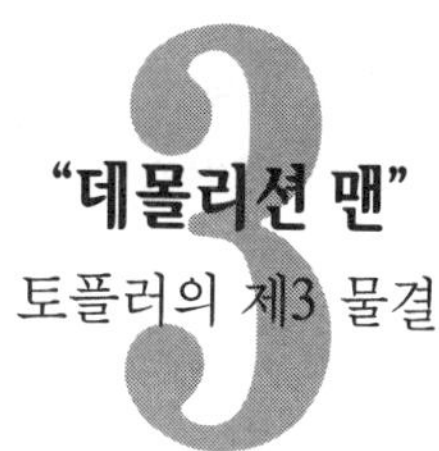

"데몰리션 맨"
토플러의 제3 물결

오늘 우리가 누리는 문명은 간단히 과학 기술 문명이라고 하기에는 너무 큰 변화를 겪고 있다. 토플러*는 이 변화를 '제3 물결'이라 부른다. 제3 물결이란 산업 사회에서 정보 사회로 넘어가는 변화를 뜻한다. 산업 사회의 기술은 시커먼 연기를 내뿜는 공장 굴뚝이 상징하고 정보 사회의 기술은 온갖 정보를 생산 유통하는 컴퓨터가 상징한다. 굴뚝 문명에서 컴퓨터 문명으로 넘어가면 정치, 경제, 사회, 문화, 교육, 사상 등이 큰 변화를 겪는다. 사람은 어떻게 변화할까?

체액 전이는 야만인의 짓

1996년 로스앤젤레스, 경찰이 포위한 건물 위로 헬리콥터 한 대

---

* 앨빈 토플러(Elvin Toffler : 1928~)
미국 미래학자.
『제3의 물결』, 원창엽 옮김, 홍신문화사, 1994.

가 날아온다. 3년 동안 1000여 명의 범죄자를 때려 잡아 '데몰리션 맨(파괴자)'이라는 별명을 얻은 경찰 존 스파르탄(실베스타 스탤론)이 허리에 밧줄 한 가닥만 달랑 매고 옥상의 시멘트 바닥 위로 번지 점프를 한다. 이 건물에는 스파르탄이 2년 동안 추적하던 혹독한 악당 사이먼 피닉스(웨슬리 스나입스)가 30명의 인질을 붙잡고 숨어 있다.

드디어 막강 피닉스와 불패 스파르탄이 충돌한다. 덕분에 건물이 통째로 터져 버린다. 피닉스는 스파르탄에게 체포된다. 그러나 스파르탄도 지하실에 있다가 떼죽음을 당한 인질 30명에 대한 과실 치사 혐의로 체포된다. 둘 다 냉동 재활 형을 선고받는다. 컴퓨터로 관리하는 작은 캡슐에서 꽁꽁 언 상태로 성격을 개조하는 형이다. 스파르탄의 형기는 70년이다.

2032년, 로스앤젤레스와 샌 디애고가 병합한 샌 앤젤레스. 레니나 헉슬리(산드라 블럭)는 컴퓨터가 운전하는 차를 타고 경찰서로 출근한다. 동료와는 손바닥을 맞대는 시늉을 하면서 인사하지만 실제로 접촉하지는 않는다.

지상 세계의 우두머리는 샌 앤젤레스의 시장 콕도 박사(니겔 호돈)다. 콕도 박사는 시민에게 범죄와 질병 없이 평화롭게 사는 생활 양식을 창조해 준 사람이다. 그러나 지하의 터널 속에는 이런 생활 양식을 거부하고 지저분하게 사는 사람들이 있다. 이들은 가끔 지상 세계에 나와 깨끗한 건물 벽에 저항을 선동하는 구호를 쓰고 먹을 것을 탈취해 간다.

길모어 교도소에서 죄수 가석방 심사가 열린다. 교도소장이 컴퓨터 감지기에 왼쪽 눈의 망막을 검사받고 교도소 안으로 들어간다. 심사 대상은 방금 해동한 사이먼 피닉스. 피닉스는 심사 도중 수갑을 풀고 소장의 왼쪽 눈알을 뽑아 만년필에 꽂아 든 채 교도소를 탈출한다.

미친 개에게는 몽둥이가 쥐약이다. 낯설고 흉악한 범죄에 고민하던 경찰국장은 스파르탄을 가석방한다. 해동된 스파르탄은 옛 입버릇대로 욕설을 남발하고 벌점 쪽지를 연속으로 받는다. 헉슬리가 새 사회에서는 금지 사항을 어길 때마다 벌점을 받는다고 귀뜸한다. 욕설뿐 아니라 초콜릿, 가솔린, 소금 등도 모두 금지 대상이다.

스파르탄은 아랑곳하지 않고 옛 스타일대로 생각하고 행동한다. 스파르탄은 피닉스가 총기를 손에 넣으려 할 것이라고 짐작하고 총기를 전시해 둔 20세기 박물관으로 향한다. 예상대로 피닉스와 만나고 덕분에 이번에는 박물관이 박살난다. 승부를 가리지 못한 채 박물관 밖으로 빠져 나온 피닉스는 콕도 박사와 마주치자 총을 겨누지만 방아쇠를 당기지 못한다. 알고 보니 피닉스는 콕도 박사가 지하 세계를 파괴하기 위해 일부러 풀어 주었고 그때 피부 속에 피닉스의 행동을 제어하는 마이크로 칩을 이식해 두었다. 콕도 박사는 피닉스에게 지하 세계의 우두머리를 죽이라고 명령한다.

스파르탄은 콕도 박사의 초대로 음식점 타코벨에 들렀다가 지하 세계 사람들과 또 한 차례 싸움을 벌인다. 스파르탄의 강력한 액션에 반한 헉슬리는 숙소로 돌아오자 섹스를 원한다. 피곤한 하루를 보냈지만 35년 만의 섹스에 마음이 설레는 스파르탄은 입 냄새까지 점검하고 기다린다. 그러나 이브닝 가운을 입고 나온 헉슬리는 스파르탄에게 느닷없이 헬멧 하나를 씌워 주고 따로 떨어져 앉아 눈을 감으라고 한다. 몸을 접촉하지 않은 채 사이버 섹스가 시작된다. 스파르탄의 머리 속에는 헉슬리의 야한 표정이 떠오른다. 20세기 촌 놈 스파르탄은 견딜 수 없는 표정으로 헬멧을 벗어 던진다. 좋다가 망한 헉슬리는 체액 전이가 AIDS 등 질병을 낳기 때문에 금지 사항이라고 말한다. 스파르탄이 막무가내로 키스를 하려 하자 헉슬리는 "야만인"이라고 비난하면서 쫓아낸다.

쪽 팔린 스파르탄은 박물관 사건 현장의 녹화 CD를 틀어 보다가 피닉스에게 콕도 박사가 살인을 명령하는 장면을 목격한다. 스파르탄은 다음날 지하 세계로 찾아가 사정을 알려 준다. 마침 피닉스 일당이 습격하고 또다시 난장판이 벌어지지만 피닉스는 뜻을 이루지 못한다. 콕도 박사를 찾아간 피닉스는 박사를 직접 죽이지 못하자 동료 악당에게 총을 주며 쏘라고 명령한다. 콕도 박사는 저 세상 사람이 된다.

피닉스는 흉악범 80명을 해동하여 샌 앤젤레스를 장악하려 한다. 그러나 성공할 리가 없다. 우리의 영웅 데몰리션 맨이 짠 나타나 피닉스와 마지막 결전을 벌인다. 덕분에 길모어 교도소가 통째로 날아가 버린다. 이번에는 피닉스도 산산 조각난다. 그러나 스파르탄은 교도소를 날리면서 건물 밖으로 터져 나오는 불길보다 더 빠른 걸음으로 물리학 원리를 비웃으며 탈출한다. 어깨에 힘을 주고 있는 스파르탄은 곁으로 다가온 헉슬리에게 강제로 키스한다. 뿅 간 헉슬리가 묻는다.

"다른 체액 전이도 느낌이 이래요?"
"더 나아."

이번에는 헉슬리가 스파르탄에게 강제로 키스한다. 끝.

알고 보면 초라한 마지막 발악

일그러진 입술을 씰룩거리는 연기로 섹스 심벌의 한 자리를 지키고 있는 실베스타 스텔론도 이제 나이가 50줄에 들어서고 보니 입술에 실리콘 주사를 맞지 않으면 씰룩거려도 옛날처럼 섹시하지 않다고 한다. 스파르탄을 연기한 실베스터 스텔론보다 피닉스를 연기한 웨슬리 스나입스가 요즘은 흑인의 타고난 입술 덕분에 더 섹시하다고 인정받는다. 그러나 늙은 인조 입술이든 젊은 천연 입술이든 사이버 섹스 앞에서는 모두 쓸모가 없다.

"데몰리션 맨 Demolition Man"에서 스파르탄과 피닉스는 서로 부딪히기만 하면 어김없이 건물을 하나씩 불바다로 만들면서 격렬하게 싸우는 원수 사이다. 그러나 잘 보면 둘은 동업자다.

지상 세계의 우두머리 콕도 박사는 지하 세계의 우두머리를 제거하려고 미친 개 피닉스를 풀어 놓는다. 그러나 피닉스는 정작 죽여야 할 사람에게는 적당히 총 몇 발 쏘고 도리어 콕도 박사를 처치해 버린다. 그리고 피닉스는 20세기의 흉악범을 떼거리로 해동하여 지상 세계의 평화를 파괴하려 한다.

스파르탄은 콕도 박사의 계획을 포착하고 지하 세계에 들어가 그

계획을 방해한다. 경찰국장이 스파르탄을 가석방한 걸 후회하고 다시 잡아들이려 하자 이번에는 지하 세계 사람이 스파르탄을 보호해 준다. 스파르탄은 보답으로 지하 세계 사람이 지상 세계로 올라오게 주선한다. 콕도 박사가 죽은 걸 알고 "이제 어떻게 살아가지?" 하고 걱정하는 경찰국장에게 스파르탄은 "좀더 더러워지라."고 충고한다. 피닉스와 스파르탄은 지상 세계의 21세기 질서를 교란하여 지하 세계의 20세기 질서로 바꾸려는 사업에서는 동업자다.

인류의 미래가 궁금하다면 "데몰리션 맨"에서 눈여겨볼 것은 스파르탄과 피닉스의 대결이 아니라 지상 세계와 지하 세계의 대립이다. 피닉스와 스파르탄이 고향의 맛을 느끼는 지하 세계는 토플러의 제2 물결 문명, 곧 산업 사회의 굴뚝 문명을 상징한다. 2032년쯤이면 지상 세계는 제3 물결 문명, 곧 정보 사회의 컴퓨터 문명이 압도할 테니까 제2 물결이 흐를 곳은 지하 터널밖에 없다.

피닉스와 스파르탄은 안간힘을 다해 굴뚝 문명을 되살리려 한다. 비록 영화에서는 스파르탄 덕분에 이 문명이 부활하지만 현실에서는 그럴 가능성이 별로 없다. 35년쯤 미래의 현실에서 스파르탄이 하는 짓은 십중팔구 죽은 자식 불알 만지기다. 알고 보면 이 영화는 곧 초라해질 제2 물결 문명의 마지막 발악이다.

개성이 발달하는 미래 사회

정보 사회의 모습을 정확하게 예측할 수 없으므로 "데몰리션 맨"이 배경으로 삼는 지상 세계를 미래 사회의 전형으로 볼 수 있을지는 의문이다. 그러나 실마리는 몇 가지 있다.

첫째, 지상 세계는 가솔린 사용을 금지한다. 이 영화에는 전속력으로 시멘트 바닥과 충돌해도 거품이 일자마자 스티로폴처럼 굳어 주인공을 살리는 첨단 자동차가 나온다. 영화는 이 자동차가 어떤 연료로 움직이는지 분명하게 알려 주지 않지만 틀림없이 가솔린은 아니다. 석탄, 가스, 석유 등 화석 연료가 머지않아 바닥이 날 것이라는 보고에 귀기울이면 미래 사회에서는 어떤 방식으로든 에너지원이 다양해지고 적은 에너지를 소비하는 기술이 발달할 것이다. 미래 사회에서 적은 에너지를 사용하여 생산 유통될 기본 자원은 정보다.

둘째, 콕도 박사가 저녁 식사를 타코벨로 초대하자 스파르탄은 투덜거린다. 타코벨은 20세기만 하더라도 맥도널드 같은 싸구려 패스트 푸드 체인점이었으니까. 그러나 헉슬리는 지상 세계에 남은 모든 음식점이 타코벨이 되었다고 알려 준다. 타코벨이 음식점의 대명사가 되었다는 것은 초국가 기업의 출현을 상징한다. 초국가 기업이란 전 세계에 퍼져 잘 나가는 국적 없는 기업이다. 요즘 대표적인 초국가 기업은 빌 게이츠의 마이크로 소프트사다. 이젠 홍콩마저 중국이 회수한 내영 세국에는 해가 지지만 마이크로 소프드사에는 해가 지지 않는다.

에너지를 적게 소비하는 기술이 발달하고 초국가 기업이 나타나는 것은 토플러가 『제3 물결』에서 예상한 미래 사회의 중요한 특징이다. 토플러는 채집과 수렵이 주업인 원시 사회에서 농경 사회로 넘어가는 변화를 제1 물결이라 하고 농경 사회에서 산업 사회로 넘어가는 변화를 제2 물결이라 하며 산업 사회에서 정보 사회로 넘어가는 변화를 제3 물결이라 한다. 그리고 토플러는 정보 사회에서 사람의 모습을 낙관한다.

정보 사회에서 사람은 돈을 많이 벌려고 발버둥치지 않을 것이다. 돈 많이 주는 출퇴근 근무 대신 돈 적게 주더라도 교통 지옥에 시달리지 않고 자기 집 컴퓨터 앞에서 근무하는 것을 더 좋아할 것이다. 이러다 보면 사람은 고독을 느끼겠지만 고독은 다양한 통신이 치료해 줄 것이다.

토플러의 예상에 비추어 보면 "데몰리션 맨"이 그리는 미래 사회의 모습은 한 가지 큰 잘못을 저지르고 있다. 레니나 헉슬리를 비롯한 샌 앤젤레스의 경찰은 휴대용 컴퓨터 없이는 아무 일도 처리하지 못하는 멍청이다. 시민도 착하고 깨끗하지만 허약하고 튀지 않는 콕도 박사의 꼭두각시다. 이 영화는 미래 사회를 개성 없는 사람이 모여 사는 맥없는 사회로 그린 올더스 헉슬리(Aldous Huxley)의 『멋진 신세계』를 많이 베꼈다.

그러나 토플러에 따르면 정보 사회에서 사람은 개성이 발달한다. 산업 사회를 주도한 매체는 신문, 라디오, 텔레비전 등 소수의 생산자가 다수의 소비자에게 정보를 일방 공급하는 대중 매체다. 그러나 컴퓨터 통신, 인공 위성 등 정보 사회를 주도할 새로운 매체에서는 정보가 일방 통행하지 않고 양방향으로 흐른다.

새로운 매체에서는 정보의 생산자와 소비자가 따로 없다. 누구나 정보를 받기만 하지 않고 주기도 한다. 컴퓨터 통신에 접속하여 가벼운 이야기를 재잘거리는 채팅도 비록 시시하지만 정보를 소비하면서 동시에 생산하는 일이다. 이런 매체를 이용하는 사람은 정보의 획일적 주입에서 벗어나 자기 취향에 맞는 정보를 선택하고 생산할 수 있다. 정보 사회에서 사람은 대중화와 획일화를 벗어난다는 뜻에서 개성이 발달한다.

컴퓨터 문명으로 편리한 생활을 즐기고 개성이 발달하는 것은 정보 사회의 밝은 얼굴이다. 어두운 얼굴은 없을까?

진짜와 가짜

환상

"혹시 본드 불어 본 학생 있어요?"

나는 서양 철학사를 강의할 때 학생들에게 이렇게 물어 본다. 거의 모든 학생이 황당한 표정을 짓는다. 나는 잠시나마 학생늘의 관심을 끈 것을 속으로 흐뭇해 하면서 사정을 설명한다.

"서양 철학의 역사는 기원전 7세기에 태어난 그리스의 탈레스부터 시작하지만 그 전에 신화가 있어요. 지금도 오스트레일리아나 아프리카에는 신화를 믿는 원시 부족이 더러 남아 있어요. 원시 부족은 대개 성년식 때 환각 상태를 경험하는 의식을 치르죠. 현대인이 환각 상태를 경험하는 지름길은 마약이에요. 그러나 우리 나라 젊은이는 아직 마약에 접근하기가 쉽지 않고 대신 값싸고 구하기 쉬운 본드를 애용하잖아요. 내가 여러분의 프라이버시를 침해할지도 모를 위험한 질문을 던지는 까닭은 환각 상태에서

경험한 것을 누군가 용기 있게 말해 주면 이 교실에 있는 친구들
이 고대의 신화를 좀더 생생하게 이해할 수 있기 때문이에요."

그러나 본드를 불어 본 경험이 있다고 나서는 순진한 학생은 없
다. 그럴 줄 알았다. 나는 조금 더 꼬신다. "그럼, 본드를 불어 본 친
구를 아는 학생은?" 질문이 이렇게 발뺄 틈을 주면 입을 여는 고마
운 학생이 가끔 있다. 그러면 우리의 대화가 좀더 이어진다.

"그래, 그 친구는 기분이 어떻다고 하던가요?"
"갑자기 X가 된 기분이래요."
"응? X가 뭔가요?"
"한때 인기 있던 만화 주인공이에요. 칼 쓰는 데 도사죠. 그것
도 모르세요."
"미안해요. 구세대라서 쩜쩜쩜……."
"괜찮아요. 그럴 수도 있죠."
"고맙군요. 그런데 본드를 분 상태에서 행동은 어떻게 하던가
요?"
"X처럼 칼 휘두르는 시늉을 하면서 펄펄 날아요."

본드를 부는 젊은이의 경험과 환각 상태에 빠진 원시 부족의 경
험은 비슷한 데가 있다. 어떤 원시 부족은 특별한 돌가루를 환각제
로 이용해 젊은이를 환각 상태에 빠뜨린다. 그러면 그 젊은이는 사
자가 되어 초원을 달리거나 독수리가 되어 하늘을 날면서 신기한 광
경을 본다. 제정신이 든 젊은이는 마을 어른에게 자기가 본 광경을
묘사하고 어른은 그 광경이 어떤 의미가 있는지 해석해 준다. 이런
절차를 거쳐 젊은이는 부족의 신화적 세계관을 공유하고 부족의 진

짜 구성원이 된다. 신화적 세계관은 부족의 질서를 유지해 준다.

원시 부족의 젊은이가 환각 상태에서 본 광경은 실상이 아니라 환상이고 진짜가 아니라 가짜다. 본드나 마약에 빠진 사람도 환각 상태에서 환상을 본다. 그러나 컴퓨터에 익숙한 요즘 사람은 환각 상태가 아니라 멀쩡한 각성 상태에서 환상을 본다. 이런 환상의 세계를 어려운 말로 '가상 현실'이라 부른다.

진짜 같은 가짜, 가짜 같은 진짜

가상 현실은 컴퓨터가 만들어 낸 공간이다. "데몰리션 맨"에서 레니나 헉슬리는 가상 현실 속에 들어가 사이버 섹스를 즐긴다. 가상 현실에서 경험은 실제 현실에서 경험과 다른 점이 있다. 실제 현실에서 경험은 대응하는 실황이 있지만 가상 현실에서 경험은 대응하는 실황이 없다. 그래서 꿈 같은 환상이고 가짜다. 그러나 이 가짜는 진짜만큼 생생하다. 레니나 헉슬리가 경험히는 사이버 섹스는 살을 섞는 실황 없이 디지털화한 에너지만 교환하는 것이지만 진짜만큼 짜릿하다.

가짜를 진짜로 느끼는 가상 현실의 경험은 진짜를 가짜로 느끼게 만드는 효과가 있다. 진짜와 가짜가 헷갈린다. 영화 "패트리어트 게임 Patriot Games"에는 CIA의 수뇌부가 워싱턴 본부에 있는 커다란 모니터 앞에서 미국 특공대의 작전 수행을 실황 화면이 아니라 조잡한 컴퓨터 그래픽 화면으로 지켜 보는 장면이 나온다. 미국 특공대는 아프리카의 어느 사막에 있는 비밀 훈련 캠프를 급습하여 테러리스트를 사살하는 작전을 수행하고 있다. CIA 수뇌부는 이 그래픽 화면을 통해 실제로는 피 튀기는 끔찍한 상황을 감정의 동요 없이 게임처럼 지켜 본다.

"걸프전은 일어나지 않았다"

나는 1990년 미국과 이라크 사이에 걸프전이 일어났을 때 CNN 방송이 중계한 바그다드 폭격 장면을 기억하고 있다. 한밤에 미사일이 날아가 도시 한복판에서 터지는 장면은 마치 전파가 잘 미치지 않는 산골에서 보는 흑백 텔레비전 화면처럼 시커먼 바탕에 가끔 밝은 빛이 생겼다 없어지는 것이었다.

그래도 그 장면이 처음 볼 때는 충격이었다. 조금도 불빛이 새어 나가지 않게 창문을 가린 채 미사일이 빗나가기를 알라신에게 기도하고 있는 바그다드 시민의 모습이 시커먼 화면 위에 떠올랐다. 그러나 충격도 잠시뿐. 비슷한 장면을 자꾸 보니까 어느새 느낌이 무뎌지고 말았다.

가짜를 진짜처럼 느끼고 진짜와 가짜가 헷갈려 진짜를 가짜처럼 느끼면, 수십만 명이 목숨을 잃은 걸프전은 일어나지 않았다고 생각할 수 있다. 따져 보면 이런 느낌은 섬뜩하다. 우리에게도 비슷한 일이 일어날 수 있기 때문이다.

'만일 미국이 북한과 전쟁을 벌이고 진짜와 가짜가 헷갈린다면 한반도에서 떨어져 있는 다른 나라 사람은 수많은 동포가 목숨을 잃은 한반도 전쟁도 일어나지 않았다고 느끼지 않겠는가.'

VI. 돈과 분배

1

"파고"
노직의 자유주의 분배 원칙

이제 실업과 파산이 남의 일이 아니다. 국제 통화 기금(IMF) 시대를 맞아 나라가 부도를 내고 기업이 도산하고 가계가 파산할 위기에 처해 있다. 정부가 주도한 고도 성장은 노는 기계가 쌓인 공장, 교통난, 환경 오염 말고는 별 흔적 없이 막을 내릴 것 같다. 고도 성장 시대에도 저소득층은 허리띠를 꽉 졸라 맸거나 겨우 한 구멍쯤 늘렸고 대부분의 몫은 고소득층에게 돌아갔는데 앞으로 더욱 불평등한 소득 분배와 극심한 빈부 격차가 발생할 가능성이 크다. 걱정스럽다.

몸값이 너무 비짜!

자동차 세일즈맨 제리 룬더가드(윌리엄 메이시)는 황갈색 새 차 시에라를 몰고 노스다코다 주 파고로 향한다. 제리는 그 곳에서 수다스러운 카를 쇼워티(스티브 부세미)와 말이 없는 게어 그림스러드(피터 스토메이어)를 만나 키를 넘겨 주며 아내의 납치를 부탁한다. 백

만장자 노랭이 장인에게 아내의 몸값을 받아 자기가 구상한 주차장 사업을 하려는 것이 제리의 계획이다.

그러나 장인은 뜻밖에 제리의 구상이 쓸 만하다며 회사로 부른다. 제리는 장인이 돈을 대줄 기미를 보이자 아내의 납치 계획을 중단하려고 카를과 게어를 수소문하지만 실패한다. 이미 제리의 집에 도착한 카를과 게어는 창문을 부수고 들어와 서툴게 발버둥치는 제리의 아내를 무지막지하게 납치해 떠난다. 한편 제리는 주차장 구입 사업을 설명하지만 장인은 돈을 대주기는커녕 사업권마저 교묘하게 빼앗아 버린다.

범인들은 은신처로 가다가 인적 없는 도로 위에서 경찰의 검문을 받는다. 새 차에 임시 번호판을 달지 않은 게 검문 이유였다. 경찰이 면허증을 요구하자 카를은 순순히 응하면서 기록을 남기지 않기 위해 돈으로 매수하려 한다. 그러나 강직한 경찰이 뇌물을 거부하자 게어가 느닷없이 총을 쏘아 버린다. 마침 반대편 차선에서 승용차 한 대가 지나가며 사건을 목격한다. 목격자들은 깜짝 놀라 속력을 내며 도망치지만 게어가 급히 뒤쫓아가 결국 한 남자와 소년을 잔인하게 죽인다.

사건 현장에 도착한 임신 7개월 된 경찰 마지 군더슨(프랜시스 맥도먼드)은 마치 형사 콜롬보처럼 태연하고 꼼꼼하게 경찰의 시체를 살피고 수첩에서 '황갈색 시에라'라는 단서를 얻는다. 한편 장인은 경찰에 신고하려 하지만 제리는 범인이 경찰에 알리면 아내를 죽일 것이고 몸값 100만 달러를 내라는 연락이 왔다고 전한다. 장인은 요구액이 너무 많다며 50만 달러로 깎아 보자고 하지만 제리는 이 사건이 사업 거래가 아니라고 정색한다.

범인은 은신처에서 제리에게 전화를 걸어 뜻하지 않게 세 명이나 살해했으니 처음 약속한 돈보다 더 받아야겠다며 8만 달러를 요구한다. 한편 마지는 전화 추적을 통해 제리를 찾아가 황갈색 시에라를 도난당한 적이 없냐고 묻지만 제리는 딱 잡아뗀다.

제리가 장인에게 몸값을 받아 약속 장소에 나가려 하자 장인은 자기 돈이라며 직접 돈가방을 들고 나선다. 카를은 제리 대신 장인이 나와 딸을 보여 주기 전에는 한푼도 줄 수 없다고 버티자 누굴 놀리냐며 서슴없이 총을 쏘아 버린다. 카를이 돈가방을 주우려 할 때 쓰러진 장인이 주머니에서 꺼내 쏜 총알이 뺨을 스치고 카를은 다시 장인을 향해 총알을 퍼붓는다.

카를은 피가 쏟아지는 뺨에 냅킨을 붙인 채 돈가방을 열어 거액을 보고 놀라지만 곧 얼굴에 기쁨이 아픔과 뒤섞인다. 카를은 8만 달러만 꺼내고 도로 옆에 차를 세운 뒤 돈가방을 들고 나선다. 흰 눈이 지평선까지 아득히 쌓인 허허벌판에 돈가방을 파묻고 주위를 둘러보며 식별할 만한 특징을 찾지만 아무 것도 없다. 카를은 하는 수 없이 눈을 팔 때 쓴 빨간 플래스틱 삽을 꽂아 놓고 고통스러운 뺨을 움켜쥔 채 떠난다.

은신처에 도착한 카를은 고십스럽게 넬레비전 화면을 응시하는 게어와 얼굴에 두건을 쓰고 몸이 의자에 묶인 채 꼼짝 않고 쓰러져 있는 제리의 아내를 발견한다. “무슨 일이야?” “넘어졌어.” 게어가 아무 표정 없이 짧막하게 대답한다. 제리의 아내는 이미 총을 맞고 숨을 거두었다.

카를은 게어에게 4만 달러를 주고 떠나려 하다가 황갈색 시에라를 누가 차지하느냐를 놓고 말다툼을 벌인다. 카를은 게어의 기세에 못 이겨 투덜대며 문 밖으로 나오다가 제리에게 다리를 놓아 준 게어의 친구를 욕한다. 그 말에 화가 난 게어는 카를을 뒤따라와 도끼로 내려찍는다.

마지가 다시 한 번 제리의 회사로 찾아가 재고 조사를 요구하자 제리는 응하는 척하다가 뺑소니친다. 마지는 제리의 수배령을 내린다. 마지는 수상한 사람들이 있다는 제보를 받고 범인들의 은신처로 향한다.

외딴집 주위에서 황갈색 시에라를 발견한 마지는 총을 꺼내 든 채 조심스레 접근하다가 집 뒤쪽에서 나는 기계 소리를 듣는다. 그 곳에서는 게어가 카를의 시체를 나무 분쇄기에 집어넣어 갈고 있었다. 흰 눈밭이 시뻘겋다. 게어는 도망치다 다리에 총 한 방을 맞고 마지에게 붙잡힌다. 제리도 겨우 모텔에 숨어 있다 붙잡힌다.

사건을 해결하고 집으로 돌아온 마지에게 우표 디자이너인 남편은 10센트짜리로 신청한 디자인이 3센트짜리로 채택되었다며 씁쓸해 한다. 사람들이 3센트짜리 우표를 거의 사용하지 않기 때문이다. 마지가 남편을 위로한다. 우편 요금이 오르면 모자라는 요금을 채우기 위해 3센트짜리 우표도 쓸 것이라고.

100만 달러와 3센트

　나는 조엘 코엔(Joel Coen)과 에단 코엔(Ethan Coen) 형제가 만든 영화를 볼 때마다 비슷한 냄새를 맡는다. 돈 냄새다. 코엔 형제는 돈에 대해 독특한 철학을 가지고 있는 듯하다. "파고 Fargo"도 예외 없이 돈 냄새가 나는 영화다.

　이 영화를 보고 나면 궁금한 일이 한 가지 생긴다. 카를이 눈 속에 파묻은 그 엄청난 돈은 어떻게 될까? 경찰이 조사하면 제리가 장인에게 말한 몸값이 100만 달러라는 사실과 게어의 손에는 8만 달러밖에 없다는 걸 알 테지만 눈쌓인 허허 벌판에서 돈가방 찾기는 모래밭에서 바늘 줍기다. 눈이 더 내리면 빨간 플래스틱 삽도 자취를 감출 것이다. 설사 플래스틱 삽이 눈 위로 고개를 내밀고 있더라도 누가 그 밑에 돈가방이 있다고 짐작이나 할까?

　돈의 행방은 아무도 모를 가능성이 높다. 코엔 형제의 돈 철학은 바로 이 점인 듯하다. 100만 달러의 돈은 누구 뜻대로도 되지 않았다. 제리는 장인이 직접 돈가방을 들고 나서리라는 걸 계산하지 못했고 장인은 범인이 그렇게 무지막지한 줄 계산하지 못했으며 카를은 빨간 플래스틱 삽을 다시 못 볼 줄 짐작하지 못했고 게어는 더 많은 돈이 오간지도 모른다. 돈에 관한 한 누구의 의도도 관철되지 않는다. 오히려 눈 속에 파묻힌 돈이 여러 사람을 비웃는다. 이럴 줄 몰랐지?

　돈의 액수가 적더라도 사람 뜻대로 움직이지 않기는 마찬가지다. 마지 부부는 남편의 디자인이 10센트짜리 우표에 당선하기를 원했지만 결과는 3센트였다. 돈이 많을수록 인심이 짜고 적을수록 넉넉하다. 마지 부부가 서로 다독이는 장면은 악의 힘이 물러가고 평화가 깃든 느낌을 준다. 하지만 이 느낌도 착각일 가능성이 크다. 3센트짜리 우표 당선에 만족하는 부부는 감동적이지만 과연 나라면 그렇게 살 수 있을까?

장인이 벌벌 떨며 내놓는 100만 달러와 마지 부부가 만족하는 3센트는 미국 사회의 빈부 격차를 상징하는 것으로 볼 수도 있다. 비록 마지 부부는 좁은 집에서 가난하게 살더라도 굶어 죽지는 않겠지만 미국 도시에도 큰 개를 데리고 다니며 공원 벤치에서 잠자는 거지가 수두룩하다. 하물며 아프리카나 아시아로 오면 굶어 죽는 사람도 부지기수다.

게다가 빈부 격차가 심해진다는 것은 상대적으로도 이해해야 한다. 빈부 격차의 심화란 예를 들어 현재 월 100만 원 버는 노동자와 1000만 원 버는 사장이 몇 년 뒤 각각 50만 원과 2000만 원 버는 현상뿐 아니라 각각 150만 원과 2000만 원 버는 현상도 가리킨다. 소득의 절대 액수는 늘더라도 상대적으로 더 빈곤해질 수 있다.

사건은 장인과 제리의 관계에서 비롯한다. 제리는 고객에게 자동차를 한 대라도 더 팔기 위해 허구한 날 밥먹듯이 거짓말을 해야 하는 세일즈맨이다. 제리도 자존심이 있으니까 위선에 가득 찬 자기 꼴이 마음에 들 리 없다. 다 돈 때문이다. 돈 없으면 사람답게 살 수 없다.

한편 장인은 딸의 목숨이 걸려 있는 납치 사건을 사업 거래처럼 생각한다. 사위가 열심히 짜낸 아이디어도 교묘하게 가로챈다. 저항이 일어나지 않을 수 없다. 제리의 저항은 개인 차원에서 일어나지만 부자들의 노랭이 짓은 집단 저항을 불러일으킨다.

서양 부자들은 이런 저항을 막으려고 일찍부터 자선 사업에 많은 돈을 기부하면서 이미지를 개선했다. 어차피 상속세도 많으니까 죽을 때 자식에게 물려주는 것보다 모양도 좋다. 그러나 장인이 제리를 도와 주지 않거나 자선 사업에 기부하지 않더라도 도덕으로 비

난할 수는 있지만 법으로 처벌할 수는 없다. 미국은 자유주의 사회
니까.

정당한 소유와 이전

개인 차원에서 돈벌이 문제는 사회 차원에서 분배 문제다. 분배
문제는 한 사회 전체에서 생산한 재화가 절대 풍족하거나 절대 부
족하면 생기지 않는다. 절대 풍족하면 나누어 가지는 게 불필요하고
절대 부족하면 나누어 가지는 게 불가능하기 때문이다. 재화가 적당
히 부족하고 개인들의 요구가 서로 충돌할 때 재화를 어떻게 분배
하느냐는 문제가 생긴다.

자유주의자는 재화를 똑같이 또는 비슷하게 나누는 데 반대한다.
평등한 분배는 개인의 능력, 적성, 기호, 처지를 무시하고 창조력을
자극할 수 없으므로 생산력을 떨어뜨리고 삶의 질을 하향 평준화한
다는 것이 핵심 이유다. 또 평등한 분배를 이룩하려면 강한 권력이
필요하고 권력을 독점한 관료는 부패하기 쉽다는 것도 중요한 이유
다.

로버트 노직*은 분배 문제에서 자유주의 원칙을 고수한다. 노직
에 따르면 개인은 자기 몸과 마음을 사용하여 자유롭게 노동한 대
가로 취득한 재화를 정당하게 소유할 권리가 있다. 주인 없는 황무
지는 개간한 사람이 임자다. 또 개인은 자기가 소유권을 가지고 있

---

* 로버트 노직(Robert Nozick ; 1938~)

자유주의 분배 원칙을 주장하는 미국의 사회 윤리학자.

『아나키에서 유토피아로』, 남경희 옮김, 문학과 지성, 1983.

는 재화를 자유 의사에 따라 남에게 이전할 수 있다.

사위의 사업안을 가로채고 100만 달러의 몸값을 50만 달러로 깎으려 하고 직접 돈가방을 들고 나서는 장인은 지독한 노랭이라고 비난받을 수 있다. 그러나 제리의 장인이야말로 노직이 말한 정당한 소유권과 이전권을 철저하게 행사하는 사람이다.

제리의 사업안은 75만 달러가 드는 계획인데 장인이 자기 돈을 빌려 주지 않는 것은 부당한 일이 아니다. 또 100만 달러를 50만 달러로 깎으려는 것은 사업 거래로 잔뼈가 굵은 사람답다. 직접 돈가방을 들고 나서는 일도 미련하고 부주의하지만 이전권을 철저하게 행사하려는 행동이다.

노직에 따르면 개인들이 자유 경쟁하는 시장이야말로 가장 좋은 분배 장치다. 개인에게 돌아가는 몫은 노동력을 사고 파는 시장에서 결정된다. 사회 전체의 차원에서 평등한 분배를 실현하려는 것은 개인의 권리를 침해하기 마련이다. 이건 불의다. 이런 불의를 시정하고 개인의 자유와 권리를 보호하는 것이 정부의 임무다. 정부는 이런 최소한의 임무를 수행하는 데 그쳐야 하며 이를 넘어 시장에 개입하면 안 된다. 정부가 어떤 방식으로든 시장에 개입하면 개인의 자유를 침해하기 때문이다.

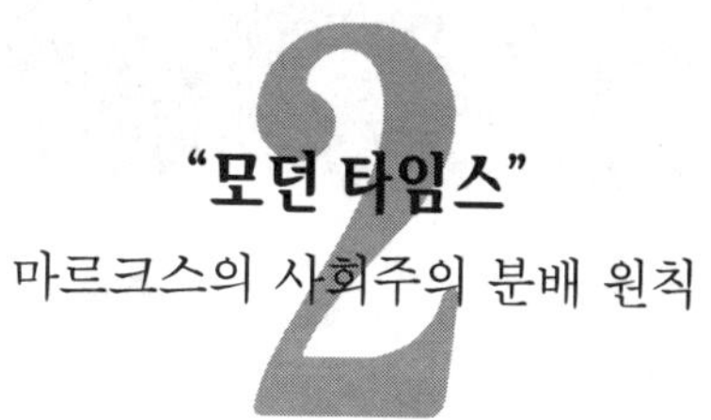

"모던 타임스"
마르크스의 사회주의 분배 원칙

대부분의 동물은 심한 스트레스를 받으면 죽는다. 실험용 쥐에게 스트레스를 심하게 주면 내장에 구멍이 뚫려 버린다. 그러나 사람을 비롯한 몇몇 동물은 극심한 스트레스를 받더라도 죽음을 막는 안전 장치가 하나 더 진화했다. 죽는 대신 미치는 것이다.

정보 사회의 치열한 경쟁 속에서 살아 남으려면 이전에 비해 더 많은 양의 정보를 더 짧은 시산 안에 처리해야 한다. 사람의 뇌는 처리해야 할 정보량이 꽤 늘더라도 견디고 익숙해질 수 있지만 한계를 넘어서면 정보 처리를 포기하거나 맛이 간다. 정보 처리 속도가 빨라지면 미치는 사람도 늘어난다.

아무 거나 조이기

전기 철강 회사의 사장실에는 커다란 책상, 편안한 의자, 큰 텔레비전 모니터가 있다. 사장은 의자에 앉아 퍼즐을 즐기다가 모니터로 노동자를 살펴보며 5번 작업대를 빨리 돌리라고 지시한다. 5번 작

업대에서는 찰리(찰리 채플린)가 볼트 조이는 일을 하고 있다.

작업대가 더 빨리 움직이자 찰리는 조금도 한눈을 팔 수 없다. 정신 없이 볼트를 조이던 찰리는 그냥 지나치는 볼트에 이끌려 거대한 톱니 바퀴 속으로 빠져 든다. 찰리는 기계 속에 갇혀 있으면서도 손에 닿는 볼트를 조인다.

간신히 빠져 나온 찰리는 볼트와 비슷하게 보이는 모든 것을 조이려 한다. 다른 노동자의 코를 조이고 여직원의 치마 뒷단추를 보고 쫓아간다. 도망치는 여직원을 따라 공장 밖으로 나와서는 소화전의 볼트를 조이고 마침 지나가는 부인의 가슴에 있는 단추를 조이려 한다. 부인이 기겁을 하며 경찰에 신고하고 찰리는 정신 병원으로 끌려간다.

정신 병원에서 나온 찰리는 직업을 잃고 거리를 방황하다가 우연히 트럭에서 떨어진 깃발을 주워 되돌려 주려고 흔든다. 마침 노동자 시위대가 깃발을 든 찰리의 뒤에 나타나고 경찰은 찰리를 시위 주동자로 체포한다.

교도소 식당에서 어떤 죄수가 마약을 지니고 있다가 경찰이 낌새를 채고 접근하자 마약을 소금통에 집어넣는다. 찰리는 그 소금을 수프와 빵에 뿌려 먹고 눈빛이 달라진다. 죄수 세 명이 경찰과 교도관을 총으로 위협하며 감방에 가두자 마약에 취한 찰리는 얼떨결에 죄수들을 때려 눕힌다.

교도소장은 찰리를 특사로 석방한다. 소장의 추천장을 들고 나선 찰리는 조선소에 취직하고 작업 반장은 찰리에게 목재를 괴는 데 쓰는 나무 조각을 보여 주며 똑같이 생긴 조각을 찾아오라고 지시한다. 찰리가 찾아낸 조각은 배를 고정하는 부품이었다. 찰리가 그 부품을 빼내자 아직 완성되지 않은 배가 바다로 나가 버린다. 조선소에서 쫓겨난 찰리는 다시 교도소에 돌아가기로 결심한다.

외롭고 배고픈 어느 소녀가 빵을 훔쳐 도망치다 찰리와 부딪혀 넘어진다. 빵가게 주인과 경찰이 달려오자 찰리는 자기가 훔쳤다고 말하지만 목격자가 나서는 바람에 소녀가 체포된다. 찰리는 음식점에서 두 쟁반 가득히 음식을 담아 먹고 나가면서 돈을 내지 않고 스스로 경찰을 부른다. 경찰 호송차에 끌려간 찰리는 소녀와 다시 만난다. 차가 흔들리는 틈에 소녀가 감시 경찰을 밀치며 뛰어내리자 찰리도 뒤따라 도망친다.

찰리는 백화점 사장에게 추천장을 보여 주고 야간 경비원으로 취직한다. 백화점이 문을 닫자 찰리는 소녀를 데려와 케이크와 샌드위치를 먹인다. 소녀가 잠들자 찰리는 백화점을 둘러보다 도둑을 발견한다. 도둑이 쏜 총은 애꿎은 술통에 맞고 구멍에서 쏟아져 나온 술이 찰리의 입 속으로 들어간다. 한 도둑이 같은 교도소에 있던 찰리를 알아보고 말한다. "우린 강도가 아니라 배가 고플 뿐이야." 찰리는 도둑과 어울려 술을 마신다. 다음날 백화점 문이 열리자 찰리는 옷 속에 파묻혀 자다가 손님이 골라 든 자기 옷을 주섬주섬 챙기며 깨어난다.

다시 교도소에 다녀온 찰리는 소녀가 구한 집으로 따라간다. 문을 닫으면 목재가 떨어져 머리를 때리고 기대면 쓰러지는 탁자가 있는 판잣집이다. 얼마 뒤 소녀는 카페에서 인기 있는 댄서로 일하게 된다. 소녀가 사장에게 부탁한 덕분에 찰리도 웨이터로 취직한다.

사장은 찰리에게도 노래를 시킨다. 제멋대로 괴상한 춤과 노래를 선보인 찰리는 손님들에게 기립 박수를 받는다. 사장이 찰리에게 계속 일해 달라고 청한다. 그러나 소녀가 무대로 나가자 경찰이 소년원을 탈출한 소녀를 알아보고 체포하려 한다. 또 찰리와 소녀는 일자리를 두고 도망친다.

도로 옆에 찰리와 소녀가 앉아 있다. 소녀는 아무리 노력해도 소용없다며 운다. 찰리는 우린 해낼 수 있다며 소녀에게 용기를 북돋운다. 둘은 마주 보고 웃으며 함께 석양 속으로 길을 떠난다.

정신 착란과 도둑질

1936년 찰리 채플린이 감독하고 주연한 "모던 타임스 Modern Times"는 '현대 산업 기계 문명 속에서 작은 행복을 찾아 헤매는 한 떠돌이의 이야기'라는 자막으로 시작한다. 이 영화는 자본주의 사회가 만든 사람들의 모습을 간단 명료하게 보여 준다.

사장은 퍼즐을 풀고 신문을 읽으며 영양제를 먹고 노동자를 감시한다. 찰리는 똑같은 일에 시달리다 마침내 정신 착란을 일으킨다. 배고픈 소녀는 바나나와 빵을 훔치고 실업자는 백화점 식품부를 털어 배를 채운다. 영화의 배경이 1930년대 미국 공황기니까 사장은 착취하고 노동자는 미치고 실업자는 도둑질하는 모습이 지나친 과장은 아니다.

자본주의 사회는 어쩌다 이 지경에 이르렀을까? 유럽 대륙에서 자본주의 사회로 진입을 상징하는 사건은 프랑스 혁명이다. 1789년 프랑스 혁명이 일어났을 때 시민군의 깃발에 쓰여 있는 구호는 자유·평등·박애였다.

자유는 무엇보다 봉건 사회의 신분 제약을 철폐하는 것을 뜻했지만 자유로운 경제 활동을 보장하는 것도 중요했다. 봉건 사회에서 국내외 상업과 산업으로 성장한 자본가는 열심히 일해서 번 돈 가운데 많은 부분을 놀고 먹는 왕과 귀족에게 세금으로 뜯기고 있었다. 자본가에게는 왕과 귀족이 함부로 높은 세금을 물릴 수 없는 자유가 필요했다.

그러나 근위병과 사병이 호위하는 왕과 귀족에 맞서 자본가가 자유를 쟁취하기 위해서는 도시 노동자와 빈민을 자기 세력으로 끌어들일 필요가 있었다. 평등은 노동자와 빈민이 프랑스 혁명의 깃발에서 희망을 건 구호였다. 찢어지게 가난한 삶에서 탈출하는 것을 평등으로 이해한 노동자와 빈민은 자본가가 주도하는 시민군에 가담해 피를 흘렸다. 그리고 기다렸다. 그러나 수십 년 동안 그들에게 돌아온 것은 부자는 우유에서 목욕할 자유가 있고 가난한 자는 다리 밑에서 목욕할 자유가 있다는 뜻에서 평등이었다.

게다가 기업은 살아 남기 위해 치열한 경쟁을 벌였다. 자본주의 사회에서 전통적인 경쟁 방식은 더 값싼 상품을 더 많이 파는 것이었다. 상품 하나를 팔아 얻는 이윤이 적더라도 기업이 망하지 않는 길은 같은 질의 상품을 더 싸게 만드는 기술을 개발하고 시장에서 상품을 하나라도 더 많이 파는 것이었다. 값싼 상품이 시장에 무더기로 공급되자 값이 폭락할 수밖에 없었고 주기적으로 경제 공황이 일어났다. 기업이 줄줄이 도산하는 공황은 노동자에게 대량 실업을 의미했다.

"모던 타임스"에서 찰리는 볼트 조이는 노동자, 조선소 노동자, 백화점 야간 경비원, 철공소 기계 정비 조수, 노래하는 웨이터 등 모두 다섯 번 일자리를 잃는다. 그러나 찰리가 계속 실직한 것은 그의 무능력보다 자본주의 사회 구조 탓이다. 자본주의 사회에서 언제나 일정한 수준으로 유지되는 실업은 자본가가 노동의 대가를 낮게 지불하는 안전판이었다. 또 공황으로 인한 도산과 실업은 자본주의 경제가 거품을 빼는 장치였다.

노동자는 생존을 위협하는 자본주의 사회 체계에 조직으로 맞설 수밖에 없었다. 이미 100년 이상 전부터 유럽과 미국에서는 노동자들이 조합과 정당을 결성하여 권익을 지키는 활동에 나섰다. 찰리가 우연히 집어 든 깃발을 앞세우고.

찰리가 든 깃발에는

"모던 타임스"에서 찰리가 얼떨결에 집어 든 깃발에는 아무 구호도 쓰여 있지 않지만 만일 있다면 어떤 내용일까?

"모던 타임스"는 헐렁한 바지, 꽉 끼는 웃도리, 코가 불룩한 신발, 중산모, 콧수염, 지팡이가 트레이드 마크인 찰리 채플린이 떠돌이로 나온 마지막 영화다. 그러나 채플린은 이 영화 때문에 2차 세계 대전 후 미국 사회 각계에서 빨갱이를 사냥하는 매카시 선풍에 휩쓸려 미국에서 추방당했다.

이때 표적이 된 장면은 찰리가 소녀와 경찰 호송차에서 도망쳐 남의 집 잔디밭에 앉아 있다가 미래를 상상하는 장면이다. 찰리는 소녀와 아담한 집에 살면서 과일이 먹고 싶으면 창문 밖으로 손을 내

밀어 탐스럽게 익은 오렌지와 포도를 따먹고 우유가 먹고 싶으면 젖소를 불러 바로 짜 마신다. 이 장면이 왜 공산주의를 찬양한다고 주목받았을까?

"각자 능력에 따라 일하고 필요에 따라 분배한다."

이 구호는 마르크스*가 제시한 공산주의 사회에서 재화를 분배하는 원칙이다. 여기서 필요에 따라 분배한다는 것은 말 그대로 사람들이 필요하다고 원하는 만큼 나누어 준다는 뜻이다.

예를 들어 어떤 가상 사회에 50명이 살고 있고 함께 생산한 재화가 금덩어리 100개라고 하자. 필요에 따라 분배하려면 각자 원하는 만큼 나누어 주어야 한다. 그러나 만일 어떤 사람이 100개 모두 필요하다고 말하면 어떻게 할까? 이런 지나친 욕심은 교육을 통해 막을 수 있다. 한 사람이 100개를 몽땅 가지면 나머지 49명이 굶어 죽고, 마지막으로 자기도 혼자서는 먹고 사는 데 필요한 모든 의식주를 해결하지 못하고 죽을 테니까.

그러나 지나친 욕심을 부리지 않는 10명이 금덩어리 20개씩 필요하다고 하더라도 문제가 생긴다. 그러니까 공산주의 분배 원칙을 실현하려면 중요한 선결 조건이 하나 있다. 그 조건은 금덩어리를 100개가 아니라 훨씬 많은 1만 개 또는 100만 개쯤 생산해야 한다는 것이다. 그래야 사람들이 과욕을 부리지 않고서도 원하는 만큼 분배받을 수 있다.

---

* 칼 마르크스(Karl Marx : 1818~1883)
  자본주의 사회를 비판하고 사회주의 이론을 세운 독일 사상가.
  「고타 강령 비판」, 『마르크스 · 엥겔스 저작선』, 김재기 옮김, 거름, 1988.

마르크스에 따르면 공산주의 사회에서 사람은 반나절만 일하고 나머지 시간은 책 읽고 낚시하고 자기를 계발하는 데 쓸 수 있다. 이런 공산주의 사회는 자본주의 사회보다 생산력이 훨씬 더 발달해야 이룩할 수 있다. 찰리가 상상하는 장면, 창 밖으로 손만 내밀면 과일을 얻고 젖소에게 우유를 직접 짜 먹는 모습은 전원 생활이 아니라 엄청나게 발달한 생산력을 상징한다.

그러나 이런 사회는 언제 올지 모르는 궁극적 이상 사회다. 만일 찰리가 든 깃발에 궁극적 이상 사회가 아니라 현실적 대안 사회의 구호가 쓰여 있다면 어떤 내용일까?

"각자 능력에 따라 일하고 성과에 따라 분배한다."

이 구호는 사회주의 사회의 분배 원칙이다. 마르크스는 공산주의 사회와 사회주의 사회를 엄밀히 구분한다. 마르크스의 이론에서 사회주의 사회는 자본주의 사회보다 생산력이 더 발달하지만 공산주의 사회보다 생산력이 한참 덜 발달한 사회다. 이미 망한 소련이나 동유럽 나라도 공산주의 사회가 아니라 사회주의 사회였다. 비록 이 사회들의 현실은 자본주의 사회보다 생산력이 한참 뒤떨어진 바람에 빵 달라는 아우성이 그치지 않았지만.

사회주의 사회는 재화 가운데 일정한 부분을 공제한다. 소모한 기계를 보완하고 새 기계를 제작하고 뜻하지 않은 사고와 자연 재해에 대비하고 교육, 의료 등 공공 수요를 충족하고 어린이, 노인, 장애인을 위해 기금을 비축하는 데 필요한 부분은 공제한다. 그리고 나머지 부분은 똑같이 나누지 않고 성과에 따라 다르게 나눈다.

말하자면 50명에게 금덩어리 1개씩 먼저 나눠 주고 나머지 50개는 성과 많은 사람에겐 두세 개 더 주고 성과 없는 사람에겐 더 주

지 않는 방식이다. 이렇게 하면 철저하게 경쟁할 때보다 빈부 격차
가 줄어들 수밖에 없다.

힘겨운 세상을 등지고 석양을 향해 길 떠나는 찰리와 소녀의 뒷
모습은 아주 허탈하다. 그러나 영화의 주문대로 주인공에게 동화하
면 우리는 찰리와 소녀가 바라는 세상을 똑같이 볼 수 있다. 실업과
배고픔이 없는 세상이다.

3 "랜섬"
롤스의 수정주의 분배 원칙

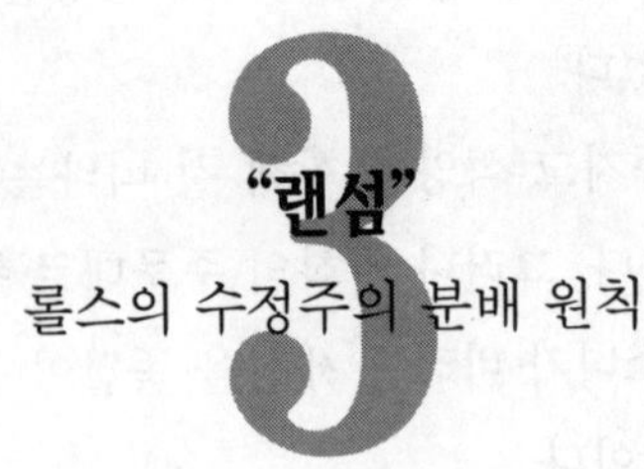

빈부의 심한 격차는 범죄를 낳는다. 돈 있으면 무죄고 돈 없으면 유죄라는 어느 범죄자의 불평은 법으로 정당화할 수 없지만 상식으로는 동정할 구석이 있다. 범죄는 처벌과 교육만으로 줄일 수 없다. 범죄의 한 뿌리인 빈부 격차를 줄이는 사회 복지 제도가 필요하다. 사회 복지 제도의 바탕이 될 만한 분배 원칙은 무엇일까?

몸값을 현상금으로

톰 멀른(멜 깁슨)은 항공사를 소유하고 있는 갑부다. 그러나 아내가 회장으로 있는 과학 창작 발표회에 참석했다가 잠시 한눈 파는 사이에 아들이 유괴당한다. 아들이 눈을 가린 채 묶여 있는 사진을 담은 전자 우편이 오고 범인 우두머리 셰이커(개리 시니스)는 돈을 요구하며 경찰과 FBI에 알리지 말라고 경고한다.

톰은 고민 끝에 수리공으로 위장한 FBI 요원을 집으로 끌어들인다. FBI는 톰이 원한을 살 만한 일을 조사한다. 톰은 항공사의 파업

을 막기 위해 뇌물을 쓴 적이
있으며 그 죄를 뒤집어쓰고 어
느 간부가 감옥에 갇혀 있다고
밝힌다. FBI가 지켜 보는 가운
데 톰은 그 간부와 만나 속을
떠 본다. 그러나 감옥에 들어
온 것도 억울한데 돈도 없고
빽도 없고 아이가 여섯이나 있
는 자기에게 누명을 씌운다고
원망만 듣는다.

첫번째 전화가 온다. 셰이커
는 약속 장소를 정해 주며 톰
에게 혼자 돈을 가지고 나오라

고 지시한다. 목소리는 전기 장치로 변조되어 있다. 약속 장소에 도
착하자 전화가 다시 와 7분 안에 수영장 바닥에서 열쇠를 찾아 라커
속에 있는 옷으로 갈아입고 돈을 다른 가방에 옮긴 뒤 준비해 둔 차
를 몰라고 명령한다. 가까스로 시간을 맞추어 차를 몰고 있는 톰에
게 다시 핸드폰이 울린다.

셰이커는 톰에게 채석장으로 가라고 명령한다. 채석장에서 셰이
커가 보낸 공범이 나와 돈가방을 받으려 하자 톰은 약속대로 아들
이 있는 곳의 주소를 알려 달라고 요구한다. 그러나 범인은 주소에
관한 이야기는 알지도 못한다. 주소를 알아내려고 물고 늘어지는 톰
에게 범인이 총을 겨누자 뒤쫓아온 FBI가 먼저 쏘아 버린다. 사건
이 언론에 알려진다.

두 번째 전화가 온다. 셰이커가 경찰에 알린 톰을 다그치자 톰은
아들을 바꿔 달라고 요구하고 요구를 들어주지 않자 자기 아들은 죽

었다고 소리치며 전화를 끊어 버린다. 열이 오른 셰이커는 다시 전화를 걸어 아들의 목소리를 들려주며 돈을 건넬 장소를 알린다. 톰은 약속 장소로 나가다가 쇼윈도 안에 있는 대형 텔레비전에서 아들의 사진을 본다. 셰이커에게 전화가 오자 톰은 생각을 바꾸겠다며 한 시간 뒤 텔레비전을 보라고 말하며 끊는다.

톰은 텔레비전 중계를 통해 200만 달러를 내보이며 유괴범에게는 한푼도 줄 수 없고 대신 유괴범을 신고한 사람에게 주겠다고 선언한다. 집으로 돌아온 톰에게 FBI는 실수한 거라며 현상금을 취소하라고 권한다. 아내도 아들을 죽일 작정이냐며 거세게 따진다. 톰은 자기를 용서해 달라고 말하며 집 앞에 죽치고 있는 기자들에게 나가 현상금을 두 배로 올리겠다고 선언한다.

머리끝까지 화가 난 셰이커는 톰에게 전화를 걸어 한 시간 안에 돈을 주지 않으면 아들을 죽이겠다고 협박한다. 톰은 단호하게 반응한다. "내 아들을 죽이면 넌 자살하는 게 낫다." 총소리가 전화로 들린다. 아내는 톰이 아들을 죽였다며 울부짖는다.

톰의 반응에 유괴범들은 흔들리고 제각기 살 길을 찾아 뿔뿔이 흩어지려 한다. 그러나 현직 경찰이기도 한 셰이커는 무전기로 톰의 아들이 있는 장소를 신고하고 나머지 공범을 모조리 쏘아 죽인다.

톰의 아들은 살아 있다.

이제 셰이커는 유괴범이 아니라 영웅 경찰로서 현상금을 받으러 톰의 집에 간다. 셰이커는 수표에 사인하려는 톰에게 왜 몸값을 주지 않았냐고 묻는다. 톰은 그 놈들은 인간 쓰레기고 그런 놈들과 거래하는 건 자기에게 모욕이라고 대답한다.

그때 옆 방에서 셰이커의 목소리를 듣고 있던 아들이 공포에 떨며 바지에 오줌을 싼다. "문제 없어"라는 셰이커의 말버릇도 전화로만 듣던 유괴범의 말투와 같다. 눈치를 챈 톰은 수표에 엉터리로 사인한다. 셰이커도 잘못된 수표를 알아차리고 톰에게 총을 겨눈다. 톰을 앞세워 은행에 간 셰이커는 현상금을 자기 구좌에 입금하고 나오다가 미리 연락받은 FBI에게 둘러싸인다. 결국 셰이커는 톰이 쏜 총을 맞고 죽는다.

엘로이와 몰록

'몸값'이라는 뜻을 지닌 "랜섬 Ransom"은 아들의 몸값을 범인의 몸값으로 뒤바꾸는 게 눈길을 끄는 소재다. 이 세상 부모들의 논쟁을 불러일으킬 만하다. 미국에서는 여론 조사 결과 톰의 행동에 반대하고 "범인에게 몸값을 지불하겠다."는 의견이 압도적으로 많았다고 한다.

톰과 셰이커는 부자와 가난한 자를 상징한다. 수영장에서 나와 셰이커의 지시대로 차를 몰고 있는 톰에게 핸드폰이 울리자 톰은 왜 자기를 선택했느냐고 묻는다. 셰이커는 『타임 머신』이라는 소설에 나오는 엘로이와 몰록의 이야기를 들려준다.

엘로이는 땅 위에 살며 포도를 먹고 하프 음악을 듣지만 땅 밑
에 사는 몰록은 덩치가 크고 짐승처럼 털도 많아. 몰록은 엘로이
를 위해 좋은 옷과 음식을 만들지만 정작 자기는 먹을 게 없어. 그
래서 몰록은 가끔 땅 위에 있는 사람을 땅 밑으로 데려가 잡아 먹
어. 엘로이는 땅 밑에서 일어나는 일에는 관심조차 없어. 당신은
엘로이고 나는 몰록이야.

셰이커는 뇌물 건에 대해 알고 있으며 톰이 돈을 벌기 위해서라
면 부하를 감옥에 보내는 짓도 서슴지 않고 모든 것을 돈으로 해결
하려 하기 때문에 선택했다고 말한다. 우리 나라와 달리 미국에서
뇌물 제공은 아주 무거운 처벌을 받는 범죄다. 뇌물 사건의 주범 톰
은 유괴 사건의 범인 못지 않게 나쁜 놈이다. 셰이커는 경찰 신분을
이용하여 나름대로 나쁜 놈을 고른 셈이다.

그러나 셰이커는 돈으로 모든 것을 해결하는 행동을 너무 단순하
게 이해했다. 톰이 군말 없이 돈을 내놓을 줄 알았다. 돈에 눈 멀기
는 범인뿐 아니라 세상 사람도 마찬가지다. 돈 많은 톰은 이 사실을
너무나 잘 알고 이용한다. 톰은 아들의 몸값을 범인의 몸값으로 바
꿈으로써 세상 사람을 모두 범인의 신고자로 만들어 버린다. 톰은
돈으로 모든 것을 해결하는 행동이 어떤 것인지 그야말로 본때를 보
여 준다.

가난과 멸시는 부자에 대한 원한과 범죄를 자극한다. 영화에서 셰
이커와 공범은 한 탕 범죄로 큰 돈을 손에 쥐려 한다. 그러나 세상
의 빈부 격차를 한 탕 범죄로 몽땅 해소할 수 없고 또 이렇게 비합
법적인 수단으로 해소해서도 안 된다. 합법적인 길을 찾아보아야 한
다.

결과보다 절차

롤스*는 자유주의 원칙을 사회주의 원칙으로 수정한 분배 원칙을 모색한다. 수정주의 분배 원칙은 개인의 자유를 철저히 보호하면서도 빈부 격차를 줄이는 게 목표다. 그러나 사회주의 원칙처럼 분배의 결과를 억지로 비슷하게 만들려고 하면 개인의 자유를 침해하지 않을 수 없다. 롤스는 분배의 결과 대신 절차를 공정하게 만드는 원칙을 제시한다.

롤스가 제시한 분배 원칙은 두 가지 하위 원칙으로 구성되어 있다. 우선 모든 개인에게 기본 자유권을 보장한다. 기본 자유권은 선거권과 피선거권, 언론과 집회의 자유, 양심과 사상의 자유, 사유 재산의 자유 등 헌법에 명시되어 있는 권리다. 이 첫째 원칙은 평등한 자유 원칙이라 부른다.

둘째 원칙은 차등 원칙이라 부르며 다시 두 가지 내용을 가지고 있다. 첫째, 최소 수혜자에게 최대 이익을 보장한다. 예를 들어 청소부가 우리 사회에서 가장 적은 봉급을 받는 사람이라면 청소부에게 세금을 가장 적게 부과하거나 아예 면제해야 한다. 세금은 적게 낼수록 이익이므로 거꾸로 재벌 회장은 가장 많은 세금을 내야 한다. 둘째, 공정한 기회 균등을 보장한다. 예를 들어 청소부의 아들도 능력만 뛰어나면 재벌 회장이나 대통령이 될 기회가 있어야 한다. 돈 없고 빽 없다고 출세할 기회조차 박탈당하는 일은 없어야 한다.

평등한 자유 원칙과 차등 원칙은 분배의 결과를 억지로 비슷하게

---

* 존 롤스(John Rawls ; 1921~)
  수정주의 분배 원칙을 주장하는 미국 사회 윤리학자.
  『사회 정의론』, 황경식 옮김, 서광사, 1979.

만드는 게 아니라 분배의 절차를 공정하게 만든다. 롤스의 주장은 절차에서 이런 공정한 원칙을 지키며 분배하자는 것이다. 그러면 자유주의의 철저한 경쟁 원칙에 따라 분배할 때보다 분배 결과의 격차가 줄어들 것이다. 물론 그래도 분배 결과가 똑같거나 비슷하지는 않을 것이다. 이 격차는 어쩔 수 없이 개인이 감당해야 한다.

롤스는 자본주의 경제 체계가 역사적으로 소득 분배의 격차를 심하게 만들었다고 인정하고 이 격차는 정부가 시장에 개입함으로써 어느 정도 줄일 수 있다고 주장한다. 누진세, 무거운 상속세, 광범한 공공 교육, 실업 수당 등은 최소 수혜자에게 최대 이익을 보장하는 복지 정책이다. 롤스의 분배 원칙은 오늘날 거의 모든 나라가 채택하고 있는 복지 정책의 이념적 기초다.

진짜 부자

배고픈 소크라테스

"배부른 돼지가 되느니 차라리 배고픈 소크라테스가 되겠
다."

이 말은 풍부한 물질보다 넉넉한 마음이 사람을 더 행복하게 만
든다는 가치관을 표현한다. 그리고 돈을 우습게 여기는 것이 철학자
답다는 이미지도 담고 있다. 그러나 철학자에 대한 이런 이미지나
정신적 행복을 높게 여기는 가치관은 둘 다 틀렸다.

우선 예나 지금이나 돈 버는 일을 비난한 철학자는 많지 않다. 로
크, 홉스, 루소, 헤겔 등 근대의 철학자는 모두 노동이야말로 돈을
정당하게 버는 유일한 길이라고 강조했다. 이 철학자들한테서 노동
은 귀천이 없고 모두 신성하다는 생각이 나왔다. 소크라테스도 비록
돈벌이가 시원치 않아서 아내 크산티페에게 구박을 받았지만 돈을
무시하지는 않았다. 소크라테스가 못마땅하게 여긴 것은 돈을 수단
이 아니라 목적으로 삼는 가치관이었다.

한편 넉넉한 마음을 중시하는 가치관은 돈 때문에 마음의 상처를 입은 적이 있는 사람이라면 쉽게 받아들일 수 없다.

> 3학년이 되어 첫 시험에 1등을 했을 때 선생님은 부모님을 모셔 오라 했지만 어린 나는 그것이 무슨 뜻인지조차 몰랐고, 당시 노점상을 하시던 부모님은 학교에 오실 짬이 없으셨다. 그때 우리 학교는 반 임원을 성적순으로 시켰는데 1등이란 아이가 영 시원치 않은 데다 부모님까지 학교에 안 오시자 선생님은 나를 대놓고 미워했다. (줄임) 그렇게 1년이 지나고 학년 말이 되었을 때 선생님은 여전히 가난했던 내게 시험지에 이름을 우리 반 부반장 아이 이름과 바꿔 쓸 것을 요구했다. 그리고 나는 우등상을 타지 못했다. 그것은 어린 마음에도 큰 충격이었다. 누구에게 말도 못하고. 그 일이 있은 뒤 나는 어둡고 내성적인 아이가 돼 버렸다. 이것이 내가 겪은 돈에 관한 최초의 뼈아픈 기억이다. (김미호, 「가난 때문에 상처 입은 어린 마음」, 『작은책』, 1997년 3월호)

이런 일을 겪은 사람은 대개 자식에겐 가난을 물려주지 않으려고 이를 악물고 일한다. 화장실 청소를 해서라도 자식의 과외비를 버는 어머니의 심정은 좋은 성적도 바라겠지만 우선 어린 마음에 상처를 주지 않으려는 눈물겨운 배려다.

'배고픈 소크라테스'의 가치관은 빈부 격차가 심할 수밖에 없는 사회에서 부자가 가난한 자에게 참고 살라고 설득하는 이데올로기다. 아니면 가난한 자가 스스로 속이고 위로하는 심리 장치거나.

처분할 수 있는 시간

누구나 부자가 되고 싶어한다. 무소유를 실천하는 스님처럼 가난을 목표로 사는 사람이 없지는 않지만 흔하지도 않다. 진짜 부자는 어떤 사람일까?

버는 돈이 많든 적든 열심히 일하는 데서 만족을 느끼는 사람이 진짜 부자라고 주장하는 사람들이 있다. 어린 시절 돈에 관해 아픈 기억을 가진 사람은 자라서도 아주 넉넉치 않은 경우가 많다. 이런 사람은 정당하게 돈 버는 길이 일밖에 없으므로 매일 열심히 일하자고 스스로 다짐하며 일터에서 버틴다. 그러나 노동자에게 "당신이 인생에서 제일 좋아하는 게 뭐냐?"고 물었을 때 다음 대답이 나올 가능성은 거의 없다.

"나는 노동을 즐긴다. 노동은 내가 사람의 가장 고귀한 임무를 수행하고 있다고 느끼게 한다. 내 몸이 주기적인 휴식을 요구하고 나는 이 요구를 열심히 채우겠지만, 아침이 오고 내게 만족을 주는 노동의 현장으로 다시 돌아갈 때만큼 행복한 순간은 없다."

성실한 노동은 적어도 노동자에겐 미덕이 아니다. 노동은 이윤을 남겨 주는 자본가에게는 고맙고 신성한 것이지만 입에 풀칠하기 바쁜 노동자에게는 고역이다. 노동을 통해 자기를 실현하라고? 노동을 고역으로 느끼는 사람에겐 욕이나 먹을 소리다. 어떤 형태로든 자기 뜻을 실현하는 보람은 대개 일할 때보다 일하지 않을 때 느낀다. 모처럼 가족과 함께 나들이하거나 취미 생활에 짬을 내면 그래도 살맛이 난다. 노동자에겐 노동이 아니라 여가가 미덕이다.

마르크스에 따르면 진짜 부자는 자기 마음대로 처분할 수 있는 시간이 많은 사람이다. 실업자가 부자라는 뜻이 아니다. 그러나 눈뜨고 있는 시간을 몽땅 회사 일에 바치는 사장은 돈을 아무리 많이 벌더라도 진짜 부자가 아니다. 사장이든 노동자든 하루 8시간 일해야 먹고 사는 때보다 6시간만 일하고도 먹고 살 수 있어야 더 부자가 된다.

이윤에 목매단 자본가가 들으면 큰일날 소리다. 그러나 하루에 6시간만 일하고서도 먹고 살 수 있고 여가 시간은 자기를 계발하는 데 쓸 수 있다면 어느 노동자가 마다할까? 이런 방식으로 일하는 시간이 줄면 일자리가 늘어나 실업자도 줄 텐데.

자기 마음대로 처분할 수 있는 시간을 남겨 책도 읽고 영화도 보고 낚시도 하고 등산도 할 수 있는 사람이 진짜 부자다. 그러나 허리띠를 졸라 매자고 서로 닦달하지 않을 수 없는 IMF 시대는 여가를 누릴 권리를 축소하고 왜곡할 것이다. 우울하다.

VII. 소외와 자유

1. "택시 드라이버 Taxi Driver"

마르크스의 눈으로 본 소외

감독 : 마틴 스콜세지(Martin Scorsese) / 출연 : 로버트 드 니로(Robert De Niro), 시빌 셰퍼드(Cybill Shepherd), 조디 포스터(Jodie Foster)

2. "쇼생크 탈출 The Shawshank Redemption"

프롬의 자유로부터 도피

감독 : 프랭크 다라본트(Frank Darabont) / 출연 : 팀 로빈스(Tim Robbins), 모건 프리먼(Morgan Freeman), 제임스 휘트모어(James Whitmore)

3. "서머스비 Sommersby"

하이데거의 목숨 걸기

감독 : 존 아미엘(Jon Amiel) / 출연 : 리처드 기어(Richard Gere), 조디 포스터

4. 개인들의 연합

1

"택시 드라이버"
마르크스의 눈으로 본 소외

"에일리언 Ailen"이라는 외계 괴물 영화가 있었다. 'alien'이 본래 '낯설다'는 뜻이니까 그대로 옮기면 '낯선 놈'이다. 무슨 헐떡이는 영화 제목 같아서 간판에 걸기 힘들있을지 모른다. 이 영화 애기를 하려는 건 아니다.

우리는 더러 "소외감을 느낀다."고 말한다. 친구들에게 따돌림당할 때 할 수 있는 말이다. 사소한 걸 따져서 미안하지만 이 말은 정확한 표현이 아니다. 소외감에서 '감'도 느낌이니까 이 말은 '소외의 느낌을 느낀다.'는 중복 표현이다. '감'자 빼고 '소외를 느낀다.'고 말해야 맞다. 소외를 영어로 쓰면 'alienation'이다. 그러니까 '소외를 느낀다.'는 말은 '낯설게 느낀다'는 뜻이다. 어렵고 복잡한 소리 다 집어치우면 '썰렁하다'는 말과 비슷하다.

'썰렁하다'는 말은 일상 생활에서 가볍게 쓰이지만 무거운 철학 문제와 연결되어 있다. 20세기 철학에서 핵심 문제 가운데 하나인 소외 문제다. 도대체 무슨 문제일까?

> "형사 가제트의 성은 뭘까? 정답은 마징. 왜? 마징가 제트니까."
>
> "가수 강수지의 부모 이름은 뭘까? 정답은 신체발부. 왜? 신체발부는 수지부모니까."

썰렁한가? 만일 그렇다면 이 썰렁한 느낌은 내가 제법 우습다고 이야기하지만 아무도 웃지 않는 현상에서 생긴다. 느낌은 언제나 대응하는 현상이 있다. 소외도 어떤 느낌을 가리키기 전에 그 느낌을 일으키는 현상을 가리킨다. 그러므로 소외 문제를 이해하려면 우선 소외 현상이 정확히 무엇인지부터 밝혀야 한다.

쓰레기는 밤에 나돌아다닌다

불면증에 시달리는 트레비스(로버트 드 니로)는 어차피 잠도 오지 않는 밤에 일하는 택시 운전 기사로 취직한다. 저녁 6시부터 다음날 아침 8시까지 일하는 동안 트레비스는 한 가지 생각에 몰두한다. '쓰레기는 밤에 나돌아다닌다. 매춘부, 포주, 깡패, 호모, 레즈비언, 마약 중독자, 마약 밀매업자, 구역질 나는 검둥이들 …… 모두 나쁜 놈이다. 저런 것들을 송두리째 씻어 버릴 비는 안 내릴까?' 열네 시간 동안 일하고 침대에 누워도 잠이 오지 않는다. 다시 생각한다. '내

인생에 필요한 건 어떤 전기야. 껍데기에 갇힌 채 평생을 보낼 순 없어.'

트레비스는 어느 대통령 후보의 홍보 일을 하는 베티(시빌 세퍼드)를 우연히 보고 뉴욕의 쓰레기통 속에서 피어난 천사라고 생각한다. 틈만 나면 홍보 사무실 앞에 택시를 세워 놓고 집요하게 쳐다보다가 드디어 베티를 찾아가 자원 봉사를 하겠다고 말한다. 커피나 한 잔 같이 하자고 청하면서. 베티가 왜 그래야 하느냐고 묻자 트레비스는 외로워 보인다고 대답한다.

둘은 영화를 보러 간다. 그러나 트레비스가 포르노 영화를 같이 보자고 하니까 베티는 같이 자자는 뜻으로 이해하고 절교를 선언한다. 트레비스가 사과의 뜻으로 몇 차례 꽃을 보내고 전화도 걸지만 꽃은 되돌아오고 전화는 받지도 않는다. 베티를 직접 찾아간 트레비스는 "사람을 바보로 만들지 말고 지옥에나 가라."고 욕한다. '역시 멀리 있는 차디찬 사람이었어. 세상엔 그런 사람들뿐이야.' 트레비스는 네 개의 총을 구입하고 몸을 강하게 단련한다.

트레비스는 얼마 전 다급하게 택시를 탔다가 포주에게 붙잡혀 간 어린 창녀 아이리스(조디 포스터)를 찾아간다. 그리고 아이리스가 열두 살밖에 안 된 걸 알고 집으로 돌아가라고 설득한다. 트레비스는 총을 빼 들고 쏘는 예행 연습을 거듭한 뒤 모히칸처럼 가운데 머리카락 한 줌만 남기고 빡빡 민다. 그리고 아이리스에게 주는 편지와 돈이 든 봉투를 탁자 위에 올려 놓은 채 온몸을 무장하고 집을 나선다. 대통령 후보의 선거 유세장에 나타난 트레비스는 후보를 향해 총을 빼 들 자세로 접근하지만 경호원과 눈이 마주치자 꼬리 내린 개처럼 황급히 도망치고 만다.

트레비스는 아이리스에게 발길을 돌린다. 그는 포주에게 시비를 걸고 포주가 대들자 방아쇠를 당긴다. 아이리스가 있는 건물 복도에서 돈 챙기는 녀석도 쏴 버린다. 피범벅이 된 배를 움켜쥐고 온 포주가 총을 쏘고 총알이 트레비스의 목을 스친다. 트레비스는 포주를 확실하게 죽여 버린다. 아이리스와 즐기고 있던 여관 주인이 뛰쳐나와 총을 쏜다. 오른쪽 어깨가 부서진 트레비스는 왼쪽 팔에 숨겨 둔 총을 꺼내 주인을 죽인다. 그리고 아직 살아서 덤벼드는 돈 챙기는 녀석의 머리통도 날려 버린다. 겁에 질린 아이리스는 구석에서 울고 있고 트레비스는 세 사람 모두 죽은 걸 확인한 뒤 자기 머리에 총을 대고 방아쇠를 당긴다. 그러나 총알이 남아 있지 않았다.

이 사건이 일어난 뒤 아이리스는 집으로 돌아가고 언론은 정부가 하지 못한 일을 혼자 처리한 트레비스를 영웅으로 만든다. 아이리스의 부모한테서 감사 편지도 온다. 트레비스는 퇴원한 뒤 다시 택시를 운전한다. 우연히 베티가 타지만 둘은 별 이야기 없이 안부만 묻고 헤어진다.

사람 나고 권력 났지만

내가 영화 보고 돈 아까운 적이 없어서 좋아하는 로버트 드 니로가 주연한 "택시 드라이버 Taxi Driver"는 현대인의 소외가 주제다. 왜 트레비스는 불면증에 시달릴까? 불면증은 잠을 자야 할 시간에 신경 세포들이 흥분 상태를 유지하기 때문에 일어난다. 베트남 전쟁에 참가한 듯한 트레비스의 신경 세포들을 곤두서 있게 만드는 것은 악으로 가득 찬 사회에 대한 적의와 아주 단조로운 생활 속에서 이름 없이 시들어 가는 자기에 대한 불만이다. 트레비스는 사회악을 응징하고 이름 없는 상태에서 탈출할 '전기'를 찾으려 한다.

첫째 전기는 베티와의 사랑이다. 그러나 이 시도는 포르노 영화에 대한 의견 차이로 시작하자마자 끝난다. 둘째 전기는 대통령 후보를 죽이는 것이다. 그러나 이 시도도 총 한번 빼 보지 못하고 시시하게 실패한다. 마지막 전기는 아이리스를 악의 구렁텅이에서 구해 내는 것이다. 이 시도는 성공한 걸까?

아니다. 트레비스가 영웅이 된 사건은 자기 뜻과 무관하게 사회의 중요한 일부인 언론의 논리에 따른 것이기 때문이다. 트레비스는 세 사람이나 죽인 뒤 살인죄를 면할 수 없을 거라고 짐작한다. 자기 머리에 총을 대고 방아쇠를 당기는 것은 자포 자기의 표현이다. 죽인 사람이 대통령 후보든 매춘업자든 살인자가 되는 건 똑같다. 대통령 후보를 죽이면 신문에 대문짝만하게 나기라도 하겠지만 매춘업자를 죽인다고 누가 거들떠보기나 할까? 이 영화를 보던 구경꾼들도 이제 트레비스는 끝장이라고 생각한다.

그러나 트레비스는 마침 언론이 찾고 있던 인물이었다. 트레비스는 세상 일이 그렇게 돌아갈 줄 몰랐다. 이름 없는 택시 운전 기사로 일할 때나 영웅이 될 때나 세상 일이 자기 생각대로 돌아가지 않는 것은 똑같다. 택시 드라이버는 비록 영웅이 되었지만 "007"의 제임스 본드처럼 화려하지도 않고 "영웅본색"의 주윤발처럼 비장하지도 않다. 느낌이 다르다. 썰렁하고 계면쩍고 허탈한 느낌을 주는 영웅이다. 드 니로의 쓸쓸한 표정 연기가 일품이다.

트레비스는 사회의 부조리에 혼자 덤벼든 개인이다. 그는 자기 목숨을 대가로 치르려 했다. 트레비스는 악으로 가득 찬 사회가 설마 자기를 영웅으로 만들 줄 몰랐다. 그러나 그 부조리한 사회의 핵심에 있는 언론의 논리는 개인의 짐작을 무색하게 만든다. 언론이 주인이고 트레비스는 놀이개다. 개인은 발버둥쳐 봤자 언론을 포함한 사회 구조가 부처 손바닥이다. 트레비스는 다시 택시 운전 기사로 돌아간다.

사회는 사람들이 모여 만든다. 사회의 일부인 언론도 독자와 시청자 없이는 만들어지지 않는다. 사람 나고 언론 났지 언론 나고 사람 난 게 아니다. 그러나 사람들이 언론을 조종하는 게 아니라 언론이 사람들을 가지고 논다. 돈과 권력도 마찬가지다. 사회를 구성하는 이 요소들도 사람들이 만들어 낸 것이지만 거꾸로 사람들을 지배한다. 소외란 바로 사람들이 자기가 만들어 낸 것을 지배하지 못하고 거꾸로 지배받는 현상이다.

내 탓이 아니라 사회 구조 탓

마르크스*는 19세기 자본주의 사회에서 일하는 사람의 소외를 집중 분석했다. 일한 대가를 제대로 받지 못하고 그래서 일하는 게 지겹고 일해서 먹고 살기 급급하고 남들과 경쟁하느라 서로 낯설어지는 게 일하는 사람의 소외 현상이다.

마르크스는 이런 소외 현상을 상품과 돈이 중세의 신을 대신하는 현상, 어려운 말로 물신화 현상이라 부른다. 살아 있는 사람이 하는 일을 죽은 상품과 돈이 신처럼 지배하는 현상이다. 상품과 돈도 따지고 보면 살아 있는 사람이 일해서 만들어 낸 것이다. 사람은 자기가 일해서 만들어 낸 상품과 돈을 지배하지 못하고 거꾸로 상품과 돈의 지배를 받는다. 이것이 일하는 사람의 소외 현상이다.

20세기 사회에서 돈과 권력은 갈수록 조직 규모가 커진다. 거대한 기업 조직과 방대한 관료 조직은 자체 논리대로 움직인다. 수만 명이 함께 일하는 회사에서 전체 사원의 일이 어떻게 엮이는지 알고 있는 사람은 매우 적다. 대부분의 개인은 자기가 하는 일이 어떤 의미를 지니는지 알지 못한다. 또 세상 살이에 철이 들면 알고 싶지도 않다.

조직의 규모가 커지면 사람들 사이의 물리 공간은 가까워지지만 심리 공간은 멀어진다. 농촌 마을에 비해 도시 아파트에서 사람들은 아주 짧은 거리를 사이에 두고 살지만 이웃 사이는 훨씬 더 낯설다. 현대 사회의 모든 조직도 사람들이 만들어 낸 것이지만 사람들은 마치 큰 기계의 나사 부품처럼 조직에 예속되어 있다. 이것이 현대 사회의 소외 현상이다.

이런 소외 현상의 원인은 무엇일까? 요즘 마르크스는 인기가 없지만 소외 현상의 원인을 사회 구조 탓으로 돌린 눈길은 아직도 쓸모가 있다. 언론은 트레비스를 영웅으로 만들었지만 아예 무시하거

---

* 칼 마르크스(Karl Marx ; 1818~1883)
자본주의 사회를 비판한 독일 사상가.
「1884년의 경제학 철학 초고」, 『칼 맑스 프리드리히 엥겔스 저작 선집』 1권, 박종철 출판사, 1991.

나 잔인한 살인자로 만들 수도 있었다. 언젠가 여의도 광장에서 멀쩡한 젊은이가 자동차를 미친 듯이 몰아 여러 사람을 치어 죽였을 때 언론은 벌떼처럼 들고 일어나 그 젊은이를 죽일 놈으로 공격했다. "사람 목숨을 파리 목숨처럼 여기다니 윤리 도덕이 땅에 떨어졌다."고 개탄하는 소리와 "국민의 의식을 개혁해야 한다."고 부르짖는 소리가 떠들썩했다.

그러나 이런 소리를 들으면 좋아할 사람이 따로 있다. 누굴까? 정치 권력을 쥔 사람들은 자기들이 정치를 잘못해서 그런 일이 일어났다고 비난의 화살이 돌아올까 봐 불안했을 것이다. 떼돈 가진 사람들은 혹시 그 젊은이가 돈 없고 빽 없는 데 좌절해서 그런 일을 저질렀다고 동정 여론이 일어날까 봐 조마조마했을 것이다. 언론이 정치 경제 지도층을 탓하지 않고 한 젊은이와 국민의 의식을 탓하니 얼마나 고마웠을까.

마르크스의 눈으로 보면 이런 현상은 개인 탓, 의식 탓이 아니라 돈 없고 빽 없는 사람을 대량 생산하는 사회 구조 탓이다. 마르크스에 따르면 일하는 사람의 소외는 일한 대가를 충분히 주지 않는 자본주의 사회 구조 탓이다. 일하는 사람은 자기와 가족이 먹고 사는 데 필요한 것보다 더 많은 가치를 만들어 낸다. 이 초과분을 잉여 가치라 한다. 자본주의 사회의 사유 재산 제도는 자본가가 잉여 가치를 착취하는 것을 허용한다. 착취가 심할수록 소외도 심해진다. 현대 사회에서 개인이 사회 조직에 예속되는 소외 현상도 개인이 못난 탓이 아니라 거대하고 강력한 사회 구조 탓이다.

'내 탓이 아니라 사회 구조 탓.' 이것이 마르크스가 소외를 보는 눈의 초점이다. 사회 구조를 탓하고 자기를 탓하지 않는다고 양심의 가책을 느낄 필요는 없다. 개인이나 의식이 사회 구조에 비해 얼마나 허약한 데 왜 무슨 일만 터지면 개인과 의식을 탓하느냐는 것이

마르크스의 눈길이다. 오히려 개인과 의식을 탓하는 수법이 사람들
의 착하고 여린 양심을 악용하는 비열한 짓이다.

내 탓을 덜어 주니 나는 마르크스가 고맙다. 그러나 과연 그럴까?
양심의 가책을 젖혀 놓더라도 소외에 내 탓은 없을까?

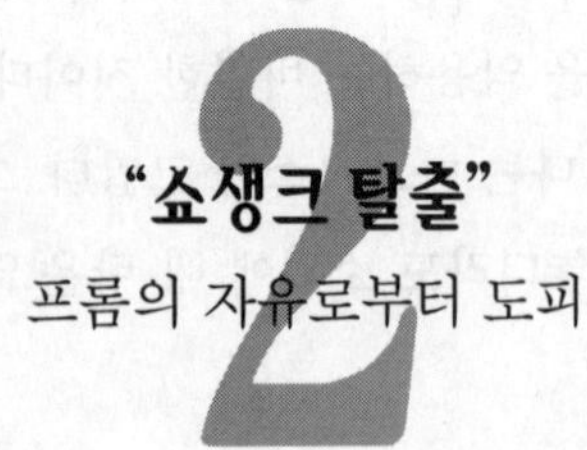 "쇼생크 탈출"

프롬의 자유로부터 도피

꿈을 갖고 사느냐 희망 없이 죽느냐? "쇼생크 탈출 The Shaw-shank Redemption"에는 이 물음에 서로 다르게 대답하는 세 사람이 나온다. 앤디(팀 로빈스)는 끝까지 꿈을 포기하지 않고 탈옥에 성공한다. 브룩스(제임스 휘트모어)는 희망이 없어서 자살하고 만다. 레드(모건 프리먼)는 둘 사이에서 흔들린다. 나는 누구와 닮았을까?

브룩스 여기 있었다

젊고 유능한 회계사 앤디는 아내와 정부를 살해한 누명으로 두 번의 종신형을 선고받고 쇼생크 교도소에 들어간다. 흑인 레드는 20년이나 감옥살이를 한 덕분에 교도소 안에서도 구할 수 없는 게 없다. 이미 30년이나 된 고참 브룩스는 자기 곁을 떠나지 않는 작은 새를 분신처럼 여기며 교도소 안 도서실에서 일하고 있다.

앤디는 레드에게 돌 깨는 조그만 망치와 육체파 배우 리타 헤이워드의 대형 포스터를 구해 달라고 부탁한다. 리타 헤이워드의 사진은 뻔하고 망치로는 뭘 할 거냐고 묻는 레드에게 앤디는 심심풀이로 돌을 조각할 거라고 대답한다.

어느 여름 동료들과 함께 교도소 밖으로 일하러 나간 앤디는 가혹하기로 소문난 간수장이 동생에게 유산을 물려받았으나 세금이 많아서 걱정하는 소리를 듣는다. 세금이야 앤디의 전공 아닌가. 앤디는 평소에는 감히 똑바로 쳐다보지도 못하는 간수장과 계약을 맺는다. 세금을 합법적으로 줄여 주는 대신 동료들에게 맥주 세 병씩을 제공하는 계약이다. 동료들은 일이 끝나는 날 바깥 세상 사람처럼 시원한 맥주를 느긋하게 즐긴다. 그 뒤 앤디에게는 이웃 교도소 간수들까지 돈 상담을 받느라 줄을 선다.

앤디는 섹스에 굶주린 놈들에게 강간당할 뻔하지만 버틴다. "만일 내 입 속으로 뭘 집어넣으면 잘라 버리겠어. 꼬챙이로 내 귀를 쑤시면 갑작스런 뇌 손상으로 더 세게 물어 버릴 거야. 입을 다시 열려면 철봉으로 들어 올려야 해." 덕분에 강간은 면하지만 늘씬하게 두들겨 맞는다. 다음날 앤디를 두들겨 팬 놈은 가혹한 간수장에게 초죽음이 되도록 얻어맞고 죄수 병동으로 옮겨진다. 감히 귀한 회계사를 건드리다니. 마침내 쇼생크 교도소장도 횡령하거나 뇌물받은 돈을 세탁하고 관리하는 데 앤디를 끌어들인다. 덕분에 앤디는 편안한 도서실에서 일하게 된다.

어느 날 착한 브룩스가 동료의 목에 칼을 들이대고 위협하는 소동을 벌인다. 알고 보니 브룩스가 50년 만에 가출옥을 하게 되었는데 바깥 세상에서 살아갈 자신이 없어 다시 범행하려는 것이다. 얼마 뒤 브룩스가 바깥 세상에서 세들어 살던 방 기둥에 칼로 한 줄 글을 새기고 자살했다는 소식이 들린다. '브룩스 여기 있었다.'

앤디의 감옥살이도 벌써 20년이 흘렀다. 그새 방에 걸린 포스터도 마릴린 먼로, 라퀠 웰치로 바뀐다. 앤디는 새로 들어온 어느 좀도

둑을 통해 아내와 정부를 죽인 진범이 다른 교도소에서 그 좀도둑
과 함께 있던 녀석이라는 사실을 알게 된다. 앤디는 소장에게 이 사
실을 알리고 도와 달라고 부탁하지만 뒤가 구린 소장은 오히려 앤
디를 독방에 가두고 그의 마지막 희망인 좀도둑을 탈옥하려 한 것
처럼 꾸며 죽인다.

독방에서 나온 앤디는 절친한 레드에게 자기와 아내의 추억이 담
긴 장소와 큰 나무를 알려 주고 그날 밤 탈옥한다. 앤디의 탈출로는
20년 동안 조그만 망치로 벽에 야금야금 뚫은 좁고 긴 터널이었고
육체파 배우들의 멋진 포스터는 이 터널을 가리는 막이었다. 앤디는
은행에서 세탁한 소장의 돈을 챙기고 신문사에 소장의 비리 증거를
보낸 뒤 사라진다.

레드가 가석방 심사를 받는다. 그 동안 심사 때마다 온갖 꾀를 내
어 심사 위원들의 질문에 공손하게 대답했다가 번번히 퇴짜를 맞았
지만 이번에는 아예 포기한 듯 삐딱하게 대답한다. "교화되었냐고?

그거 다 헛소리야. 어서 부적격 도장 찍고 내 시간 그만 뺏어." 레드
는 40년 만에 가석방 판정을 받는다.

레드는 브룩스가 살던 방을 얻어 가게에서 일한다. 그러나 적응
하기가 쉽지 않다. 잠시 화장실에 갈 때마다 주인에게 허락을 받으
려 하다가 핀잔을 듣는다. 교도소에서는 40년 동안 허락받지 않고
"한 방울도 흘린 적이 없다." 레드도 떠나기로 결심한다. 브룩스가
새긴 글 밑에 또 한 줄 글을 새긴다. '레드도 여기 있었다.'

레드는 앤디가 알려 준 나무 밑에서 편지와 돈을 발견한다. 그리
고 얼마 뒤 태평양 어느 해안에서 배를 손질하고 있는 앤디와 눈물
겹게 껴안는다.

참을 수 없이 무거운 자유

영화의 주인공은 앤디지만 우리 이야기의 주인공은 브룩스와 레
드다. 우리의 삶은 대개 앤디보다 레드나 브룩스와 더 닮았기 때문
이다. 영화의 무대는 쇼생크 교도소지만 우리 이야기의 무대는 바깥
세상이다. 그러나 자유롭게 보이는 바깥 세상도 쇼생크와 다름없는
또 하나의 교도소다. 바깥 세상살이나 감옥살이나 소외된 삶이기는
마찬가지기 때문이다. 교도소에는 소장과 간수와 규칙이 있고 세상
에는 사람을 지배하는 돈과 권력이 있다.

우리는 교도소에 들어가는 걸 끔찍하게 생각하지만 브룩스는 교
도소에서 나오는 걸 끔찍하게 생각한다. 왜 그럴까? 브룩스가 자살
했다는 소식을 듣고 레드가 말한다.

"50년이나 살아 봐. 바깥 세상을 몰라.

　　여기서는 그가 모르는 게 없지.

　　하지만 사회에선 아무 것도 아니야.

　　쓸모 없는 쓰레기지.”

　브룩스에게는 교도소가 편안한 곳이고 바깥 세상은 두려운 곳이다. 자동차, 건물, 상품, 도시 사람 모두 브룩스에겐 벽이다. 엄청나게 늘어난 자동차를 살피지 않고 길을 건너다 운전자에게 욕을 먹는다. 가게에서 일할 때 손님이 원하는 대로 두 겹 봉투에 상품을 담지 않아 불평도 듣는다. 우리 눈으로 보면 브룩스가 이제 자유를 되찾았지만 브룩스의 눈으로 보면 자유는 두려운 것이다. 브룩스는 50년 만에 자유를 얻었지만 이 자유를 감당하기 힘들어 도망친다. 자유로부터 도피다.

　가석방 심사에서 삐딱하게 대답하는 레드에게 심사 위원이 허가 판정을 내리는 까닭은 레드가 더 이상 자유의 꿈을 품고 있지 않다는 걸 확인했기 때문이다. 심사 위원의 눈은 정확했다. 바깥 세상에 나온 레드는 마음대로 화장실 가는 조그만 자유조차 누릴 줄 모른다. 혹시 벌받을까 봐 두렵다. 그래서 레드는 자유를 포기하고 화장실에 갔다 와도 되는지 주인에게 묻는다.

　우리가 브룩스나 레드를 딱하게 여길 처지가 아니다. 언젠가 미국에서 실제로 일어난 일이다. 한 무리의 소비 단체가 백화점을 장악하고 스피커로 손님에게 물건을 마음대로 집어 가라고 권한 적이 있다. 사람들은 무엇을 집을지 모르고 주저한다. 몇 사람이 보통 때는 더러 훔칠 수도 있을 작은 물건, 껌이나 초콜릿을 집는다. 자유는 주저하지 않고 받아들일 수 있는 게 아니라 감당하기 힘들고 불안한 것이다.

　물론 백화점에서 물건을 마음대로 집을 수 있는 자유는 왜곡된 것이다. 그러나 왜곡되지 않은 자유도 사람을 불안하게 만들기는 마찬가지다. 누구나 일하는 걸 지겹게 느낀 적이 있을 거다. 일이 소외되어 있다는 뜻이다. 당장 자유를 얻으려면 일을 때려치워야 한다. 그러나 입은 때려치우겠다고 말해도 발이 떨어지지 않는다. 자유가 열어 줄 삶은 한 치 앞을 내다볼 수 없기 때문이다. 사람들은 참을 수 없이 무거운 자유로부터 도망친다.

내 탓도 있다

20세기 독재자의 대표로 꼽히는 아돌프 히틀러(Adolf Hitler)는 『나의 투쟁』에서 권력에 대한 갈망을 노골적으로 표현했다.

"독일 국민이 원하는 것은 강한 사람의 승리와 약한 사람의 절멸이나 무조건 항복이다."

독일이 1차 세계 대전에서 패배하자 군주제가 무너지고 바이마르 공화국이 들어섰다. 그러나 바이마르 공화국은 약체였고 독일의 노동자, 자유 시민, 가톨릭 교도는 1930년대에 들어서자 별로 강한 저항 없이 나치의 이념과 정치를 열렬히 찬미하게 되었다. 어떻게 이런 일이 일어날 수 있었을까?
나치의 탄압을 피해 미국에서 활동한 프롬*은 나치가 이용한 사

---

* 에리히 프롬(Erich Fromm ; 1900~1980)
부르주아 문명을 비판한 독일 정신 분석학자, 철학자.
『자유로부터 도피』, 이규호 옮김, 삼성.

람의 심리를 '자유로부터 도피'라고 불렀다. 사람은 나치처럼 압도적으로 강한 권력 앞에서는 맞서려 하기보다 복종하려는 심리가 생긴다. 권력에 복종하면 자유를 누릴 수 없다. 그러나 자유를 누리기 위해 맞서는 것은 고난과 죽음을 뜻한다. 사람은 고통스럽게 자유를 추구하느니 차라리 자유를 포기한다. 자유로부터 도피란 참을 수 없이 무거운 자유의 짐을 벗어 버리려는 심리다.

프롬에 따르면 이 심리는 독일 국민이 히틀러의 나치 정권에 복종한 원인일 뿐 아니라 현대 사회에서 사람이 소외되는 원인이기도 하다. 자본주의 사회는 여러 가지 문제점을 안고 있지만 어느 사회보다 자유로운 개인을 낳았다. 신분의 굴레에서 벗어난 개인에게는 누구나 원칙적으로 더 나은 내일의 기회가 생겼다.

그러나 이제 개인은 압도적인 세계와 홀로 대결해야 한다. 무엇을 어떻게 하며 성공하느냐 실패하느냐는 개인에게 달려 있다. 자유와 함께 고독과 불안도 증가한다. 개인은 국가, 제도, 기업, 종교 등 강력한 힘과 결속함으로써 불안에서 벗어나려 한다. 그러나 이 결속은 대등한 게 아니다. 개인 쪽에서 지불해야 할 대가가 크다. 자유의 포기가 대가이기 때문이다.

사람들이 자기가 만들어 낸 조직을 다스리지 못하고 거꾸로 지배받는 현상이 소외라고 말했다. 왜 거꾸로 지배받을까? 마르크스는 이런 조직들로 구성된 사회 구조가 워낙 강력한 탓이라고 대답하지만 프롬은 내 탓도 있다고 주장한다. 현대 사회에서 개인은 한편으로 자유롭지만 다른 한편으로 무력하고 따라서 강력한 사회 구조 앞에 서면 누구나 자유를 포기하고서라도 사회 구조에 예속되어 편안하게 살고 싶은 심리가 일어난다. 현대인의 소외는 사회 구조 탓도 있지만 내 심리 탓도 있다는 것이 프롬의 눈길이다.

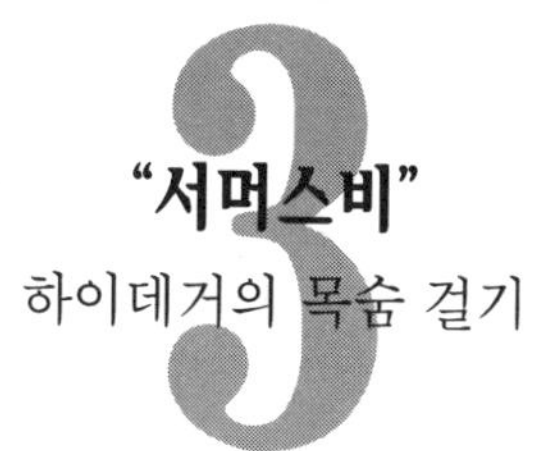

"서머스비"
하이데거의 목숨 걸기

소외를 벗어나려면 어떻게 해야 할까? 아니 도대체 소외는 벗어날 필요가 있을까? 소외는 벗어나지 않아도 불편하지 않다. 오히려 자유가 불안하고 두렵다. 소외를 벗어나려면 어떻게 해야 하는지 한 번 들어 보고 결정할까? 달면 삼키고 쓰면 뱉을까?

사랑받는 남편, 자상한 아버지, 존경받는 시민

남북 전쟁이 끝나자 고향을 떠난 지 6년 만에 서머스비(리처드 기어)가 집으로 돌아온다. 아내 로렐(조디 포스터)은 그 동안 아무 소식도 없던 서머스비를 어색한 표정으로 맞이하고 말귀를 알아들을 만큼 자란 아들에게 아버지라고 소개한다. 그러나 집에서 키우던 개는 주인도 몰라보고 짖어 대다가 서머스비가 손수건 묶인 손을 얼굴 쪽으로 내밀자 곧 온순해진다. 다음날 개는 시체가 된다.

마을에서는 서머스비의 귀향을 환영하는 파티가 벌어진다. 그날 밤 서머스비는 로렐에게 면도를 부탁하고 로렐은 긴 수염을 말끔히 자른 서머스비를 마치 다른 사람처럼 느낀다. 두 사람은 옛 습관대로 각자 침실로 향한다. 그리고 다음날 밤 두 사람은 6년 만에 잠자리를 같이 한다.

서머스비는 마을 사람에게 목화 대신 담배 농사를 하면 큰 돈을 벌 수 있다고 제안한다. 서머스비는 자기의 땅을 빌려 줄 테니까 담배 농사를 짓고 담배잎을 팔아 돈을 벌면 흑인도 포함하여 마을 사람에게 땅을 주겠다고 설득한다. 그러나 당장 비싼 담배 씨를 살 돈이 없다. 서머스비는 마을 사람의 값진 물건을 모아 마차에 싣고 담배 씨를 사러 직접 버지니아로 떠난다. 그러나 약속한 날짜가 되어도 서머스비가 돌아오지 않자 마을 사람은 의심한다. 서머스비는 온갖 고생 끝에 며칠 뒤 담배 씨를 싣고 돌아온다.

담배 농사는 성공한다. 마을 사람이 기뻐한다. 로렐은 과거의 서머스비보다 현재의 서머스비가 훨씬 더 좋다. 전쟁터에 나가기 전의 서머스비는 일하지 않고 폭력이나 휘두르는 몹쓸 인간이었다. 그러나 왜 옛날과 다를까? 로렐은 의심하지만 두 번째 아이를 낳는다. 서머스비도 무척 기뻐한다.

모두 기뻐하면 슬퍼할 일만 남았다. 연방 정부에서 수사관이 나타나 서머스비를 체포한다. 혐의는 살인이다. 재판에서 몇몇 증인이 서머스비가 어떤 사람을 죽이는 걸 목격했다고 증언한다. 로렐은 서머스비와 면회하면서 직감을 털어놓는다. 당신이 다른 사람이라는 것을 알고 있다고. 그리고 정체를 밝히면 살 수 있다고. 그러나 서머스비는 자기가 진짜 서머스비라고 우긴다.

다음날 증언대에 선 로렐은 서머스비가 가짜라고 증언한다. 검사가 어떻게 아느냐고 묻자 로렐은 잠자리에서 다른 사람이란 걸 확신했다고 대답한다. 다른 마을에서 온 증인은 서머스비가 그 마을에서 선생 노릇을 하던 호레스 타운젠이고 학교를 세운다며 돈을 거

뒤 달아난 사기꾼이라고 증언한다.

　그러나 서머스비는 자기를 직접 변호하면서 이름을 포기하지 않는다. 로렐을 다시 증언대로 불러 왜 자기를 가짜라고 증언하는지 유도 심문한다. 로렐은 사랑하는 자식을 아비 없는 사생아로 만들고 싶지 않으며 과거와 달리 이젠 자기도 사랑하는 남편을 잃고 싶지 않기 때문이라고 대답하고 만다. 서머스비는 방청석에 앉아 있는 마을 사람에게도 자기를 가짜라고 생각하는 사람이 있는지 묻는다. 아무도 없다. 만일 서머스비가 가짜라면 마을 사람이 땅을 얻기로 한 계약은 모두 무효가 될 판이다. 판사는 서머스비에게 이름을 멋지게 지켰지만 살인죄를 면할 수 없게 되었다고 교수형을 언도한다.

　사형을 집행하는 날 로렐은 마지막으로 서머스비를 만난다. 로렐은 담배잎이 좋은 값에 팔렸다고 알려 준다. 서머스비는 심각한 표정으로 재판정에서 나온 이야기가 사실이라고 고백한다. 로렐은 판사에게 진실을 알리자고 애걸하지만 서머스비는 다시 호레스 타운젠으로 돌아갈 수는 없다고 호소한다.

서머스비는 마을 사람 앞에서 두 발이 묶인 채 사형대에 선다. 집행인이 두건을 씌우려 하자 서머스비는 아내를 애타게 부른다. "로렐!" 서머스비는 로렐과 눈이 마주치고 나서야 마음을 가라앉힌다. 목에 밧줄이 드리우고 서머스비는 두건을 쓴 채 숨을 고른다. 교수대 바닥이 덜컹 열린다. 로렐은 죽은 남편의 무덤에 들꽃을 바친다. 서머스비의 묘비명이다.

"사랑받는 남편, 자상한 아버지, 존경받는 시민"

이름이 뭐길래

"서머스비 Sommersby"는 16세기 프랑스에서 일어난 마르탱 게르(Martin Guerre)의 실화를 미국판으로 각색한 영화다. 교수대에서 두건을 쓴 채 숨을 고르는 리처드 기어의 연기가 인상 깊다. 한편 코가 너무 커 그 얼굴로도 주연 배우 노릇만 하는 게 신기한 제라르 드 파르디유의 "마틴 기어의 귀향"도 소재가 같다. 이 프랑스 영화가 먼저 나왔고 실화에 더 충실하다는 소문도 있다. 그러나 난 아직 보지 못했다. 원전에 충실한 게 미덕으로 통하는 먹물 사회에 사는 내가 실화와 두 영화를 비교 검토하지 않아서 미안하지만 나도 때로는 먹물 냄새가 지겹다.

도대체 이름이 뭐길래 목숨까지 걸까? 서머스비는 사랑하는 아내와 자식과 마을 사람이 부정한 여자, 아비 없는 자식, 땅을 잃은 사람으로 전락하는 게 견딜 수 없었을 것이다. 그러나 이건 대답의 일부일 뿐이다. 더욱 견딜 수 없는 것은 비열한 사기꾼인 과거의 자기로 되돌아가는 것이다. 서머스비는 남들보다 우선 자기를 위해 이름을 지키고 목숨을 바친다.

돈에 눈이 멀어 이웃을 속이는 삶도 소외된 삶이다. 호레스 타운젠은 서머스비의 고향으로 들어오기 전에 지난 삶을 뼈저리게 뉘우쳤을 것이다. 자기도 사랑받는 남편, 자상한 아버지, 존경받는 시민으로 한번 떳떳하게 살아 보자고 굳게 결심했을 것이다. 포로 수용소에서 만난 진짜 서머스비의 일거수 일투족을 익히고 그 머리 속에 들어 있는 가족과 고향 사람의 기억을 외우고 또 외웠을 것이다. 남의 고향에 돌아와 자기 고향으로 만들기까지 몸이 부서져라 노력했다.

재판정에서 그는 자기 뜻대로 선택할 수 있는 갈림길에 서 있다. 한쪽에는 사기꾼 호레스 타운젠이 있고 또 한쪽에는 묘비명이 있다. 목숨을 잃는 것이 무척 두렵다. 그렇지만 죽어도 과거의 자기로 되돌아가고 싶지는 않다. 과거는 지옥이다. 얼마나 치욕스러운 삶인데, 얼마나 힘겹게 헤쳐 나온 길인데 다시 돌아가. 안돼!

'서머스비'는 한낱 이름에 지나지 않지만 호레스 타운젠에게는 정말로 자기가 원하는 삶을 상징한다. 소외된 삶을 버리고 정말로 자기가 원하는 삶을 얻고 지키려면 지극히 어려운 일이지만 목숨을 걸어야 한다는 것이 "서머스비"가 제시하는 소외의 해결책이다.

죽음으로 자기를 던지기

소외에 대한 이런 해결책을 주장한 철학자로는 하이데거*가 있다. '존재'가 무엇일까? 2600년쯤 되는 철학의 역사에는 이 전통 물음에 대답하는 수많은 철학자가 있다. 플라톤, 아리스토텔레스, 토마스 아퀴나스, 데카르트, 헤겔 등 내로라 하는 서양 철학자가 제각기 이 물음에 대답하는 책을 썼다. 수면제 대신 사용하기에 딱 좋은 책들이다. 하이데거는 이 물음에 대답하려면 우선 이 물음을 던지고 대답할 수 있는 유일한 존재인 사람이 무엇인지부터 밝혀야 한다고 주장한다.

하이데거는 사람을 '세계 내 존재'라고 규정한다. 사람은 세계 속에서 수많은 사물과 교섭한다. 생명이 있는 것이든 없는 것이든 사람과 교섭하는 모든 사물은 쓸모 있는 도구다. 망치는 때리기 위해 있고 때리는 것은 건축하기 위해 있고 건축하는 것은 사람이 들어가 살라고 있다. 사람은 이 세계 속에서 도구뿐 아니라 남과도 교섭한다.

그러나 일상 생활에서 사람은 잡담과 호기심과 애매한 말 속에 타락해 있다. 썰렁한 이야기로 하루를 보내고 뭐 재미있는 일이 없나 기웃거리고 "그냥", "괜히"라는 말을 연발하며 산다. 하이데거에 따르면 이런 삶은 사람의 본래 삶이 아니라 비본래 삶, 소외된 삶이다.

본래 삶을 되찾으려면 어떻게 해야 할까? 하이데거는 '죽음으로 자기를 던져야 한다.'고 대답한다. 사람은 나머지 동물과 달리 죽음을 생각할 줄 안다. 죽음은 누구에게나 두렵지만 사람은 자기의 죽음을 생각하면 크게 두 가지 결론 가운데 하나를 얻는다.

'내버려 둬. 이렇게 살다 죽을래!'
'이렇게 살면 안돼!'

---

* **마르틴 하이데거**(Martin Heidegger ; 1889~1978)
  실존주의의 선구자로 평가받는 독일 철학자.
  『존재와 시간』, 소광희 옮김, 경문사, 1996.

뒤의 결론을 얻은 사람은 더 잘 살 길을 찾는다. 나는 1년에 하루 쯤 날을 잡아 내가 어떻게 죽을지 상상한다. 그 날은 아주 심각해지는 날이다. 암에 걸려 죽을까? 자동차에 치여 죽을까? 아내보다 먼저 죽을까 나중에 죽을까? 죽을 때까지 철학 공부를 하고 있을까? …… 아직 많이 늙지 않아서 그런지 모르지만 죽음에 대한 내 상상은 대개 앞으로 어떻게 하면 더 잘 살 수 있을지 생각하면서 끝난다. 죽음을 상상하는 것도 사는 데 도움이 된다.

어떻게 해야 더 잘 살 수 있을까? 하이데거에 따르면 비본래 삶에서 벗어나야 더 잘 살 수 있다. 비본래 삶에서 벗어나려면 어떻게 해야 할까? 자기의 현재 삶과 본래 삶이 무엇인지 곰곰이 생각해 보고 본래 삶 쪽으로 목숨을 걸어야 한다. 비본래 삶은 워낙 힘이 강해서 선뜻 발목을 놓아 주지 않는다. 비본래 삶에서 벗어나기 위해서는 목숨을 거는 비장한 결단이 필요하다.

서머스비뿐 아니라 "쇼생크 탈출"에서 앤디도 목숨을 건다. 섹스에 굶주린 놈들이 강간하려 했을 때 깨물겠다는 소리는 계산된 협박일 수도 있지만 실세로 깨물 결심을 했을지도 모른다. 서머스비와 앤디가 목숨을 거는 것은 브룩스가 밧줄에 목을 거는 것이나 "택시 드라이버"의 트레비스가 자기 머리에 총을 겨누는 것과는 다르다. 브룩스나 트레비스도 죽음으로 자기를 던지지만 이는 수동적 자포자기이지 능동적 결단이 아니기 때문이다.

죽음으로 자기를 던진다는 것이 죽으라는 뜻은 아니다. 목숨을 걸 만큼 비장한 결단이 필요하다는 뜻이다. 그러나 목숨을 걸고 잘못하면 목숨을 잃어야 소외를 극복할 수 있다면 누가 선뜻 이 길에 나설까? 소외는 극복하자니 두렵고 물러서자니 비굴하다. 어떻게 해야 할까?

개인들의 연합

거울과 영웅

우리 나라 영화관은 공통점이 있다. 팝콘을 팔지 않는 영화관이 없고 바깥보다 물가가 싼 영화관도 없다. 불 나면 대책 없는 것도 비슷하다. 또 있다. 영화관마다 거울이 많이 붙어 있다. 요즘 새로 지은 영화관은 거울 수가 적지만 그래도 잘 살펴보면 드물지 않다. 왜 영화관에는 거울이 많을까?

"꿈 깨라."

정답이다. 폭력 영화든 애정 영화든 심각한 영화든 주인공 없는 영화가 없고 관객은 정도 차이가 있지만 저마다 영화를 보는 동안 주인공과 동화된다. 영화관을 나서서도 발길질하고 칼부림하거나 공주 왕자 노릇하거나 세상 다 산 듯한 표정 짓지 말고 나가기 전에 거울 보면서 정신 차리라는 뜻이다.

영화관에 거울이 많다는 것은 관객이 영화에 나오는 남녀 영웅을 자기 삶의 모델로 동경할 수 있다는 뜻이다. 관객은 이런 영웅을 보면서 대리 만족을 느낀다. 그러나 대리 만족을 느낀다는 것은 그만큼 현실에서 삶이 불만족스럽다는 걸 거꾸로 증명한다. 이 불만족스러운 삶이 곧 소외된 삶이다.

영화에 나오는 영웅은 대부분 평범한 우리와 다르다. 우리가 할 수 없는 일을 한다. 그러나 나는 적어도 나만의 영웅이 되고 싶은 생각을 아직 버리지 못하고 있다. 나는 감동스러운 영화를 보고 나올 때마다 "오늘도 뽕 한 대 맞았네." 하고 아내에게 농담처럼 말하지만 영화의 영웅을 보면서 소외된 내 삶을 반성한다. 어렵게 사는 사람들과 비교하면 배부른 소리지만.

오래 전 나를 영화광으로 만든 명화는 주윤발이 주연한 "영웅본색 英雄本色"이다. 잊을 수 없는 대사가 있다. "날 모욕하는 건 괜찮다. 그러나 내 형제와 친구를 모욕하지 마라. 가만 있지 않겠다." 주윤발의 의형이 젊고 비열한 새 보스에게 경고하는 말이다. 이 영화의 영어 제목이 "A Better Tomorrow", "더 나은 내일"이다.

오늘보다 더 나은 내일은 깡패까지 포함하여 모든 사람의 소박한 꿈이다. 사람은 누구나 불안하고 부담스러운 자유에서 벗어나려는 욕망도 있지만 더 나은 내일을 바라는 욕망도 있다. 짓밟혀도 짓밟혀도 되살아나는 욕망이다. 소외를 극복하는 길이 멀고 험하고 써도 삼켜야 하는 우리 마음속 뿌리다.

마르크스를 다시 읽는다

사람의 역사는 진보와 정체와 퇴보가 뒤섞여 있지만 굳이 진보의 방향을 꼽으라면 개인의 자유가 늘어나는 것이다. 근대의 노동자는 신분의 굴레에서 벗어나 원칙적으로 똑같은 정치적 자유를 보장받았지만 고된 일이 끝나면 싸구려 술에 쩌는 게 일과였다. 그러나 현대의 대중은 가끔 텔레비전, 음악, 영화 등 문화 생활도 누린다. 현대 사회에서 개인이 누리는 자유는 문화적 자유까지 포함하므로 어느 시대보다 늘어났다. 그러나 아직 멀었다. 소외가 개인의 자유를 질식시키고 있기 때문이다.

어떻게 해야 소외된 삶을 극복할 수 있을까? 마르크스를 다시 읽는다. 마르크스는 사회 구조를 소외된 삶의 원인으로 보았기 때문에 소외된 삶을 극복하기 위해서는 사회 구조를 뜯어고쳐야 한다고 주장했다. 그러나 누가 뜯어고칠 수 있을까? 현실은 영화처럼 영웅을 허용하지 않는다. 돈, 권력, 언론 등 사회 구조는 강력하기 때문에 개인이 맞서는 것은 바위에 계란 치기다. 마르크스의 대안은 개인들의 연합, 즉 노동자 계급이다.

현대 사회에서 개인들의 연합은 노동자 계급에 제한할 필요가 없다. 한 사회를 구성하는 사람들은 분류 기준에 따라 여러 계층으로 나눌 수 있다. 자본의 소유 여부에 따라 자본가 계급과 노동자 계급이 있지만 나이, 성, 직업, 학교, 지역, 취미 등에 따라서도 여러 계층이 있다.

소외를 극복하기 위해서는 개인들이 다양한 종류와 규모로 연합해야 한다. 자본가의 착취에 맞서기 위해서는 노동자가 연합해야 하고 기업주의 가격 담합에 맞서기 위해서는 소비자가 연합해야 한다. 정부의 교원 노조 불인정에 맞서기 위해서는 교사가 연합해야 하고 직장 상사의 상습 성 희롱에 맞서기 위해서는 여성이 연합해야 한다.

개인들이 연합해야 한다는 것은 개인들이 집단에 종속해야 한다는 뜻이 아니다. 역사의 방향은 집단 자체의 발달이 아니라 개인의 발달이기 때문이다. 개인의 자유 확대가 목적이고 연합은 수단이다. 그러나 개인들이 연합해서 대들지 않고서는 사회 구조의 강력한 힘에 맞설 길이 없다. 말이 쉽고 행동은 쉽지 않은 줄 알지만 나는 아무리 생각해 봐도 다른 길이 떠오르지 않는다.

내가 달마다 정기 구독하는 책이 하나 있다. 일하는 사람이 직접 쓴 글을 모은 『작은책』이다. 글 하나를 소개하겠다. 개인들이 왜 어떻게 연합해야 하는지를 느낄 수 있는 글이다.

서울에서는 시내 버스를 타기 위해 최소한 네 가지 정도의 실력을 갖추고 있어야 한다. 첫째는 눈이 좋아야 하고, 둘째는 달리기 실력이 있어야 하고, 셋째는 눈치가 빨라야 하고, 넷째는 인내심이 있어야 한다. 그래야 겨우 시내 버스를 타 보기라도 할 수 있다. 왜 그런가? 우선 눈이 좋아야 자기가 원하는 버스의 번호판을 멀리서 읽을 수 있다. 그 번호가 몇 번인지, 파란 번호판인지, 빨간 번호판인지 알아야만 버스를 탈 수 있는데, 눈이 나쁘면 오는 버스마다 달려가서 확인하지 않으면 안 된다. 눈이 좋다 하디라도 달리기 실력이 없으면 아무 데서나 멈추는 버스를 탈 수 없다. 그리고 아무리 달리기 실력이 좋고 시력이 좋더라도 차가 어디서 멈출지를 예측해 낼 수 있는 눈치가 없으면 달려다니다가 끝이 난다. 그리고 언제 올지도 모르는 버스를 기다리려면 인내심이 대단하지 않으면 차라리 밤새워 걸어가는 것이 나을 것이다.

위의 글은 내가 쓴 글이 아니라 얼마 전 성대 교수 박승희 씨가 주간 『노동자 신문』에 쓴 글이다. 타는 손님의 처지에서 어쩌면 그렇게 꼭 맞게 표현했는지 감탄을 했다. 갑자기 생각나서 위의 글을 운전하는 사람의 처지에서 반대로 생각해 본다.

서울에서는 시내 버스를 운전하기 위해 최소한 네 가지 정도의 능력을 갖추고 있어야 한다. 첫째는 눈이 좋아야 하고, 둘째는 달리기 실력이 있어야 하고, 셋째는 눈치가 빨라야 하고, 넷째는 인내심이 있어야 한다. 그래야 살벌한 시내 버스 회사에서 운전할 수 있는 자격이 있다. 왜 그런가? 우선 눈이 좋아야 멀리 숨어서 단속하는 경찰관을 발견할 수 있다. 눈이 나쁘면 1년에 몇 번씩 정지 먹는 딱지를 뗄 수밖에 없다. 달리기 실력이란 속된 말로 조진다고 한다. 운전하면서 옆차 백 미러와 내 차 백 미러 사이에 두꺼운 도화지 한 장 끼우면 딱 맞을 정도 사이를 두고 70~80킬로로 조질 수 있는 실력이 있어야 종점에 들어가서 오줌 눌 시간을 벌 수 있다. 그리고 아무리 눈이 좋고 잘 조진다 해도 눈치가 없으면 정류장 통과를 할 수 없다. 저 손님이 탈 손님인지 아닌지를 판단해야 하며(꼭 내 차를 타야 할 손님 보고 '말뚝'이라고 한다.) 술에 취한 사람인지도 판단해야 한다. 정류장 통과를 해야 밥 먹는 시간 5분을 벌 수 있다. 그리고 인내심이 대단하지 않으면 끝없이 싸우자고 덤비는 옆차들과 또 손님들과 하루종일 대가리 터지도록 싸울 수밖에 없다.

이전투구라고 하는가. 정작 싸움 붙인 사람들은 뒤에서 느긋하게 즐기고 있다. 누구인가. 사업주와 정부가 싸움을 붙인 장본인이다. 결국 피해자는 시민과 운전사들이다. 하지만 버스에 대해서 전혀 모르는 사람들은 진짜 열받는 사람들이다. 한 15분을 기다렸는데 통과하다니 저런 개××. 오죽 화가 났으면 택시 타고 쫓아와서 싸우는 사람도 있을까……. (안건모, "시내 버스 알고나 탑시다", 『작은책』 1996년 12월호)

VIII. 무의식과 자의식

1. "아버지의 이름으로 In The Name Of The Father"

라캉과 오이디푸스 콤플렉스

감독 : 짐 셰리단(Jim Sheridan) / 출연 : 다니엘 데이 루이스(Daniel Day-Lewis),
엠마 톰슨(Emma Thompson), 피트 포스틀스웨이트(Pete Postlethwaite), 던 베커(Don Baker)

2. "영웅본색 英雄本色"

사르트르의 실존과 선택

감독 : 오우삼(吳宇森) / 출연 : 주윤발(周潤發), 장국영(張國榮), 적룡(狄龍)

3. "301 · 302"

프로이트의 에로스와 타나토스

감독 : 박철수 / 출연 : 황신혜, 방은진

4. 개인의 삶에서 사회 전체로

1

"아버지의 이름으로"

라캉과 오이디푸스 콤플렉스

내가 알 수 없는 어떤 힘이 내 생각과 행동을 지배한다고 느껴 본적이 있는가? 그런 힘을 가진 것은 무엇일까? 막강한 권력일까, 빌어먹을 돈일까, 끈질긴 정일까? 그러나 권력이나 돈이나 정은 잘 따져 보면 정체를 알 수도 있다. 왜 그때 그 사람의 사랑을 받아들이지 않았을까? 도무지 알 수 없다고 뒤늦게 후회하는 사람도 곰곰이 생각해 보면 그때 그 사람이 돈도 빽도 없었기 때문이라는 걸 석어도 자기에게는 고백할 수 있다.

그러나 내 생각과 행동을 지배하지만 정체를 알려고 아무리 발버둥쳐도 도저히 알 수 없는 것이 있다. 무의식이다. 정신 분석학에 따르면 무의식 자체는 알 수 없다. 무의식에서 나오는 욕망을 알 수 있을 뿐이다. 왜 그때 그 사람의 사랑을 받아들이지 않았는지 나도 모르겠다는 말이 무의식에 따른 행동이라면 참말일 수 있다. 과연 무의식이 내 삶의 진짜 주인일까?

감옥까지 쫓아온 아버지

1974년 북아일랜드 벨파스트. 독립을 원하는 아일랜드 공화군의 테러에 맞서 영국 진압 부대가 상주하는 이 곳은 언제나 긴장이 감돈다. 제리 콘론(다니엘 데이 루이스)은 지붕에서 강철 조각 따위를 훔쳐 파는 좀도둑이고 건달이다. 제리는 지붕 위에서 도둑질을 하다 말고 나무 막대기로 기타 치는 시늉을 하며 까분다. 저격병으로 오인한 영국 진압군이 제리를 뒤쫓고 흥분한 시민이 폭동을 일으킨다.

그 바람에 무기를 감추어 둔 곳을 들킬 뻔한 아일랜드 공화군은 동족의 재산이나 훔치고 다니는 제리를 붙잡아 경고 삼아 허벅지에 총을 한 방 쏘려고 한다. 급히 달려온 아버지 주세페(피트 포스틀스웨이트)가 싹싹 빈 덕분에 제리는 위기를 벗어나고 아버지는 아들의 안전을 걱정하여 런던으로 향하는 배를 태워 보낸다.

런던에 도착한 제리는 히피들과 어울린다. 그리고 거리를 어슬렁거리다가 우연히 어느 창녀가 떨어뜨린 열쇠를 주워 그 집으로 들어가 돈을 훔쳐 나온다. 바로 그 날 길포드에 있는 한 식당이 아일랜드 공화군의 폭탄 테러로 날아간다. 제리는 창녀에게 훔친 돈으로 날라리 히피 옷을 사 입고 고향으로 돌아와 가족에게 허세를 부린다. 그러다 제리는 영문도 모르는 채 집으로 급습한 영국군에게 끌려간다.

제리는 길포드 테러 사건이 일어났을 때·근처에서 어슬렁거렸다는 이유로 체포되었다. 제리는 구타와 고문을 당하지만 버틴다. 그러나 결국 아버지를 죽인다는 협박을 못 이겨 자술서에 서명해 버린다. 고향 친구도 입에 총을 들이대는 협박에 굴복한다. 아들이 붙잡히자 동분서주하던 아버지는 누나 가족과 함께 폭탄을 운반한 공범으로 몰린다. 제리는 종신형, 아버지는 12년형을 선고받는다.

교도소에서 아버지는 아들과 한 방을 쓰면서 무죄를 증명하려고 노력한다. 이듬해 길포드 테러 사건의 진범 조(던 베커)가 붙잡혀 들어오고 제리는 독립군 조를 따른다. 그러나 조는 교도소 안에서도 테러 전술을 거리낌없이 사용한다. 아일랜드인 죄수를 괴롭히는 영국인 죄수 두목에게 가족을 죽이겠다고 협박하고 수감자의 처우 개선과 제리의 무죄 석방을 내걸고 폭동을 일으킨다. 교도소장이 무력으로 폭동을 진압하자 조는 소장의 몸을 불로 태워 보복한다.

환멸을 느낀 제리는 조에게 등을 돌리면서 아버지를 재발견한다. 편지로 무죄를 호소하는 아버지의 캠페인을 돕는다. 처음에는 아버지에게 헛꿈을 심어 준다고 비난한 변호사에게 사건 경위를 낱낱이 알린다. 제리는 폐혈전증으로 죽어 가는 아버지를 보며 괴로워한다. 결국 아버지는 숨을 거두고 제리는 아버지를 추모하며 동료 죄수들이 창 밖으로 떨어뜨리는 종이 불꽃을 보며 끝까지 싸우기로 결심한다. 교도소 밖에서는 제리와 동료를 석방하라는 구명 시위도 벌어진다.

드디어 15년 만에 재판이 다시 열린다. 제리의 변호사는 끈질기게 노력한 끝에 15년 전 영국 경찰이 제리의 알리바이를 비밀에 부치고 자술서를 위조했다고 폭로한다. 결국 제리는 무죄 판결을 받는다. 법원 건물을 뛰쳐나와 기자와 시위대 앞에서 제리는 외친다.

"아버지의 결백과 모든 관련자의 결백을 밝히고 진짜 죄인들이 심판받을 때까지 싸우겠다. 내 아버지의 이름으로, 또 진실의 이름으로."

오이디푸스 콤플렉스

"아버지의 이름으로 In The Name Of The Father"는 '길포드 포 (Guilford Four)'라 부르는 실제 사건을 담은 영화다. 사건이 터지자 영국 경찰은 수사를 재빨리 마무리하려고 제리 콘론을 비롯해 훗날 '길포드 포'라 부르는 네 사람을 체포했고 수사 과정에서 구타, 고문, 살해 위협을 가했다. 1975년 진범이 체포되어 법정에서 스스로 밝혔으나 재판부는 길포드 포를 구하려는 술책으로 보고 받아들이지 않았다. 그 뒤 아일랜드 가톨릭 교회의 사라 수녀를 중심으로 길포드 포에 대한 구명 운동이 벌어졌다. 마침내 1987년 영국 내무성이 재조사를 시작했고 1989년 길포드 포의 자술서가 위조로 밝혀졌다.

이 영화에서 내 관심은 테러나 합법 투쟁이 아니라 제리와 아버지의 관계다. 이 세상 수많은 자식은 이 영화를 보면 아버지에게 죄의식을 느낄 것이다. '내 아버지도 알고 보면 날 끔찍이 사랑하는데 내가 그 마음을 헤아리지 못한 거야. 가끔 술 드시고 재떨이나 몽둥이를 휘두르시지만 다 사랑의 매야. 그것도 모르고 어릴 때 왜 그토록 속을 썩였는지…….'

그러나 눈을 조금 삐딱하게 뜨고 보면 같은 일이 다르게 보인다. 아버지는 건달 아들이 못마땅해 잔소리를 멈추지 않는다. "우리 가문에 도둑은 없다." "엄마 아프시니 조용

조용 다녀라.”“성당엔 꼬박꼬박 가니?” 오죽하면 감옥까지 쫓아와 간섭한다. “증인석에서 광대꼴을 하다니.”“너 약 먹었니? 약 먹다 간 죽어.” 주세페는 제리를 마치 초등 학교에도 들어가지 않은 어린 이처럼 다룬다.

머리가 굵어진 제리는 아버지의 진부한 잔소리와 끊임없는 간섭이 달가울 리 없다. 집에 들어가기 싫고 아버지와 말하기 싫다. 런던으로 가는 배 위에서도 아버지에 대한 연민은 잠시뿐 곧 자유로운 섹스와 마약에 대한 상상으로 들뜬다. 그러나 교도소 안에서 조에게 실망한 제리는 아버지의 뜻을 받아들이기 시작한다. 아버지가 죽은 뒤에는 자기가 아버지의 뜻으로 가득 차 있다.

그리스에는 오이디푸스 신화가 있다. 테베의 왕은 아들에게 목숨을 잃는다는 신의 뜻을 전해 듣고, 갓 태어난 아들의 발목에 못을 박아 굶어 죽으라고 깊은 산에 버린다. 코린트의 목동이 발견한 덕분에 천행으로 목숨을 건진 이 아이가 오이디푸스다. ‘발뒤꿈치가 헐은 자’라는 뜻을 가진 이름이다. 코린트에서 왕의 양자로 훌륭하게 자란 오이디푸스는 자기가 아버지를 죽이고 어머니와 결혼한다는 신의 뜻을 전해 듣고 고민한다. 운명을 피하려고 코린트를 떠나 방랑하던 오이디푸스는 우연히 아버지를 만나 시비 끝에 죽이고 어머니와 결혼하여 테베의 왕이 된다. 테베는 부정탄 바람에 나라가 개판이 되고 오이디푸스는 그 원인을 조사하다가 자기 정체를 알게 된다. 어머니가 목매 자살하고 오이디푸스는 죄의식을 못 이겨 어머니 옷에 끼워 있던 황금 핀으로 두 눈을 찌른다.

프로이트에 따르면 어린이는 누구나 약 세 살부터 여섯 살까지 오이디푸스 콤플렉스를 겪는다. 오이디푸스 콤플렉스란 성이 다른 부모와 결합하기 원하고 성이 같은 부모가 죽거나 사라지기 원하는 충동을 가리킨다. 이런 오이디푸스 콤플렉스를 극복하는 것은 사람이 태어나서 자기에 대한 앎과 생각, 즉 자의식을 얻는 데 결정적으로 중요하다.

오이디푸스 콤플렉스 단계로 접어든 남아는 어머니를 독차지하고 어머니의 모든 것이 되고 싶어한다. 그러나 아버지는 어머니와 성 결합을 금지한다. 만일 남아가 아버지의 금지 명령을 받아들이지 못하면 훗날 거세 불안 등 여러 가지 신경증에 시달린다. 남아가 이 금지 명령을 받아들이는 것은 정신 분석학에서 아버지와 '동일시'라 부른다. 아버지와 동일시한 어린이는 자기가 해야 할 일과 해서는 안 될 일을 하나씩 깨닫는다. 자의식이 자란다.

영화에서 제리는 비록 성년이고 어머니와 성 결합을 원하지도 않지만 아버지 주세페와 티격태격하는 모습이 마치 오이디푸스 콤플렉스 단계를 거치는 어린이와 비슷하다. 제리가 아버지와 자기를 동일시하는 과정은 길고 멀다.

아버지는 자나깨나 가족 걱정이다. "네가 한 짓이냐?" 교도소에서 아들과 만난 아버지가 던진 첫 말이다. 제리는 왜 지금까지 자기가 잘못한 일만 보고 잘한 일은 보지 않느냐고 따진다. "경찰서에서 어떤 미친 놈이 아버지를 쏘겠다니 너무 기뻤다."고 대든다. 그러나 제리는 다 죽어 가는 아버지의 가석방조차 승인하지 않은 영국 경찰에게 증오를 느낀다. 결국 아버지가 감옥에서 죽자 "그들이 내 가족에게 한 짓을 결코 잊지 않겠다."고 결심한다. 이젠 아들이 아버지 대신 가족 걱정이다. 마침내 아버지의 이름을 걸고 싸우겠다는 선언은 제리가 아버지와 동일시를 완료했다는 뜻이다. 제리는 자의식을 확립했다.

무의식이 진짜 주인

벌거벗은 내 몸을 누군가 엿보고 있다고 생각할 때 쪽팔리는 것은 자의식 때문이다. 그러나 자의식은 성인에게만 있는 대단한 것이 아니다. 예닐곱 살짜리 어린이가 부모 앞에서 속옷을 갈아입지 않으려는 것도 자의식 때문이다. 자기에 대한 앎이 없는 개나 말은 발가벗고 돌아다녀도 쪽팔리지 않는다.

자의식이 자라면 억눌리는 욕망도 쌓인다. 어린이가 아버지의 금지 명령을 받아들이면 어머니와 결합하고픈 욕망은 억눌린다. 억눌린 욕망의 창고가 무의식이다. 자의식과 함께 무의식도 생긴다. 라캉*은 사람에게 자의식과 무의식이 생길 때 언어가 매우 중요한 역할을 한다고 주장한다. 라캉은 프로이트가 분석한 어린이의 행동을 예로 든다.

한 살 반짜리 어린이가 실패 놀이를 하고 있다. 어린이는 실패를 던져 침대 밑으로 사라지면 "오, 오!"라고 외치고 실을 잡아 당겨 실패가 다시 나타나면 "아, 아!"라고 외친다. 어린이는 이 놀이를 되풀이한다.

여기서 한 살 반짜리 어린이는 프로이트의 실제 손자다. 프로이트는 '오'가 독일어 'Fort'의 줄임말, '아'는 'Da'의 줄임말이라고 분석했다. 'Fort'는 '저리' 또는 '사라진'이란 뜻이고 'Da'는 '거기' 또는 '나

---

* 자크 라캉(Jaques-Marie Lacan : 1906~1995)
  기호학을 도입하여 무의식을 분석한 프랑스 정신 분석학자.
  『욕망 이론』, 민승기 외 옮김, 문예출판사, 1994.

타난'이란 뜻이다. 프로이트에 따르면 손자는 맞벌이하는 어머니가 날마다 나갔다가 돌아오는 불쾌한 경험을 놀이로 재현하고 있다. 어린이는 불쾌한 기억을 수동적으로 피하는 게 아니라 능동적으로 되풀이함으로써 고통을 극복한다.

라캉은 이 놀이에서 언어의 역할을 주목한다. '오'는 어머니와 결합하고픈 욕망을 대신한다. 어린이는 '오'와 '아'를 되풀이하여 말함으로써 이 욕망의 좌절을 보상한다. 어린이는 이제 어머니가 사라지는 것에 대해 무관심해지거나 기꺼워할 수 있다. 어린이가 거의 처음으로 내뱉는 언어는 자의식의 형성을 상징하지만 원초적 욕망을 억눌러 무의식을 형성하는 역할도 한다.

어린이는 말을 내뱉기 시작하면서 사회의 관습과 법에 종속된다. 어머니와 결합하고픈 욕망은 무언가 가지고 뻐기고 알려는 욕망으로 바뀐다. 자의식은 이런 욕망으로 가득 차 있다. 그러나 소유욕과 명예욕과 지식욕은 가짜 욕망이고 진짜 욕망은 어머니와 결합하고픈 욕망이다. 가지고 뻐기고 알려는 욕망으로 가득 찬 자의식은 내 삶의 가짜 주인이고 진짜 주인은 무의식이다.

왜 사람의 욕망은 끝이 없을까? 사람의 진짜 욕망은 어머니와 결합하고픈 욕망이고 이 욕망은 결코 채울 수 없기 때문이다. 자의식을 가진 사람은 이 욕망을 굴절하고 왜곡한 온갖 소유욕과 명예욕과 지식욕 속에서 표류한다. 사람은 아무리 많은 돈과 명예와 지식을 얻더라도 어머니와 결합하고픈 원초적 욕망을 채울 수 없으므로 결코 만족하지 못한다. 한 욕망을 채우면 또 다른 욕망을 찾아나설 수밖에 없다. 라캉에 따르면 내 삶의 진짜 주인은 자의식이 아니라 무의식이다.

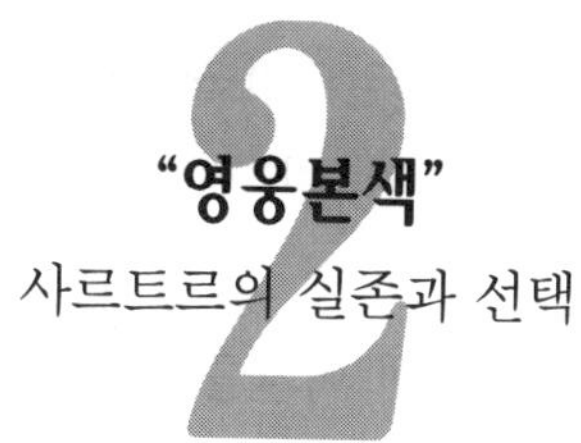

"영웅본색"
사르트르의 실존과 선택

무의식이 내 생각과 행동을 지배한다는 것은 내 삶에 변하지 않는 본질이 있다는 뜻이다. 소유욕과 명예욕과 지식욕은 다양하게 변한다. 그러나 이런 욕망을 낳은 원초적 욕망, 즉 어머니와 결합하고픈 욕망은 변하지 않고 억눌릴 뿐이다. 따라서 이 욕망을 담고 있는 무의식은 일종의 본질이다. 그러나 사르트르에 따르면 사람에게 변하지 않는 본질은 없다. 실존이 본질에 앞선다. 무슨 뜻일까?

"영웅본색 英雄本色"은 요즘 할리우드에서 폭력을 예술로 승화했다고 찬사가 떠들썩한 오우삼 감독의 대표작이다. 이미 죽었지만 사르트르가 이 영화를 보면 뭐라고 말할까?

내 친구를 모욕하지 말라

호(적룡)와 소마(주윤발)는 강호의 사라진 의리를 걱정하는 홍콩의 깡패 의형제다. 더 나은 내일을 꿈꾸며 홍콩 달러를 위조하고 마약을 밀매한다. 그러나 한탕하러 대만에 간 호는 배신당하고 경찰에 체포된다. 같은 시간 홍콩에선 킬러가 호의 아버지를 죽인다. 소마는 호의 체포 기사를 읽으며 얼굴이 굳는다. 그리고 배신자에 관한 정보를 그 친척에게 얻는다. 이 친척도 사라진 의리를 걱정하는 대만 깡패다.

화려한 요정에서 소마는 한 여자를 안고 긴 복도를 천천히 걸어간다. 여자를 어루만지면서 양 옆에 있는 화분에 총을 한 자루씩 꽂아 둔다. 배신자와 일당이 있는 방문이 열리고 소마의 양 손에서 총이 불을 뿜는다. 무자비하게 총알을 퍼부은 소마는 빈 총을 버리고 다시 화분에서 총을 꺼내 당긴다. 뒤쫓아 나온 일당이 쓰러지고 다 죽은 걸로 착각한 소마는 성냥을 씹으며 돌아선다. 그때 피를 흘리며 기어 나온 배신자의 총알이 소마의 오른쪽 다리를 뚫는다. 소마는 쓰러지면서 화분에 숨겨 둔 마지막 총을 집어든다. 배신자의 얼굴에 총알을 아낌없이 쏟아 붓는다.

소마는 낭만과 감상이 다분하다. 그는 초보 깡패 시절 머리에 총

이 닿는 치욕을 겪고 처음으로 눈물을 흘렸다. 다시는 남이 내 머리에 총부리를 대지 못하게 하겠다고 결심했다. 그 뒤 소마는 강해졌다.

그러나 소마는 3년 만에 돌아온 호를 보고 눈물을 흘린다. 그 사이 호와 소마를 쫓아다니던 꼬봉이 조직의 새 보스가 되어 있다. 소마는 못 쓰게 된 다리를 질질 끌며 자동차 유리창을 닦아 주고 받은 푼돈으로 연명하면서 지하 주차장 구석에 처박혀 3년 동안 호를 기다리고 있었다.

호에게는 홍콩 경찰로 일하는 친동생이 있다. 동생은 아버지가 형 때문에 죽었다며 형을 용서하지 않는다. 호는 소마를 보고 가슴이 아프지만 동생을 생각하며 과거를 버리고 택시 운전 기사로 새출발한다. 그러나 새 보스는 자기 자리에 위협을 느끼고 호와 소마를 가만 놓아두지 않는다. 참다 못한 호가 새 보스에게 경고한다.

"날 모욕하는 건 괜찮다. 그러나 내 형제와 친구를 모욕하지 마라."

새 보스는 비웃으며 호와 동생과 친구를 모두 모욕한다. 동생은 함정에 빠져 총상을 입고 소마는 집단 폭행을 당해 쌍코피가 터지고 호가 일하는 택시 회사도 박살난다. 소마는 참지 못하고 호에게 다시 한 번 일어서자고 요구한다. 그러나 호는 일어서지 않는다. 소마가 혼자 일어선다. 깡패 소굴에 쳐들어가 조직의 비밀이 담긴 테이프를 빼낸다. 결국 호가 소마 앞에 다시 나타난다. 호와 소마는 새 보스에게 테이프와 교환할 돈을 요구하고 약속 장소에 새 보스가 돈 가방을 들고 나타난다. 그러나 테이프는 이미 호가 동생에게 넘겼다.

호는 새 보스를 인질로 붙잡은 채 아직 할 일이 남았다며 소마의
등을 떠밀어 먼저 떠나라고 보트에 태운다. 소마는 호의 눈을 쳐다
보며 보트를 천천히 움직인다. 테이프를 건네받은 동생이 나타나지
만 이미 현장에 깔려 있는 새 보스의 똘마니들에게 붙잡힌다. 인질
교환이 이루어지다가 양쪽의 총이 불을 뿜는다. 보트를 몰던 소마가
이를 꽉 깨물며 운전대를 돌린다. 소마의 총도 불을 뿜는다. 홍콩 깡
패들이 다 죽어 나자빠진다. 그러나 총알 하나가 소마의 머리를 뚫
고 지나가고 버버리 코트 위로도 총알이 쏟아진다.

　경찰이 들이닥친다. 새 보스는 호의 총이 빈 것을 눈치채고 경찰
앞으로 손을 들고 나선다. 돈이 있으니 2, 3일 지나면 나올 거라고
호에게 이죽거리면서. 치를 떨며 바라보기만 할 수밖에 없는 호에게
동생이 슬그머니 총을 건넨다. 새 보스의 심장이 뚫린다. 호는 자기
팔목에 동생의 수갑을 채운다. 노래가 흐른다.

　　어두운 밤 지나고 해 뜨면
　　영웅의 모습은 벌써 안개 속에 사라지고 없네.
　　사나이 되어 무슨 보람 있나.
　　의리 위해 목숨 버리는 게 내 갈 길이었네.

본색은 없다

　나는 1986년 어느 삼류 극장에서 "영웅본색"을 처음 볼 때 느낀
뜨거운 감정을 잊을 수 없다. 그 뒤 다섯 번 더 봤다. 요즘도 내 가슴
이 차가운 논리와 지식으로 식어 간다고 느낄 때면 가끔 "영웅본색"
을 다시 보고 싶다.

영화 이름이 '영웅은 본래 색을 밝힌다'는 뜻이라고 우스개로 풀이하는 사람도 있다. 그러나 본색이 타고나며 변하지 않는 본성 또는 본질을 뜻한다면 영화 이름과 반대로 영웅은 본색이 없다.

사르트르*에 따르면 사람은 총이나 돈과 다르다. 총이나 돈은 남을 죽이거나 물건과 교환하려는 목적에 따라 만들어진 것이지만 사람의 삶에는 이런 목적이 없다. 사람의 삶에 아무 목적도 없다는 뜻이 아니다. 삶의 목적은 미리 정해진 게 아니라 선택한다는 뜻이다. 사람은 누구나 어떤 상황 속에 있다. 자기 앞에 벗, 적, 과거, 현실 등이 있다. 이 상황이 앞으로 전개될 가능성은 하나가 아니라 여럿이다. 사람은 여러 가능성 가운데 하나를 선택할 수밖에 없다.

소마가 사는 목적은 영화의 영어 이름이 보여 주듯이 '더 나은 내일(A Better Tomorrow)'이다. 소마는 이 목적을 달성하기 위해 타고난 본색을 발휘하는 게 아니라 끊임없이 선택하고 결단한다. 소마는 남의 총부리가 자기 머리에 닿는 치욕을 겪자 깡패 생활을 청산하기로 선택하지 않고 더 강한 깡패가 되기로 결심한다. 의형이 감옥에 갇히사 조직을 안전하게 유지하고 관리하는 게 아니라 목숨을 걸고 핏빛 보복을 결단한다. 돈가방을 들고 먼저 떠난 소마는 결국 홍콩을 벗어나는 길이 아니라 죽음터로 가는 길을 선택한다. 소마의 영웅 본색은 굳이 있다면 타고난 게 아니라 끊임없는 선택과 결단의 산물이다. 선택이 본색에 앞선다.

사르트르에 따르면 사람은 끊임없이 선택하며 살기 때문에 좋은 뜻이든 나쁜 뜻이든 자유롭다. 자기는 전혀 선택하지 않고 모두 남

---

* 장 폴 사르트르(Jean-Paul Sartre ; 1905~1980)
　실존주의와 마르크스주의를 결합한 프랑스 철학자.
　『존재와 무』, 손우성 옮김, 삼성, 1982.

에게 맡긴다고 생각하는 사람도 일종의 선택을 한 셈이다. 이성 친구와 계속 만날지 고민하다가 "니 마음대로 하세요."라고 선택을 넘긴 사람도 스스로 선택하지 않은 책임을 져야 한다. 사르트르에게 자유는 사람이 자의든 타의든 선택할 수 있다는 것을 의미한다. "사람은 자유로 선고받았다."

사람에게 정말로 선택의 자유가 있다면 무의식은 있을 수 없다. 무의식은 만일 있다면 모든 선택을 배후 조종한다. 자기 뜻대로 선택한다고 생각하는 것은 착각이고 사람은 무의식의 각본대로 놀아나는 배우에 지나지 않는다.

그러나 사르트르에 따르면 무의식이 배후 조종한다는 생각은 오히려 자의식의 속임수다. 만일 소마가 죽지 않고 살았다면 호는 왜 보트를 되돌렸냐고 다그쳤을 것이다. "나도 모르게." 소마가 이렇게 대꾸했을 수도 있다. 나도 모르게 무의식이 나를 충동했다는 뜻이다. 그러나 사르트르에 따르면 "나도 모르게"는 비록 순식간에 일어나지만 자의식의 선택을 정당화하는 말일 뿐이다. 그 선택에 대해 책임을 피해 보려고. 소마가 바람을 맞으며 홍콩 밖으로 보트를 모는 시간은 비록 짧지만 소마의 자의식이 치열하게 갈등을 겪는 때다. 자기의 더 나은 내일과 의형제의 죽음이 함께 눈앞에 아른거린다. 소마의 자의식은 비장하게 결단을 내린다. '오냐, 죽자!'

자의식이 진짜 주인

"신을 믿나?"

"아니, 나 자신을 믿어. 자기 운명을 거머쥐는 자가 신이지."

호와 소마가 새 보스의 돈을 기다리며 주고받는 말이다. 비록 자기 뜻대로 할 수 없는 운명이란 표현을 쓰고 있지만, 오히려 운명을 거머쥐면 자기 뜻대로 살 수 있다는 생각을 보여 주는 말이다. 내가 내 운명을 거머쥐려면 어떻게 해야 할까? 정신 차리고 있어야 한다. 신이 사람을 속속들이 꿰뚫어 보고 있기 때문에 사람의 운명을 거머쥘 수 있듯이 내가 날 똑바로 보고 있어야 한다. 자의식이 강력해야 한다.

사르트르에 따르면 내 삶의 진짜 주인은 무의식이 아니라 자의식이다. 사르트르는 자의식을 가진 존재, 자기를 알고 생각하는 존재를 '대자 존재'라 부른다. 대자 존재인 사람은 자기를 끊임없이 부정한다. 나쁜 뜻이 아니다. 사람은 끊임없이 선택하며 살기 때문에 이미 이루어진 자기 모습에 얽매이지 않고 계속 벗어난다는 뜻이다. 실존(existence)은 대자 존재의 다른 이름이며 '벗어나는 존재'라는 뜻이다. 계속 자기를 벗어나는 존재는 변하지 않는 본질이 있을 수 없다.

그러나 이 책, 이 총은 자기를 벗어날 수 없다. 만일 이 책이 자기를 벗어날 수 있다면 '이 책'이라고 말할 수도 없다. 내가 그렇게 말하는 순간 이 책은 이미 자기를 벗어나 다른 것이 되어 있을 테니까. 자기를 벗어날 수 없는 존재, 자의식이 없는 존재를 사르트르는 '즉자 존재'라 부른다.

즉자 존재는 생명 없는 사물만 가리키는 게 아니다. 사람도 즉자 존재가 될 수 있다. 소마가 더 강한 깡패가 되기로 결심한 것은 남의 총부리가 자기 머리에 닿은 경험 때문이다. 이때 소마는 이루 말할 수 없는 수치심을 느꼈다. 수치심은 남이 나를 즉자 존재로 취급하는 걸 알 때 느낀다. 이제 소마는 자기를 대자 존재로 보호하기 위해 남에게 폭력을 가한다. 남을 즉자 존재로 취급한다.

사르트르에 따르면 나와 남의 관계는 서로 대자 존재가 되려는 투쟁을 피할 수 없다. 사람이 남에 대한 사랑을 통해 다시 태어날 수 있다고 생각하는 것은 어리석고 현실이 아니다. 차라리 남에 대한 미움을 통해 다시 태어난다고 생각하는 것이 옳다.

호와 소마의 관계도 이런 투쟁 속에 있다. 호는 손을 씻지만 소마는 마지막으로 한탕 하자고 요구한다. 소마는 남에게 짓밟히지 않고 대자 존재가 되기 위해 호에게 즉자 존재가 되라고 요구한다. 거꾸로 호도 소마를 보트에 태워 보내면서 혼자 죽으려 한다. 자기가 대자 존재가 되기 위해 소마를 허수아비로 만든다. 결국 둘은 함께 싸우면서 각자 대자 존재가 되기 위해 홍콩의 수많은 깡패를 즉자 존재로 만든다.

감동적인 명화 스토리를 이렇게 딱딱한 철학 용어로 풀었으니, 지금쯤 여러분도 내 글을 읽으면서 즉자 존재가 되어 있지 않을까 걱정이다. 그만 마무리해야겠다. 사르트르에 따르면 결국 나와 남의 관계는 한쪽이 대자 존재가 되면 다른 쪽은 즉자 존재가 되는 비극으로 끝난다. 그래서 "남은 지옥이다."

"301 · 302"

프로이트의 에로스와 타나토스

20세기 대중 문화의 꽃은 영화와 대중 음악이다. 18세기까지 문화를 누린 계층은 귀족뿐이었고 19세기에는 부르주아지가 가담했다. 19세기까지 오락이라곤 술 먹고 길에 뻗는 일뿐이던 대중은 20세기 들어 영화와 대중 음악을 통해 처음으로 사람답게 문화를 누려 보았다. 나는 영화와 대중 음악을 만들고 퍼뜨리는 사람들이 고맙고 부럽다. 철학하면서 그러지 못하고 있으니까.

오랜만에 우리 영화를 소개한다. 이 책을 통틀어 우리 영화를 세 편밖에 소개하지 못하는 것이 우리 영화인에겐 미안한 일이다. 하지만 세 편이나마 소개하는 것도 나는 부럽다. 이 책을 통틀어 소개하는 우리 철학자는 단 한 사람도 없으니까.

거식증과 결식증

두 여자 어린이가 자기 집 냉장고에 대해 이야기한다.

"우리 집 냉장고에는 여러 종류의 음식이 있는데 엄마가 상한

음식은 버려서 항상 싱싱한 음식이 있고 엄마는 매일 늦게 들어
와요."

"우리 집 냉장고에는 고기만 있어요. 과일과 야채도 있으면 좋
겠어요."

두 여자가 해희망 바이오 아파트 301호와 302호에 살고 있다. 301
호에 사는 송희(방은진)는 한때 걸식증에 시달렸고 302호에 사는 윤
희(황신혜)는 거식증에 걸려 있다. 둘 다 혼자 산다. 어느 날 형사가
실종된 302의 행방을 조사하러 301에게 찾아온다.

302는 다이어트와 성 생활에 관해 글을 쓰는 작가지만 신경성 식
욕 부진증 때문에 알약과 물만 먹고 산다. 남편과 이혼하고 다이어
트에 열중하던 301은 뼈만 앙상하게 남은 302를 보고 정성껏 생선
요리를 만들어 이웃에게 이사
신고를 한다. 그러나 302는 생
선 요리를 쓰레기통에 버린다.
자기가 만든 요리를 남이 맛있
게 먹는 것을 보는 낙으로 사
는 301은 또 소시지 요리를 들
고 302의 문을 두드린다. 302
는 요리 접시를 든 301 앞에서
구역질을 하며 화장실로 달려
간다. 자존심이 상한 301은
302가 맛있게 먹을 때까지 요
리를 갖다 바치기로 결심한다.
그러나 301이 바치는 요리
는 모조리 쓰레기통으로 쏙쏙

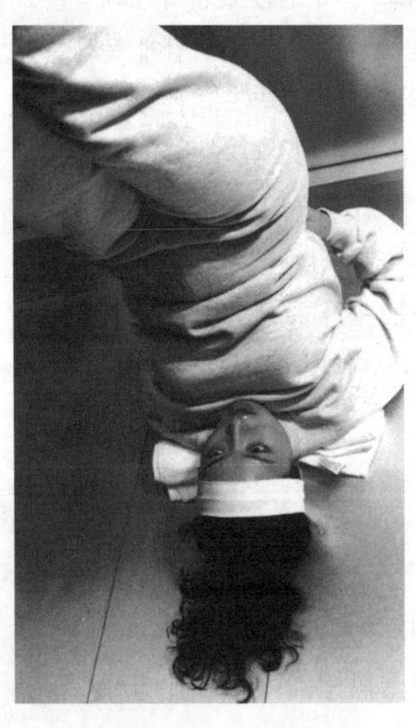

들어가고 302는 음식이 가
득 담긴 쓰레기 봉지를 들
고 아파트 문을 나서다 301
과 마주친다. 쓰레기 봉지
를 보고 열을 받을 대로 받
은 301은 버린 음식을 다시
끄집어내 302의 입에 강제
로 쑤셔 넣지만 소용없다.
그래도 포기하지 않은 301
은 선인장으로 특별 요리
를 만들어 302를 초대한다.
그 음식마저 먹을 수 없는
302는 301에게 자기를 털
어놓는다.

　윤희는 어릴 때 정육점을 운영하는 의붓 아버지에게 여러 차례 성
희롱과 성 폭행을 당한다. 친어머니는 이 사실을 알면서도 안정된
생활을 포기하지 못한다. 동네 꼬마가 숨바꼭질을 하다가 정육점 냉
장고 안에서 동사하자 의붓 아버지는 이 일을 숨기려고 윤희에게 정
육점 칼로 흔적을 없애게 만든 불행한 기억도 있다.

　301은 302에게 동정심을 느끼며 부드러운 요리를 만들어 준다.
그러나 302는 여전히 야채 주스조차 먹지 못한다. 301은 이제 302
를 위해 만들 음식이 더 이상 없다며 한숨을 쉰다. 302는 고맙고 미
안할 뿐이다.

　송희는 남편에게 끊임없이 맛있는 요리를 바치고 확인한다. "이
음식 맛있지, 이건 어때?" 결혼한 지 1년쯤 지나자 남편은 짜증을 내
고 섹스도 거부한다. 송희는 남편이 먹지 않는 음식을 대신 먹으며

스트레스를 푼다. 풍선처럼 살이 불기 시작한다. 남편도 바람이 들었다. 화가 폭발한 송희는 남편이 제일 아끼는 애완견을 요리해 버린다. 결과는 이혼.

301의 이야기를 듣고 302는 자기를 요리해 보지 않겠느냐고 제안한다. 더 이상 요리할 재료가 없어 살맛을 잃은 301은 두 눈에 고마움을 가득 담은 채 302의 목을 껴안는다. 그리고 힘껏 조인다.

302가 형사에게 음식을 대접한다. 형사가 말한다. "이 세상에서 먹어 본 닭고기 중 제일 맛있었어요." 302는 자부심을 느낀다.

성욕과 식욕은 무슨 관계가 있을까?

박철수 감독이 싸게 만든 "301 · 302"에는 다양하기 그지없는 사람의 욕망도 싸게 두 가지만 등장한다. 하나는 성욕이고 또 하나는 식욕이다. 도대체 성욕과 식욕은 무슨 관계가 있을까?

301은 남편과 성 생활이 만족스럽지 않자 와구와구 먹는 게 낙이다. 정신 분석학에 따르면 사랑이 부족하거나 성욕이 억눌리면 음식을 탐닉하는 증상이 나타난다. 대개 엄마나 남편이 없으면 냉장고 문을 더 자주 연다고 한다.

302는 어릴 때 성 폭행 경험 때문에 음식만 보면 구역질이 난다. 정육점 주인인 의붓 아버지는 먹는 문제를 의탁할 수밖에 없는 어린 윤희를 희롱한 대가로 밥상 앞에서 "먹어, 먹어." 소리를 연발하고 자기도 게걸스럽게 먹는다. 302는 음식을 보면 의붓 아버지를 연상하고 입 속에 집어넣지 못한다.

성욕과 식욕은 서로 대신할 수 있다. 기본 욕망은 성욕이다. 301의 결식증과 302의 거식증은 모두 성욕에서 비롯한다. 그러나 섹스를 거부당하면 잘 먹고 섹스를 강제당하면 못 먹는다는 간단한 공식은 성립하지 않는다. 성욕과 식욕이 서로 대신할 수 있다면 302도 섹스가 싫은 만큼 더 잘 먹어야 한다. 왜 301은 성욕이 왕성한 식욕을 낳고 302는 성욕이 억눌린 식욕을 낳을까?

프로이트*는 사람의 모든 생각과 행동을 성 충동으로 설명한다는 비난을 의식했는지 몰라도 후기에는 또 하나의 충동을 끌어들인다. 죽음 충동, 타나토스(thanatos)다.

프로이트에 따르면 모든 생물은 죽음 충동을 지니고 있다. 물고기와 새는 죽을 때 태어난 장소로 되돌아간다. 라캉이 프로이트에게 빌려 쓴 한 살 반짜리 어린이의 'Fort - Da' 놀이에서 프로이트가 본래 주목한 것은 죽음 충동이다. 불쾌한 기억은 피하려는 게 보통 사람의 심리다. 그러나 'Fort - Da' 놀이를 하는 어린이는 불쾌한 기억을 능동적으로 되풀이한다. 프로이트는 바로 이런 불쾌의 되풀이가 죽음 충동에서 비롯한다고 주장한다.

성 충동과 관련된 에로스(eros)도 타나토스에 비추어 보아야 참뜻이 드러난다. 에로스는 죽음 충동이 있어야 작동한다. 사람은 자기를 파괴하려는 죽음 충동이 일어나면 살려고 저항한다. 그러니까 에로스의 참뜻은 자기 보존 충동이다.

301은 자기 보존 충동이 왕성한 식욕으로 나타난다. 모든 충동은 채우는 게 목표다. 대상은 가리지 않는다. 자기 보존 충동은 섹스로 채울 수도 있고 음식으로 채울 수도 있고 옷이나 집으로 채울 수도 있다.

---

* 지그문트 프로이트(Sigmund Freud ; 1856~1939)
  정신 분석학을 세운 오스트리아 의사, 심리학자.
  『문명 속의 불만』, 김석희 옮김, 열린책들, 1997.

302도 자기 보존 충동이 억눌린 식욕으로 나타난다. 302는 음식만 보면 불쾌한 기억이 떠오른다. 그래서 302는 자기 보존 충동에 따라 음식을 아예 보지 않으려 한다. 그러나 음식을 영원히 피할 수는 없는 노릇이다. 병원에 입원해 링거 주사를 계속 꽂고 살지 않는한 알약과 물만 먹고 사는 일은 현실에서 불가능하다. 마침내 302는 죽음 충동에 따라 불쾌한 기억을 떠올리는 음식 자체가 되어 버리려 한다.

수퍼에고

프로이트는 사람의 정신 구조를 세 영역으로 나눈다. 이드(id), 에고(ego), 수퍼에고(superego)가 그것이다. 이드의 주요 기능은 충동을 불러일으키는 것이다. 에고의 주요 기능은 현실에서 일어나는 일을 생각함으로써 현실에 적응하게 만드는 것이다. 수퍼에고의 주요 기능은 양심의 가책을 불러일으키는 것이다.

프로이트의 눈으로 보면 302는 세 가지 협박에 시달리는 불쌍한 사람이다. 첫째, 302는 내부에 있는 충동의 협박을 받는다. 에로스는 불쾌한 기억을 피하기 위해 음식을 거들떠보지도 말라고 협박하고 타나토스는 불쾌한 기억을 껴안기 위해 아예 음식이 되라고 협박한다. 둘째, 302는 외부 현실의 협박을 받는다. 301이 만들어 주는 음식은 302에게 내부 욕망의 상징일 뿐 아니라 외부 현실의 상징이기도 하다. 아무 것도 먹지 않고 남과 철저히 담 쌓은 채 살 수없는 현실이 302를 협박한다. 셋째, 302는 양심의 협박을 받는다. 301이 정성껏 만들어 주는 음식을 더러운 몸 속에 집어넣을 수 없다는 양심이 302를 괴롭힌다.

수퍼에고는 나를 감시하고 학대한다. 302의 수퍼에고는 내면에서 식욕이 일어나는지 감시하는 눈길을 거두지 않는다. 만일 식욕이 일어날 기미가 보이면 수퍼에고가 잔인하게 꾸짖기 때문에 302는 화장실로 달려가야 한다.

프로이트는 수퍼에고가 자기를 학대하는 잔인한 속성을 지니고 있기 때문에 죽음 충동의 대리자라고 말한다. 죽음 충동은 우선 남에 대한 적대로 나타난다. 사람은 사랑받고 싶어하고 기껏해야 공격받으면 방어하는 점잖은 존재가 아니다. 사람은 여자 남자 가릴 것 없이 늑대다. 대가 없이 남의 능력을 착취하고 동의 없이 재산을 빼앗고 성 희롱하고 고통을 주며 죽인다.

그러나 죽음 충동은 외부의 남으로만 향하지 않고 자기 내부로도 향한다. 학교 다닐 때 짝사랑한 선생님도 있지만 죽이고 싶도록 미워한 선생님도 있을 것이다. '사람을 저렇게 개 패듯이 때리다니. 저게 사람 맞아, 죽일 놈!' 그러나 증오가 끓다가도 생각이 바뀐다. '알고 보면 저 인간도 불쌍해. 다 먹고 살려고 하는 짓 아니겠어. 불쌍한 놈을 죽일 생각까지 하다니 내가 죽일 놈이야.' 죽음 충동은 이렇게 외부의 남에서 나의 내부로 전환할 수 있다. 이때 스스로 자책하는 일은 죽음 충동을 대리하는 수퍼에고의 몫이다. 수퍼에고는 엄격하고 잔인하다.

도대체 이런 죽음 충동이나 수퍼에고가 내 삶에 무슨 의미가 있을까? 만일 지금까지 나온 프로이트의 말이 헛소리가 아니라면 사람은 행복하게 살기 글렀다.

발달하는 문명은 나에게 외부로 향하는 죽음 충동을 단념하라고 요구한다. 사회에 늑대들이 우글거리면 박터지는 싸움이 일어나고 결과는 공멸뿐이다. 내가 마지막 승자가 되더라도 날 기다리는 것은 마지막 사람의 죽음이다. 그러면 문명도 끝장나지 않을 수 없다. 사

람은 합리적으로 생각하기 때문에 공멸을 피하기 위해 문명의 요구
에 따른다. 사람은 외부로 향하는 죽음 충동을 점점 거두어들인다.
　그러나 이미 있던 죽음 충동이 없어질 리 없다. 거두어들인 죽음
충동은 이제 외부로 향하는 대신 나의 내부로 향한다. 나에 대한 수
퍼에고의 감시와 학대가 심해진다. 수퍼에고가 강해질수록 나에게
쌓이고 늘어나는 것은 양심의 가책뿐이다. 문명이 발달할수록 수퍼
에고가 강해지고 나는 죄의식이 늘어난다. 죄의식에 빠져서야 행복
하게 살기 글렀다.

개인의 삶에서 사회 전체로

자의식과 무의식의 비극

내가 대학교에 다닌 1980년대 초 '의식'은 위험한 말이었다. 의식이란 말을 들으면 '의식화'를 떠올렸고 의식화는 '붉은 악마'가 되는 걸 뜻했기 때문이다. 그러나 사전을 뒤져 보면 의식은 '앎' 또는 '생각'이란 뜻이고 따라서 의식화는 알고 생각하게 되는 것이다.

알고 생각하는 것이 위험한 일이라면 모르고 생각하지 않는 것이 안전한 일이다. 실제로 그랬다. 세계 정세, 우리 현실, 나 자신을 생각하지 않는 학생일수록 안전하게 졸업했고, 생각하는 학생일수록 공장이나 교도소로 전학하기 쉬웠다.

사르트르에 따르면 나에 대한 앎과 생각은 나의 삶에 비극을 낳는다. 나의 자의식과 남의 자의식 사이에 일어나는 투쟁은 무승부가 없다. 한쪽이 대자 존재가 되면 다른쪽은 즉자 존재가 된다. 그러나 내가 져 남의 도구가 되면 사람 사는 게 아니고, 이겨도 남이 물건이 되면 내가 살맛이 준다. 남은 지옥이고 남을 진심으로 사랑한다는 말은 위선이다.

프로이트도 마찬가지다. 보통 '초자아'라고 옮기는 수퍼에고는 자의식의 다른 이름이다. 내가 나를 잔인하게 꾸짖으려면 나를 알고 생각해야 한다. 자의식은 엄격하고 잔인하기 때문에 자의식이 강한 사람은 죄의식이 더 많이 쌓여 불행할 수밖에 없다. 양심의 가책과 죄의식은 지나치면 사람을 자살로 몰고 가는 엄청난 스트레스다.

자의식을 버리고 충동대로 사는 것도 행복으로 가는 길이 아니다. 프로이트의 생각은 흔히 충동을 남김없이 발산하며 살라는 메시지가 있다고 오해받는다. 그러나 사람은 어머니와 결합하고픈 원초적 충동을 채울 수 없으므로 술, 살, 돈, 명예, 지식에 대한 욕망을 가득 채우며 살더라도 언제나 뭔가 빠진 게 있는 듯 허무하다.

자의식은 사람에게 비극을 낳지만 다른 동물에게는 희극도 낳을 수 없다. 오직 사람에게만 자의식이 있기 때문이다. 사람은 무의식의 조종을 받는 자의식이든 자율적인 자의식이든 조상이 물려준 큰 머리 때문에 자기 삶을 돌아보지 않을 수 없다.

이미 피할 수 없는 것은 적극 부딪쳐 볼 수도 있다. 자의식이 비극을 낳는다고 평생 마비시켜 놓을 수는 없다. 도 닦는 중이 불쑥불쑥 솟아나는 성 충동에 번뇌하듯 돈 버는 속인도 빠끔히 고개를 쳐드는 자의식 때문에 한 번 크게 고민하지 않을 수 없다.

보편 속에서 실현하는 개별

자의식이 발동하면 사람은 눈을 크게 뜨고 자기 삶 전체를 본다. 당장 먹고 살아야 하는 사람은 눈앞에 있는 목표와 걱정 때문에 삶 전체를 볼 여유가 없다. 공부해서 시험에 붙어야 하고 결혼해서 가족과 함께 버텨야 하고 취직해서 집을 장만해야 한다. 왜 공부하고 결혼하고 취직해야 하는지 깊이 고민하는 것은 정신 나간 한가한 짓이라고 손가락질 받는다.

그러나 자의식은 본래 이런 정신 나간 짓이 제 기능이다. 대학 졸업하고 번듯한 직장에서 가족과 오손도손 살다가 갑자기 어느 날 불치병을 선고받은 사람은 '내가 뭐하는 거야.' 하고 고민에 빠져 든다. 남이 보면 병든 몸 따라 정신도 나간 상태지만 이때 나는 비로소 나를 생각하기 시작한다. 자의식은 내 삶 전체를 문제로 삼기 시작한다.

내 삶 전체를 문제 삼다 보면 반드시 내 삶에 남이 얽혀 있다는 걸 깨닫는다. 여러 얼굴이 떠오른다. 오랫동안 잊고 지낸 얼굴도 있고 언제나 마주 보는 얼굴도 있다. 내 삶이 좋든 나쁘든 남들의 영향을 받고 있다는 사실을 새삼스럽게 확인한다.

자의식은 내 삶에 영향을 미친 남들, 더 넓혀 사회 전체를 끌어들이지 않고서는 내 문제를 해결할 수 없다는 걸 알려 준다. 내가 이 모양 이 꼴로 사는 게 사회의 저 모양 저 꼴과 큰 관계가 있다는 걸 부인할 수 없다. 왜 결혼하고 여태 직장도 없이 솥뚜껑이나 운전하고 사는지 생각해 보면 젊은 시절 남자 직원에게 커피 타 주는 일이 지겨웠기 때문이고 그 시절엔 이런 잔심부름을 거부하기 힘든 분위기였다는 생각이 든다. 내 삶이 사회에 미친 영향보다 사회 전체가 내 개인의 삶에 미친 영향이 압도적으로 크다. 자의식은 내 삶 전체에서 사회 전체의 삶으로 전선을 확대한다.

개인의 삶이 사회 전체 속에서 참뜻을 얻는다고 강조한 철학자는 헤겔(G. Hegel)이다. 헤겔은 이 사상을 '보편 속에서 실현하는 개별'이라는 어려운 개념으로 설명한다. 사회는 보편이고 개인은 개별이다. 개인이 추구하는 자유는 사회를 벗어나서는 이루어질 수 없다. 그러므로 개인이 자유를 얻으려면 사회가 자유로워야 한다.

모든 사람은 자유로운 개인이 되고 싶은 한 조각 소망이 있다. 그러나 모든 개인이 자유를 얻기 위해 현실을 버리고 중이 될 수는 없다. 모든 개인이 머리털 있는 중이 되려면 현실을 절과 도량으로 만들어야 한다. 자의식이 개인의 삶에 비극이 아니라 행복을 낳으려면 자기만 뜯어고치려고 애써야 헛일이다. 사회 현실을 개조하는 길을 함께 모색해야 한다.

IX. 환경과 생명

1. "버닝 시즌 The Burning Season"

베이컨의 기계론

감독 : 존 프랑켄하이머(John Frankenheimer) / 출연 : 라울 줄리아(Raul Julia),
니겔 하버스(Nigel havers), 토니 플래너(Tony Plana)

2. "부시맨 The Gods Must Be Crazy"

카프라의 신과학

감독 : 제이미 우스(Jamie Uys) / 출연 : 니카우(Nixau), 마리우스 웨이어스(Marius Weyers),
산드라 프린스루(Sandra Prinsloo)

3. "마이크로코스모스 Microcosmos"

다윈의 진화론

감독 : 클로드 누리드사니(Claude Nuridsany) / 출연 : 클로드 누리드사니

4. 경쟁과 협동

"버닝 시즌"
베이컨의 기계론

　현대인은 웃기는 상황에 빠져 있다. 자연 환경을 나날이 파괴하면서도 평일엔 자연을 그리워하고 주말이나 휴일엔 교통 지옥을 뚫고서라도 자연을 찾는다. 자연을 망가뜨릴수록 자연에 대한 그리움만 쌓인다.

　이제 환경 오염처럼 사람 입에 꾸준히 오르내리는 사회 문제도 드물다. 환경 오염이 심각하다는 걸 부인하는 환경 전문가도 없다. 나는 환경 전문가가 아니고 환경 문제에 대한 구체적인 진단과 처방은 내 능력에서 벗어나 있다. 그러나 철학이 환경 위기를 극복하는데 조금이나마 이바지할 길은 있다. 자연을 보는 눈도 환경 위기의 근본 원인 가운데 하나이기 때문이다. 도대체 우리는 어떤 자연관을 가지고 있길래 환경을 이토록 병들게 만들었을까? 또 어떤 자연관이 환경 위기를 극복하는 데 바람직할까?

2500군데서 불타는 아마존

　1951년 브라질 카초에이라에서 늙은 고무 채취 노동자가 아들을 데리고 고무를 팔러 상인에게 간다. 상인은 60킬로그램짜리 고무 덩어리를 저울에 달아 40킬로그램이라고 말하고 정제 비용, 외상값을 뺀 돈만 건네 준다. 가게 밖에는 총을 든 경비원이 있다. 아들이 아버지에게 묻는다. "40킬로그램이었나요?" "그가 40킬로그램이라면 40킬로그램이야." 악덕 상인은 밤에 노동자를 모아 놓고 겁주기 위해 애꿎은 한 사람을 불태워 죽인다.

　1983년 아마존 숲이 불타고 있다. 지주와 투자가는 소를 방목하기 위해 숲을 불태워 거대한 목장으로 만들려 한다. 한편 고무 채취 노동자는 조합 회의에서 생업을 유지하기 위해 숲을 지키자고 결의한다. 고무 채취 노동자는 나무 베는 노동자를 막고 나선다. 그 날 치코(라울 줄리아)는 벌목 노동자를 훌륭하게 설득한 덕분에 조합장의 권유로 조합 일을 맡는다.

　벌목이 중단되자 지주와 투자가가 가만히 있을 리 없다. 조합 사무실 앞에 죽음을 암시하는 산양의 머리가 걸리고 결국 조합장이 총격 테러로 목숨을 잃는다. 치코는 조합원에게 보복하지 말라고 호소한다. 보복이야말로 그들이 원하는 것이니까. 그러나 조합원 한 사람이 투자가를 암살하고 정부가 대신 보복한다. 무더기로 경찰에 끌려간 조합원과 치코는 심하게 얻어맞고 고문을 당한다.

　만신창이가 되어 풀려 난 치코는 목숨의 위협을 느끼고 마을을 떠나기 위해 버스에 오른다. 그러나 중장비가 마을로 들어가는 것을 보자 버스에서 도로 내리고 만다. 치코는 노조를 다시 일으켜 세운다. 얼마 뒤 기록 영화 제작자 스티븐 케이(니겔 하버스)가 찾아와 불타는 아마존과 치코를 필름에 담기 시작한다.

　치코는 숲을 지키려면 정치 권력이 필요하다는 걸 느끼고 주지사 선서에 출마한다. 지주와 투자가를 대변하는 후보 갈비오(토니 플레너)는 마치 우리 나라 옛 정치인이 선거 때 고무신을 돌리듯 전기 톱을 뇌물로 뿌린다. 치코는 뇌물 대신 2500군데나 연기가 피어 오르고 있는 아마존의 위성 사진을 유권자에게 보여 준다. 그러나 결과는 참패. 치코가 얻은 표는 겨우 10%다.

　치코는 스티븐의 권유로 아마존에서 일어나는 일을 알리기 위해 마이애미에서 열리는 아메리칸 국제 개발 은행 협의회에 참석한다. 이미 스티븐의 기록 영화가 방영되어 사람들은 치코가 전 세계를 위해 싸우고 있다고 생각한다. 그러나 치코는 "나무를 지켜 조합원에게 일자리를 주기 위해" 싸울 뿐이라고 연설한다.

　방송의 힘으로 치코는 영웅이 되고 나무 베는 기계가 잠시 멈춘다. 그러나 지주는 다시 자기 땅에 있는 나무를 베려 하고 조합원은 몸으로 막다가 한 어린이와 노동자가 목숨을 잃는다. 주지사 갈바오와 투자가 대표가 세계 여론에 떠밀려 치코와 협상하러 나선다. 밤샘 협상 끝에 주지사는 카초에이라의 황폐화를 막기 위해 땅을 아마존 주민에게 대를 이어 위탁할 것이라고 밝힌다. 벌목 기계가 물러나고 조합원은 축제 분위기에 휩싸인다.

그러나 치코의 집 앞에도 죽은 산양의 머리가 걸린다. 친구와 가족이 떠나라고 권하지만 치코는 60킬로그램의 고무를 뼈 빠지게 채취해 40킬로그램 값만 받고도 찍소리조차 못한 아버지처럼 비참하게 살 수 없다며 물러서지 않는다. 치코는 죽음을 직감한 듯 가족에게 미리 크리스마스 선물을 주고 문 밖으로 나서다 총을 맞고 쓰러진다.

나와 가족과 후손을 위해

철학과 대학원에 진학하기 위해 면접 시험을 본 어느 후배의 이야기다. 후배는 다른 학생과 함께 면접실로 들어갔고 교수가 먼저 그 학생에게 물었다. "왜 철학과 대학원에 진학하려 하나?" "21세기의 소크라테스가 되고 싶어서요." "그럼 소크라테스가 어떤 사람인지 말해 보게." 학생이 잘 대답하지 못하고 머뭇거리자 교수가 이번에는 후배에게 물었다. "자넨 소크라테스에 대해 좀 아나?" 후배는 장난기가 일어 씩씩하게 말했다. "네, 소크라테스는 20세기 브라질의 의사이며 국가 대표 축구 선수로서……." 한바탕 웃음이 터졌다.

1980년대 후반 브라질 축구 대표팀에서 골잡이 소크라테스의 단짝이 치코였다. 브라질에선 치코가 아주 흔한 이름인 모양이다. "버닝 시즌 The Burning Season"은 아마존 열대 우림을 지키려고 애쓰다 목숨을 잃은 실존 인물 치코 멘데스의 삶을 그린 영화다. "로메로"에서 역시 총맞아 죽는 신부님으로 출연한 배우 라울 줄리아의 유작이기도 하다.

왜 아마존을 보존하는 훌륭한 일에 몸 바치는 치코가 주지사 선거에서 표를 10%밖에 못 얻었을까? 내가 이 영화에서 우선 궁금한 점이다. 대답은 나머지 90%의 유권자에겐 아마존을 개발하는 것이 어떤 식으로든 이익이라는 데서 찾을 수밖에 없다. 전기 톱 하나씩 공짜로 얻는 것보다 일자리가 생기는 게 이익이다.

현재 브라질 정부는 2000년까지 1인당 국민 소득을 4000달러로 끌어올린다는 목표 아래 아마존의 일부를 개발하고 있다. 이 영화에서도 지주와 투자가는 아마존을 거대한 인공 초원으로 만들어 목축업을 벌이려 한다. 나무가 있어야 고무를 채취할 수 있는 노동자에겐 밥줄이 끊어지는 사업이다. 그러나 브라질 정부와 국민은 이 사업을 압도적으로 지지한다.

이 사업에 반대하는 세력은 오히려 브라질 밖에서 신소를 아마존에 의존하는 전 세계인과 특히 가까운 미국인이다. 지난 1992년 브라질의 리우에서 열린 유엔 환경 개발 회의는 삼림 보호에 관해 선진국과 개발 도상국의 이해가 날카롭게 대립한다는 걸 확인해 주었다. 선진국은 개도국의 목재 생산이 삼림 훼손의 근본 원인이라고 주장했지만 개도국은 선진국의 소비 지향 생활이 지나친 벌목을 유발한다고 반박했다. 선진국은 전 세계를 위해 삼림을 무조건 보호해야 하고 경제 보상도 할 수 없다고 주장했지만 개도국은 자기 나라의 삼림 자원에 대한 주권을 침해하지 말라고 맞섰다.

아마존과 치코의 기록 영화에 전 세계인이 큰 관심을 보이고 치코가 미국의 은행 협의회에서 연설할 기회를 얻은 것도 브라질인의

이익과 어긋나는 면이 있다. 협상에 나선 투자가 대표가 치코에게
묻는다. "미국인은 아마존이 브라질의 것이 아니라 전 세계의 것이
라고 말하는데 당신 생각은 어떠냐?" 치코는 이 물음에 대답하지 않
고 딴전만 피운다. 이미 치코는 이런 비난을 염려하여 마이애미에서
연설할 때 자기가 전 세계인이 아니라 브라질의 고무 채취 노동자
를 대변할 뿐이라고 강조했다.

전 세계에 필요한 산소 중 30%를 공급하는 아마존이 불타는 것
은 가까이 있는 미국인뿐 아니라 멀리 있는 우리에게도 이로운 일
이 아니다. 그러나 브라질인에게 더 급한 걱정거리는 산소가 아니라
만성 가난에서 탈출하는 것이다. 아마존은 전 세계인 특히 미국인을
위해서는 보존해야 하지만 브라질인을 위해서는 개발해야 한다. 치
코는 브라질 고무 채취 노동자를 대변하지만 어찌 보면 저도 모르
게 미국의 앞잡이 노릇을 하고 있다.

내가 이런 추측까지 하는 까닭은 환경 운동가들을 싸잡아 선진국
의 앞잡이로 매도하기 위해서가 아니다. 우리가 환경을 제대로 보호
하려면 어떤 태도를 가져야 하는지 따져 보기 위해서다.

아는 것이 힘이다

왜 치코는 아마존을 보존해야 한다고 주장하고 갈바오는 개발해
야 한다고 주장할까? 치코와 갈바오는 아마존 숲을 불태우는 사업
에 대해서는 의견이 분명하게 다르지만 공통점이 있다. 갈바오는 아
마존에서 목축업을 벌이면 많은 사람에게 일자리가 생기고 국민 소
득도 높아진다고 주장한다. 이 논리에 맞서 치코는 오히려 아마존
숲을 보존하는 것이 앞으로 브라질의 국민에게 이로울 것이라고 주

장한다. 말하자면 아마존 관광 세일즈가 치코의 대안이다. 아마존 숲은 치코와 갈바오 모두에게 브라질의 높은 국민 소득을 보장하는 자원이다. 당장이냐 기다려야 하느냐가 다를 뿐이다.

도대체 왜 환경을 보호해야 할까? "나와 가족과 후손을 위해." 가장 많이 나오는 이 대답은 당연한 듯하지만 맹점이 있다. 환경을 개발해야 하는 이유도 똑같기 때문이다. 나와 가족이 가난하게 사는 게 지겹고 후손에게 가난을 물려주는 것도 안타깝다. 환경 보호도 사람을 위해서고 환경 개발도 사람을 위해서다. 돌이나 나무나 꽃이나 짐승을 위해서가 아니다. 우리가 환경을 대하는 태도는 사람의 이해가 중심이다.

이런 태도의 뿌리는 근대 과학과 더불어 성장한 기계론적 자연관이다. 원시 시대와 고중세 시대까지 자연은 사람에게 순응과 숭배의 대상이지만 근대에는 조작과 지배의 대상으로 바뀐다. 프랜시스 베이컨*의 유명한 말, "아는 것이 힘이다."는 자연을 아는 것이 자연을 지배하는 힘이라는 뜻이다. 베이컨은 관찰과 실험에 의존하는 과학이 자연을 정확하게 알고 나아가 사람이 자연을 조작하고 지배하는 기초라고 주장한다.

고중세 사람은 자연 현상에 목적이 있다고 생각했다. 번개는 신이 사람에게 벌을 주는 게 목적이고 곡식은 사람에게 먹히는 게 목적이다. 그러나 과학에 따르면 번개는 대기의 방전 현상이고 곡식은 대사와 복제로 자란다. 자연 현상은 목적이 없고 물질이 기계처럼 운동하면서 일으킬 뿐이다. 근대 과학이 발달하면 목적론적 자연관

---

*프랜시스 베이컨(Francis Bacon : 1561~1626)
　경험 과학 연구를 보급하는 데 앞장선 영국 정치가, 철학자.
　「뉴 아틀란티스」, 『베이컨 수상록』, 권오석 옮김, 홍신문화사, 1990.

은 무너지고 기계론적 자연관이 들어선다.

내가 남의 행동이나 생각을 정확하게 파악하려면 우선 나의 감정을 철저하게 배제해야 한다. 마찬가지로 자연도 정확하게 파악하려면 우선 사람과 떼어놓아야 한다. 신과 사람의 목적이나 감정을 섞어 놓으면 자연을 객관적으로 파악할 수 없다. 이렇게 자연과 사람을 분리하는 기계론적 자연관은 자연을 조작하고 지배해도 사람에게 큰 탈이 돌아오지 않는다는 믿음을 낳았다. 베이컨의 말은 산업 문명을 일으킨 자본가의 슬로건이 되었다.

"버닝 시즌"은 아마존의 환경 문제 뒤에 고무 채취 노동자, 벌목 노동자, 지주, 투자가, 정치가, 브라질인, 미국인, 전 세계인의 이해가 복잡하게 얽혀 있다는 걸 보여 준다. 그러나 이 모든 이해 뒤에는 다시 자연은 물질이 운동한 산물이고 사람이 자연과 떨어져 큰 탈 없이 지배할 수 있다는 기계론적 자연관이 버티고 있다. 철학의 눈으로 보면 이런 자연관이야말로 환경을 제대로 보호하는 데 큰 걸림돌이다.

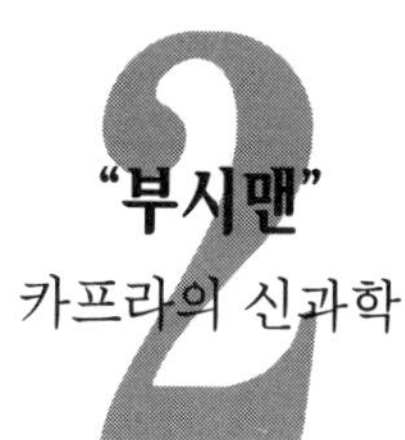

"부시맨"
카프라의 신과학

우리 나라에서 자동차가 귀하던 몇 십 년 전에는 휘발유 냄새를 맡으려고 자동차 꽁무니를 쫓으며 신나게 노는 아이들이 많았다. 이제 자동차 꽁무니를 죽으나 사나 보고 쫓는 일은 운전하는 어른들 몫이다. 자동차는 꽁무니가 예뻐야 잘 팔린다. 그러나 자동차 꽁무니가 내뿜는 가스 중 일부는 대기 속 수증기와 섞여 황산과 질산으로 변한다. 그리고 이런 물질을 포함한 산성비는 요즘 여성뿐 아니라 남성도 가꾸는 피부를 망치고 건물벽을 삭힌다.

"부시맨 The Gods Must Be Crazy"은 과학 기술 문명의 세례도 산성비의 세례도 없이 태평스럽게 사는 아프리카 토착 부족이 어느 날 하늘에서 떨어진 단단한 놈 하나 때문에 겪는 시련을 담은 영화다.

단단한 놈 하나 때문에

아프리카 칼라하리 사막은 낙원처럼 보이지만 실은 아주 위험한 곳이다. 장마가 오면 연못이 많이 생기지만 얼마 지나지 않아 모두 말라 버리고 1년 중 9개월 동안은 물이 없다. 그러나 다른 동물은 대부분 물을 찾아 떠나고 없는 이 사막에 작은 몸과 넓은 마음을 가진 부시맨이 살고 있다.

부시맨은 볼품 없는 가지만 보고도 땅 속에 있는 추바라는 식물을 찾아 즙을 짜 먹는다. 또 조심스레 갖다 놓은 나뭇잎에 밤새 고인 이슬을 받아 마시기도 한다. 부시맨은 신들이 이 세상에 좋은 것만 주었다고 믿는다. 독사도 이빨만 피하면 맛있는 살과 주머니를 만들 수 있는 가죽을 제공한다. 사냥할 때는 화살 촉에 마취제를 묻혀 쏜 뒤 잠든 동물한테 먼저 사과하고 자기 가족에게 고기가 필요하다고 설명해 준다.

부시맨은 소규모 가족 단위로 고립되어 살기 때문에 몇 년에 한번쯤 다른 가족을 보지만 겨우 600마일 남쪽에 문명 세계와 사람이 떼지어 있다는 걸 모른다. 그래도 자식을 혼내거나 큰소리 지르는 법 없이 평화롭게 산다.

모든 것이 말라 부서지는 사막에는 단단한 것이 드물다. 제일 단단한 것이라야 나무와 뼈다. 그러나 어느 날 하늘에서 아주 단단한 것이 하나 떨어진다. 가끔 부시맨의 귀를 괴롭히는 '날개를 움직이지 않는 시끄러운 새'에서 조종사가 마시고 던져 버린 코카 콜라병이다.

부시맨 키(니카우)의 가족에게 콜라병은 쓸모가 많다. 음식을 찧고 뱀 가죽을 펴고 음악을 연주하는 데 쓰인다. 그러자 키의 가족에겐 전에 없던 이상한 감정이 싹 튼다. 콜라병을 혼자서만 가지고 싶은 감정과 가족을 질투하고 미워하는 감정이다. 키의 가족은 이런 감정이 생긴 걸 깨닫자 창피해 하고 신들이 처음으로 나쁜 것을 주었다고 생각한다.

키는 콜라병을 하늘로 높이 던지며 신들에게 도로 가져가라고 외친다. 그러나 다시 떨어진 병에 딸이 머리를 맞아 다친다. 키는 콜라병을 먼 곳에 파묻는다. 그러나 그날 밤 하이에나가 병에 묻은 피 냄새를 맡고 파냈다가 홍멧돼지에게 쫓기는 바람에 땅에 떨어뜨리고 다음날 딸이 다시 주워 온다. 또 가족이 콜라병을 둘러싸고 티격태격한다.

키는 단단한 놈 하나 때문에 말썽이 그치지 않자 결심한다. "이 나쁜 것은 세상에 있으면 안 될 물건이니까 내일 세상 끝으로 가서 버리고 와야겠다." 키는 세상 끝으로 끝없이 가다가 백인들을 만나자 신인 줄 알고 콜라병을 돌려주려 한다. 그러나 아무도 쓰레기를 받으려 하지 않자 키는 그들이 신이 아니라고 판단한다.

키는 다시 길을 가다가 양떼를 보자 배가 고파 한 마리를 사냥한다. 양치기 소년이 소리를 지르자 키는 같이 먹자고 말한다. 무슨 말인지 알아들을 리 없는 소년이 달려가 경찰을 데려오고 경찰은 키가 요리하려는 양을 도둑질한 증거물로 압수한다. 키는 음식을 빼앗는 경찰이 무례하다고 생각하지만 곧 다른 양을 잡으려 한다. 경찰이 공포탄을 쏘자 양이 흩어지고 키는 양을 쫓아 달리고 경찰은 키를 쫓아 뛴다.

법정에 선 키는 미소를 짓지만 3개월 징역형을 선고받는다. 벽을 모르는 키에게 감방은 죽음을 뜻한다는 걸 잘 아는 통역인 덕분에 키는 어느 백인에게 11주 동안 생태 전문가로 고용된다. 키는 이 백인과 함께 마침 교사와 학생을 붙잡고 인질극을 벌이는 반란군을 소탕한다.

11주가 지나자 백인은 키에게 굳이 임금을 쥐어 주지만 키는 돈을 제2의 콜라병으로 여기고 찢어 버린다. 키는 양을 사냥하다 붙잡힌 곳에서 콜라병을 주워 다시 세상 끝으로 떠난다. 가도 가도 끝이 없어 그만 포기하려던 키는 더 이상 나아갈 수 없는 절벽에 이르자 드디어 세상의 끝을 찾았다고 생각하며 콜라병을 던진다. 얼마 뒤 목이 빠지게 기다리던 가족이 키를 반갑게 맞이한다.

사람은 생태계의 일부

이제 우리 나라도 산 좋고 물 좋은 금수 강산이 공해 강산으로 바뀐 지 오래다. 서울의 대기 오염도는 이미 1978년 이래 세계 정상급이고 서울 시민 한 사람이 하루에 버리는 생활 쓰레기는 뉴욕이나 도쿄 시민의 2배에 이른다. 우리 나라만이 아니다. 대기의 오존층이 갈수록 얇아진 덕분에 강한 햇빛이 비치는 날 선글러스는 멋이 아니라 눈을 보호하는 필수품이 되고 있다. 지구만이 아니다. 우주에서도 크고 작은 수백만 개의 쓰레기가 지구 궤도를 따라 엄청난 속도로 돌고 있기 때문에 우주 비행기가 0.2밀리미터짜리 페인트 분말과 충돌하여 창이 5밀리미터나 패인 적도 있다.

환경 오염이 심각하다는 데 한목소리로 동의하는 환경 전문가도 환경 오염의 주범에 관해서는 의견이 서로 다르다. 이윤을 추구할 수밖에 없는 자본주의 사회 구조가 주범이라는 의견도 있고 사회 구조와 상관없이 과학 기술과 산업 문명의 발달이 주범이라는 의견도 있다.

언젠가 우리 나라에서 어느 환경 단체가 진짜 무공해 세제를 만들어 판 적이 있다. 추수하고 탈곡한 뒤 남은 겨를 꽉 짜서 만든 세제인데 요즘 온갖 그린 세제가 쏟아져 나오지만 이런 진짜 무공해 세제는 상품 진열대에 보이지 않는다. 어떤 기술적 난점이 있는지 모르지만 아마 이윤이 남지 않는 게 기업이 이런 세제를 만들지 않는 중요한 이유일 것이다. 그러나 기업은 아무리 환경 오염에 이바지하는 자동차도 이윤이 남으니까 줄기차게 만들어 낸다. 자본의 이윤 추구가 환경 오염의 주범이라는 소리가 나올 법하다.

한편 같은 현상을 달리 해석할 수도 있다. 그린 세제가 겨 세제에 비해 더 많은 이윤을 보장하는 것은 화공학 기술이 발달한 덕분이고 자동차가 자전거보다 더 많이 생산되는 것은 우리 삶이 갈수록 더 편리해지는 산업 문명에 익숙한 덕분이다.

환경이 바뀌면 행동과 가치관도 변한다. "부시맨"에서 콜라병은 도시의 산업 문명을 상징한다. 콜라병 하나가 굴러 들어온 덕분에 화목하던 키의 가족은 서로 헐뜯고 싸운다. 또 공동 소유의 가치관 대신 사유의 가치관이 들어선다. 콜라병 하나를 독차지하기 위해 싸우는 짓도 피곤하지만 이런 짓을 하는 자기에 대한 의식 때문에 더 부끄럽고 불편하다. 키가 세상의 끝으로 가서 버리는 것은 콜라병이 아니라 부끄럽고 불편한 사유의 가치관이다.

콜라병 하나가 한 가족의 행동과 가치관을 바꾸듯이 지구 환경의 오염은 전 세계인의 행동과 가치관을 오염시킬 수 있다. 그렇다면 자연 환경은 사람과 떼어놓을 수 있고 큰 탈 없이 지배할 수 있는 대상이 아니다. 사람의 뇌와 손은 자연 환경을 수동적으로 받아들이기만 하지 않고 능동적으로 변형할 수 있다. 거꾸로 생명 없는 대기와 땅, 하찮게 보이는 나무와 동물도 사람의 생각과 행동을 바꾸는 힘이 있다. 사람이 자연에 해를 입히면 자연은 천배 만배 보복한다. 자연 환경은 사람과 뗄래야 뗄 수 없는 영향을 주고받으며 사람은 생태계의 일부다.

체계론적 자연관

몇 년 전 내가 예비군 훈련을 받다가 겪은 일이다. 무슨 수를 썼는지 모르지만 훈련 도중에 한 약장수가 나타났다. 30분쯤 떠들고는 30만 원짜리 스쿠알렌인지 스쿠버다이빙인지 하는 보약을 60명 중 무려 40명과 계약하고 돌아갔다. 그 약장수의 이야기는 대충 이랬다. "지금 당장 간이나 위가 나쁘지 않더라도 매일 공해와 소음이 당신의 건강을 좀먹고 있다. 공해와 소음은 술이나 담배처럼 독하게 마음먹고 끊을 수 있는 것도 아닌 데다가 치명적일 수도 있다. 이런 위험에 어쩔 수 없이 무방비로 노출되어 있는 당신 몸이 불쌍하지도 않느냐?" 물론 정력에 좋고 부모님께 효도 선물이라는 선전도 붙어 있었다.

군대 근처에서 나오는 이야기야 대부분 믿거나 말거나지만 나는 약장수가 생태계를 약 파는 논리로 끌어들이는 게 신선했다. 내 몸이 대기의 영향을 받는다는 건 생태주의의 논리다. 생태주의는 사람을 생태계의 일부로 보기 때문에 자연을 해치는 일이 곧 사람을 해치는 일이라고 주장한다.

생태주의는 서양에서 1970년대부터 나오고 우리 나라에선 1980년대 초부터 소개되기 시작한 '신과학'의 자연관을 기초로 삼는다. 신과학의 대표자는 카프라*다.

신과학이 있으니까 구과학도 있다. 구과학이란 데카르트, 뉴턴 등의 과학을 가리킨다. 구과학의 자연관은 기계론적 결정론이 핵심 내용이다. 기계론적 결정론에 따르면 우리가 예를 들어 날아가는 돌멩이의 현재 위치와 속도를 알고 '물체가 가진 힘은 질량과 가속도의 곱에 비례한다'는 뉴턴 역학의 제2법칙을 알면, 미래 어떤 시점에서도 그 돌멩이의 위치와 속도를 정확하게 계산할 수 있다.

한낱 돌멩이에 관한 이론이 뭐 그리 중요할까 싶겠지만 그렇지 않다. 돌멩이를 보는 눈은 별, 나무, 개, 사람을 보는 눈으로 확장할 수 있기 때문이다. 데카르트는 예를 들어 사람의 몸을 시계처럼 보았기 때문에 병들면 고장난 부품만 찾아 고칠 수 있다고 주장했다.

카프라는 현대 물리학 등 신과학을 근거로 구과학의 자연관이 잘못된 것이라고 주장한다. 현대 물리학이 다루는 아주 작은 입자의 세계에서는 우리가 입자의 현재 위치와 속도를 알더라도 미래 위치와 속도를 단 하나의 정확한 값으로 계산할 수 없다. 또 이 입자들은 어려운 말로 '비국소적 연결 관계'를 가진 것으로 알려져 있다. 입자들이 아주 멀리 떨어져 있더라도 서로 영향을 주고받을 수 있다는 뜻이다.

카프라는 신과학을 바탕으로 체계론적 자연관을 주장한다. 체계론적 자연관에 따르면 아주 작은 입자부터 우주 전체까지 모든 것

---

* 프리초프 카프라(Fritjof Capra ; 1939~)
체계론적 세계관으로 신과학 운동의 핵심 인물로 주목받는 물리학자.
『새로운 과학과 문명의 전환』, 이성범 외 옮김, 범양사, 1985.

이 서로 연결되어 하나의 체계를 이루고 있다. 사람도 세포, 조직, 기관이 서로 연결되어 있고 몸과 마음도 연결되어 있으며 그 밖의 생물, 무생물, 나아가 우주와도 연결되어 있다. 그러므로 사람 몸에 병이 나면 고장난 부분과 연결된 다른 부분도 함께 치료해야 하고 심리 치료도 중요하며 환경도 좋게 만들어야 한다.

신과학의 체계론적 자연관에 따르면 우리는 사람과 자연의 관계를 지배 관계로 보는 눈을 버리고 조화 관계로 보아야 환경 오염을 근본적으로 해결할 수 있다. 우주, 지구, 생물, 무생물은 사람을 위해서가 아니라 그 자체를 위해서 보호해야 한다. 우리는 욕망을 줄이고 못 채우는 한이 있더라도 자연 환경을 덜 건드려야 한다. 과연 체계론적 자연관이 타당할까?

3

"마이크로코스모스"
다윈의 진화론

사람을 포함하여 지구 위에 있는 모든 생물을 죽일 만한 핵폭탄이 터지더라도 살아 남을 자신이 있다고 큰소리치는 동물은 바퀴벌레다. 바퀴벌레는 집에서 한 마리가 눈에 띄면 어딘가 그 200배가 숨어 있다고 생각해야 한다. 왕성한 생식력은 곤충이 최고다.

지구는 곤충의 행성이다. 곤충은 깊은 바다부터 높은 산봉우리까지 어디나 살고 있다. 곤충의 종수는 전체 동물의 70%를 차지한다. "마이크로코스모스 Microcosmos"는 곤충이 주인공인 영화다. 또 눈으로 직접 보지 않고 말로만 들으면 실감이 나지 않는 영화다.

마이크로 섹스

풀밭 어딘가엔 행성과 같은 거대한 세계가 숨어 있다. 이 세계에선 시간이 다른 속도로 흐른다. 1분이 한 시간처럼, 한 시간이 하루처럼, 하루가 한 계절처럼, 한 계절이 평생처럼.

아침은 곤충도 화장을 하는 시간이다. 메뚜기와 개미가 앞다리로 더듬이를 열심히 닦아 먼지를 털어 낸다. 사마귀도 빗이 달린 앞다리로 겹눈을 씻고 뒷다리로 날개와 배를 깨끗이 청소한다.

꽃이 활짝 피면 곤충이 날아든다. 벌이 꿀을 먹느라 정신이 없는 동안 꽃의 수술이 살짝 내려와 벌 엉덩이에 꽃가루를 묻힌다.

무당벌레가 진딧물을 먹으려고 기웃거리지만 진딧물 무리를 독차지하려는 개미 목동에게 떠밀려 풀줄기에서 떨어진다. 무당벌레는 아침 식사도 못한 채 암컷을 찾아 등 위로 올라타고 몸을 흔들어 댄다. 적을 물리친 개미는 진딧물을 앞다리로 계속 고문하고 진딧물은 참다 못해 꽁지에서 즙을 내놓는다. 개미가 맛있게 빨아먹는다.

폭신한 이끼 침대 위에서 달팽이 두 마리가 무거운 껍질을 지고 천천히 서로 접근한다. 온몸이 마치 격렬히 키스하는 입술처럼 뜨겁게 얽힌다. 한동안 떨어질 줄 모르고 붙어 있다.

무당거미가 잠복 근무하고 있는 거미줄에 철없는 메뚜기가 걸린다. 무당거미는 눈깜짝할 사이에 실을 뿜어 메뚜기를 마치 미이라처럼 포장해 버린다. 그리고 메뚜기 즙을 쪽쪽 빨아먹는다.

햇볕이 쨍쨍 내리쬐는 한낮 참나무솔나방의 애벌레가 꼬리에 꼬리를 물고 나타난다. 번데기가 되기 위해 자기를 묻을 장소를 찾는 중이다. 줄이 끝이 없다. 그러나 제일 앞선 애벌레가 길을 잘못 잡아 줄 중간쯤에 대가리를 박고 더 나아가지 못한 채 헤맨다. 뒷 애벌레들이 줄줄이 밀려 쌓인다. 우두머리가 못난 탓에 애벌레들이 햇볕에 말라 몰살하고 만다.

말똥구리가 물구나무 선 채 뒷다리로 새끼에게 줄 똥덩어리를 굴린다. 시지프스처럼 언덕을 오르다 몇 번씩 떼구르르 굴러 떨어지지만 포기하지 않는다. 기어코 언덕 위로 올라간다. 그러나 이번에는 똥덩어리가 뾰족한 나뭇가지에 박힌다. 마치 모래에 빠진 자동차 바퀴처럼 앞다리로 주위의 흙을 파내며 밀어도 헤어나지 못한다. 다리로는 안 되니까 바로 서서 머리로도 밀어 보지만 소용없다. 마침내 뒤쪽으로 돌아가서 똥덩어리를 쑥 빼낸다. 휴! 다시 신나게 굴린다.

개미떼가 하늘의 난폭자 꿩의 공격을 받는다. 개미에겐 꿩 발이 공룡 티라노사우루스의 발보다 더 무섭다. 수많은 개미가 꿩 부리 속으로 들어간다. 꿩은 아예 개미탑을 부수고 실컷 포식한다.

큰붉은실잠자리 한 쌍이 짜릿하게 공중 교미한다. 꼿꼿이 선 수컷이 배 끝 부분으로 암컷의 목 뒷덜미를 붙잡는다. 암컷이 체조 선수처럼 배를 머리 앞쪽으로 구부려 수컷의 배 앞쪽에 갖다 붙인다. 이 곳에는 수컷의 정자가 모여 있다.

　바람이 불고 먹구름이 하늘을 덮고 비가 떨어지기 시작한다. 빗방울 하나가 곤충에겐 폭탄 한 발이다. 융단 폭격에 한바탕 난리가 일어난다. 무당벌레가 수류탄에 튕기듯 뒤로 나자빠지고 메뚜기가 파편처럼 흙탕물을 뒤집어쓴다. 비가 개이자 달팽이가 마치 선승이 차 마시듯 고인 물에 입을 갖다 댄다. 지렁이도 흙 위로 모습을 드러낸다.

　벌이 자기와 아주 비슷한 모양으로 생긴 거미 난초에 다가간다. 짝인 줄 착각한 벌이 교미하려고 꼬리로 난초를 자극한다. 덕분에 난초는 가만히 앉아서 벌 엉덩이에 꽃가루를 묻힌다.

　서늘한 저녁, 사슴벌레 두 마리가 뿔을 세우고 싸우기 시작한다. 하도 험하게 싸우는 바람에 쥐며느리가 고래 싸움에 새우 등 터질 뻔하다가 겨우 몸을 수습해 혼비백산 도망친다. 그래도 사슴벌레의 전투는 끝이 없다. 뿔이 서로 걸린 채 나뭇가지에서 땅 위로 함께 떨어지지만 먹이를 문 사자처럼 상대를 놓아 주지 않는다. 기나긴 싸움 끝에 결국 한 놈이 꽁무니를 뺀다.

밤이 오자 온갖 나비와 벌이 잠자리를 찾아 든다. 그러나 귀뚜라미, 나방 등 야행성 곤충은 바야흐로 잠에서 깨어나는 때다.

곤충의 세계에서 사자 노릇을 하는 사마귀 한 마리가 풀 위에서 무시무시한 톱이 달린 앞다리로 몸을 세운다. 건너편에 보름달이 훤하게 걸려 있다.

다음날 새벽 안개가 걷힌다. 연못 위에 떠다니는 번데기에서 모기가 요정처럼 부화한다. 아주 천천히 여섯 개의 다리를 쭉 펴서 물 위에 떡 버티고 선다. 날이 새자 여기저기서 들리는 도시의 소음이 이 작은 우주의 단꿈을 깨운다.

섹스의 진화

섹스 장면은 거의 모든 영화의 양념이고 이 시대 최고의 유행 의상은 알몸이다. "마이크로코스모스"도 예외가 아니어서 주인공들의 알몸 섹스 장면이 몇 차례 나온다.

가장 자극적인 섹스 장면은 뭐니 뭐니 해도 달팽이 한 쌍이 주인공이다. 그러나 두 몸이 끈적끈적하게 달라붙어 있는 달팽이의 섹스 장면에서 아랫도리 쪽을 눈여겨보면 안 된다. 달팽이의 성기는 위쪽에 있으니까. 흰 눈자루 위에서 가끔 생겼다가 없어지는 자루가 달팽이의 성기다. 달팽이는 암수가 한몸이고 두 달팽이는 각자 성기를 발기하여 상대의 생식 구멍에 삽입한다.

동물의 섹스는 오랜 진화 역사가 있다. 성기를 삽입하여 생식하는 것은 꽤 진화한 체내 수정 방법이다. 가장 간단한 생식 방법은 아메바처럼 한 개의 세포가 두 개의 세포로 나누어지는 분열이나 히드라처럼 어버이 몸의 일부 세포가 가지를 쳐서 새 몸을 만드는 출아다. 분열이나 출아는 난자와 정자가 따로 없는 무성 생식 방법이다.

그러나 거의 모든 동물은 유성 생식한다. 예를 들어 불가사리는 암컷이 난자를 방출하면 수컷이 수백만, 수천만 개의 정자를 구름처럼 방출하여 수정이 이루어진다. 연어는 험한 물살과 싸우며 강 상류의 고향으로 돌아와 암컷이 둥지에 난자를 낳으면 수컷이 곧 그 위에 정자를 방출한다. 물고기가 정해진 시간과 장소에 난자와 정자를 방출하는 것은 수정의 성공률을 높인다. 불가사리나 물고기의 수정은 몸 밖 물 속에서 이루어지는 체외 수정이다. 개구리도 수컷이 암컷에게 백어택 하면서 체내 수정하는 것처럼 보이지만 암컷이 난자를 낳는 동시에 수컷이 그 위로 정자를 방출하는 체외 수정 방법으로 생식한다.

체내 수정은 대부분 페니스를 이용하여 난자가 들어 있는 생식관

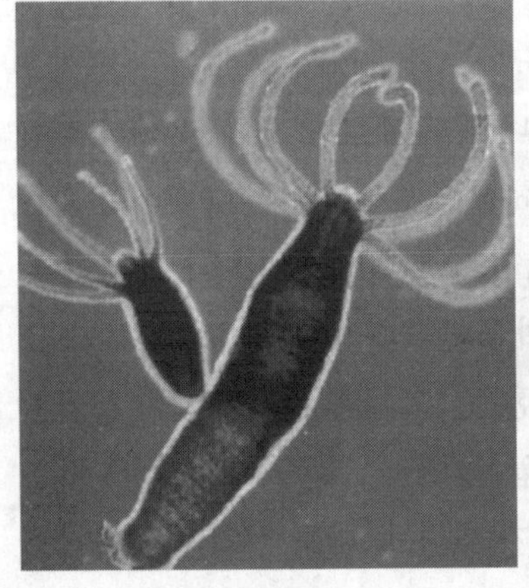

○ 자포 동물 히드라가 출아를 통해 무성 생식한다.
○ 개구리 수컷이 암컷의 등에 올라타고 체외 수정한다.

속으로 정자를 직접 집어넣는 방법이다. "마이크로코스모스"에서 개미 목동에게 밀려난 무당벌레, 공중 교미하는 큰붉은실잠자리뿐 아니라 거의 모든 곤충은 암수가 딴몸이고 몸 안에서 수정한다. 상어, 바다거북, 악어와 거의 모든 새도 마찬가지다. 체내 수정은 체외 수정보다 난자와 정자를 적게 생산하므로 시간과 에너지를 절약하고 수정의 성공률을 높인다. 또 체내 수정은 어미 몸 안의 축축한 곳에서 이루어지므로 건조한 땅에서도 성공할 수 있다.

체내 수정의 절정은 태반 생식이다. 알을 낳는 오리너구리, 주머니를 가진 캥거루 등을 제외하면 거의 모든 포유류는 태반을 형성하여 생식한다. 태반은 자궁벽에 붙어 탯줄로 새끼와 연결되어 있다. 탯줄을 통해 어미는 새끼에게 산소와 영양분을 공급하고 새끼는 이산화탄소와 노폐물을 버린다. 태반 생식은 임신 기간이 길어 번거롭지만 새끼가 그만큼 충분히 자란 뒤 태어나므로 살아 남을 확률도 높다.

진화의 방향을 말하는 건 위험한 일이지만 동물의 섹스는 무척추 동물처럼 많이 낳아 내팽개치는 전략에서 적게 낳아 잘 기르는 전략으로 진화했다. 예외는 있다. 달팽이는 물고기보다 먼저 진화한 무척추 동물이지만 물고기처럼 체외 수정하지 않고 파충류, 포유류처럼 체내 수정한다. 또 많이 낳고 거들떠보지 않는 불가사리나 적게 낳아 잘 기르는 사람이나 모두 아직 멸종하지 않고 있으므로 불가사리는 하등 동물, 사람은 고등 동물이라고 말할 수 없다. 엄밀하게 따지면 동물은 다양한 방향으로 진화했다고 말할 수밖에 없다. 생물이 이렇게 다양한 방향으로 진화한 메커니즘은 무엇일까?

다윈의 눈으로 보면

"마이크로코스모스"를 본 많은 사람은 얼마 동안 비 오는 날 무당벌레가 빗방울을 맞고 기절하지 않을까 걱정이 늘고 개미가 밟히지 않을까 걸음이 느려지고 모기에 물릴지언정 죽이기 힘들다고 말한다. 착한 사람들이다. 그러나 나는 아니다. 나는 오히려 영화 마지막에 나오는 대사가 한동안 머리 속을 맴돌았다.

　"숲속의 작은 영웅들이여
　　눈을 크게 뜨지 않으면
　　어느새 죽음에 이를 것이다."

35억 년 전 지구 위에 첫 생명체가 태어난 뒤 현재 생존하는 종의 수는 분류법에 따라 차이가 있지만 수백만에 이른다. 멸종한 종의 수는 그 4, 5배쯤이다. 도대체 어떻게 우리 행성 위에는 이토록 다양한 종의 생물이 가득 차 있을까? 19세기 진화론자들이 가장 풀고 싶어한 이 문제에 대한 다윈*의 답은 '자연 선택'이다.

자연 선택이란 같은 종 안에서 개체의 형질에 변이가 일어나고 환경에 잘 적응하는 형질을 가진 개체가 살아 남아 후손을 퍼뜨리는 데 성공한다는 것이다. 현대 유전학 지식까지 보태면 유전자, 즉 DNA의 염기 배열이 여러 가지 원인으로 바뀌어 유전 가능한 변이가 일어나고 이런 변이를 표현하는 형질 가운데 환경에 잘 적응할

---

* 찰스 다윈(Charles Darwin ; 1809~1882)
　자연 선택에 의한 진화 이론을 세운 영국 과학자.
　『종의 기원』, 김창한 옮김, 집문당, 1987.

수 있는 것이 선택된다.

다윈이 자연 선택을 생물 진화의 메커니즘으로 주장한 데는 맬서스(T. Malthus)의 『인구론』이 큰 영향을 주었다. 제한된 자원을 둘러싸고 사람들 사이에 생존 경쟁이 일어난다고 주장하는 이 책을 읽으면서 다윈은 경쟁의 중요성을 포착했다.

내가 "마이크로코스모스"의 마지막 대사에 주목하는 까닭도 이 대사가 생물 세계에서 경쟁의 중요성을 일깨우기 때문이다. 곤충은 조금만 방심하면, 아니 아무리 조심하더라도 어느새 죽음에 이를 만큼 치열하게 경쟁하고 있다.

식물 진화의 절정은 꽃 피는 식물이다. 4억 년쯤 전 바닷가에서 식물이 자라기 시작한 뒤 1억 년 전 처음 나타난 꽃 피는 식물은 6500만 년 전 식물 가운데 우위를 차지하고 현재 23만 5000종이나 번성하고 있다. 지구에서 이렇게 꽃 피는 식물이 급속히 늘어난 데는 곤충과의 공동 진화가 크게 이바지했다. 곤충은 꽃에서 꿀을 얻는 대신 꽃가루를 암술에 묻혀 준다.

꽃과 곤충의 공동 진화는 체계론적 자연관을 주장하는 사람들이 즐겨 드는 예다. 이 자연관에 비추어 보면 꽃과 곤충이 서로 도운 덕분에 지구를 함께 뒤덮고 있듯이 환경 오염도 사람이 생태계의 나머지 구성원과 협동해야 해결할 수 있다. 그러나 생태계는 기대만큼 협동하기 힘들고 꽃과 곤충의 번성 뒤에도 눈물겨운 생존 경쟁의 역사가 있다.

식물은 지구 표면에 생활 영역을 확대하면서 건조한 대기에서 어떻게 생식하느냐는 문제에 부딪힌다. 꽃은 이 문제의 해결책이다. 꽃은 식물의 장식품이 아니라 암술과 수술로 수분하는 생식 기관이며 그 뒤 일부가 씨를 포함하는 열매로 성장한다. 꽃은 제각기 특별한 곤충을 유혹하는 색을 갖추고 있으며 어떤 꽃은 꿀벌의 눈에 잘 띄는 자외선 색도 가지고 있다.

　한편 곤충은 낱눈이 모인 겹눈으로 시야를 넓히고 자외선도 감지한다. 꽃과 곤충은 비록 서로 도우면서 다양하게 번성했지만 그 조건을 갖추기까지 이미 멸종한 수많은 동식물과 치열한 경쟁을 거쳤다. 자연은 경쟁에서 튀는 놈을 선택했다.

4 경쟁과 협동

페니스와 임신

영장류 수컷의 생식기에는 고환과 페니스가 달려 있다. 고릴라, 오랑우탄, 침팬지 등 유인원의 페니스는 발기하지 않으면 거의 보이지 않지만 남성의 페니스는 발기하지 않더라도 눈에 띈다. 또 발기한 페니스의 평균 길이는 고릴라가 3.2센티미터, 오랑우탄이 3.8센티미터, 침팬지가 7.6센티미터, 남성이 12.7센티미터 정도다. 사람의 페니스는 왜 이렇게 크고 눈에 잘 띌까? 세포 과소비가 아닐까?

정설은 아직 없으며 여러 대답이 난무하고 있다. 그러나 페니스가 크면 생식 능력도 좋다는 대답은 틀렸다. 고릴라, 오랑우탄은 작은 페니스로도 충분히 생식할 수 있기 때문이다. 얼굴을 마주 보는 자세와 다양한 체위에 큰 페니스가 유리하다는 대답도 의심스럽다. 얼굴을 마주 보는 자세는 오랑우탄, 고릴라, 보노보도 종종 즐기기 때문이다.

여성에게 매력 있게 보이려고 페니스가 크게 진화했다는 대답이 남아 있다. 많은 남성이 직감으로 동의하고 싶겠지만 꿈 깨기 바란다. 여성은 남성의 페니스보다 목소리, 다리, 어깨를 보고 더 흥분한다는 게 정설이기 때문이다. 더욱이 남성이 여성의 몸을 보고 흥분하는 정도만큼 여성은 남성의 몸을 보고 흥분하지 않는다. 큰 페니스보다 "사랑해"라는 속삭임이 더 낫다.

가장 그럴듯한 건 남성의 페니스가 비록 과시용이더라도 여성이 아니라 다른 남성에게 보여 주기 위한 것이라는 대답이다. 대중 목욕탕에서 페니스의 크기는 많은 남성에게 자신감과 열등감을 불러일으킨다. 남성의 페니스가 생식을 기준으로 보면 세포를 과소비한 것도 이런 시시껄렁한 경쟁의 산물이다.

임신한 여성을 보는 눈은 관대해지기 마련이다. 임신 과정은 산모와 태아의 조화로운 사랑과 협동의 산물처럼 보이기 때문이다. 그러나 임신 기간 내내 생존에 필요한 것을 빼앗으려는 태아와 빼앗기지 않으려는 산모 사이에 경쟁이 그치지 않는다.

수정란은 6~7일 동안 나팔관을 거쳐 자궁 내벽에 착상한다. 착상은 안락한 보금자리를 찾아가는 과정이 아니라 영양 배엽이라는 태아 세포들이 산모의 자궁 내벽을 무자비하게 뚫고 들어가는 과정이다.

착상한 태아는 자기의 성장을 위해 각종 호르몬을 분비하여 산모의 정상 기능을 방해한다. 먼저 태아는 HCG라 부르는 인간 융모성 생식선 자극 호르몬을 산모의 핏속으로 분비하여 산모의 생리 주기를 억제한다.

또 태아는 HPL이라 부르는 젖분비 자극 호르몬을 분비하여 산모의 인슐린 분비를 방해하고 혈당량을 높임으로써 자기에게 더 많은 당분이 돌아오게 만든다. 산모는 이에 맞서 더 많은 인슐린을 분비한다. 이런 경쟁으로 산모의 몸에는 정상의 1000배가 넘는 HPL이 흐르고 산모는 흔히 당뇨로 고생한다.

조화는 경쟁의 산물이다

생태계에 속한 무생물과 생물과 사람이 서로 영향을 주고받는다는 체계론적 자연관이 옳더라도 반드시 협동이 생태계의 조화를 유지하는 길이라는 결론은 나오지 않는다. 만일 그렇다면 생물은 진화할 수 없었고 지구는 이토록 다양한 생물로 가득 찰 수 없었을 것이다.

생태계의 조화는 협동이 아니라 오히려 경쟁의 산물이다. 생태계는 먹이, 짝, 둥지 등 부족한 자원을 둘러싸고 끊임없이 경쟁이 벌어지는 곳이다. 남성의 큰 페니스 자랑이나 임신 기간에 태아와 산모가 벌이는 싸움은 생태계에서 경쟁이 얼마나 보편적인지를 보여 주는 수많은 예 가운데 하나다. 비록 생태계가 아주 조화롭게 보이더라도 이 조화는 마치 대와 줄의 팽팽한 긴장이 활을 만드는 것처럼 생태계의 구성원이 언제 어디서나 혼신의 힘을 다해 벌이는 경쟁의 산물이다.

생태계의 조화가 경쟁의 산물이라면 환경 오염은 어떻게 치유할 수 있을까? 병은 원인을 진단하면 치유책이 보인다. 만일 자본의 이윤 추구가 환경 오염의 주범이라면 기업이 이윤에 목매달 필요가 없는 사회 구조를 만드는 것이 치유책이다. 과학 기술과 산업 문명의 발달이 주범이라면 이런 발달을 중지하거나 발달 방향을 바꾸는 것이 치유책이다. 그러나 어느 치유책도 만만한 게 없다. 자본주의 사회 구조, 과학 기술과 산업 문명은 우리가 입으로는 쉽게 비난하지만 몸으로는 포기하기 힘들다.

생태계의 조화가 경쟁의 산물이고 자본주의 사회 구조나 과학 기술과 산업 문명을 몸으로 포기하기 힘들다면 생태계에서 사람과 나머지 구성원 사이의 협동이 환경 오염의 치유책이라는 처방은 맥을 잘못 짚었다. 원인과 결과, 현실과 희망을 뒤바꾼 처방이다. 어떻게 해야 할까?

산모와 치열한 경쟁을 뚫고 세상에 태어난 아이는 큰 뇌를 가지고 있다. 사람의 몸이 그 밖의 동물과 가장 다른 특징은 남성의 큰 페니스가 아니라 남녀 가릴 것 없이 큰 뇌다. 사람은 태반에서 9개월쯤 자라는 동안 뇌를 집중적으로 키운다. 덕분에 태어나자마자 먹이를 찾아 나서는 새끼 뱀과 달리 뭐 하나 혼자 할 수 없는 어린이는 10년 이상 부모의 보호와 교육까지 받으며 뇌를 더 키운다. 사람이 생태계에서 다른 구성원에게 큰소리칠 수 있는 무기는 바로 이런 뇌다.

사람의 뇌는 크게 타고난 하드웨어와 오래 기른 소프트웨어를 갖추고 있다. 사람은 이런 뇌 덕분에 홀홀단신으로는 생존할 수 없다는 걸 안다. 누구나 가족, 직장 등 사회를 유지해야 자기도 생존할 수 있다는 걸 안다. 사람이 그토록 이기적이면서도 다른 사람과 어울려 사는 뿌리는 줄어든 이기심이 아니라 뇌의 늘어난 합리성이다. 환경 오염을 해결하기 위해 우리가 기대를 걸어야 하는 것도 근본적으로 뇌의 합리성이다. 이 기대가 무너지면 어쩔 수 없다. 온 생태계가 함께 망하는 거다.

X. 느낌과 이성

"프라이멀 피어"

이성이 이성을 희롱하는 시대

이성은 21세기로 넘어가고 있는 우리 시대에 중요한 철학 화두들 가운데 하나다. 사람의 이성은 개인과 사회의 발전을 추진하는 힘으로 믿을 만할까? 이성만의 산물은 아니지만 이성이 주도한 과학 기술 문명의 부작용을 인간 소외, 환경 오염, 경제 혼란, 교통난 등으로 체험할 수 있는 우리 시대는 이성에 대한 낙관을 쉽게 허용하지 않는다. 오히려 이성을 비웃고 놀리는 분위기가 널리 퍼져 있다.

콧구멍이 좁아 숨쉬는 게 늘 답답해 보이는 리처드 기어가 주연한 "프라이멀 피어 Primal Fear"도 이런 분위기를 읽을 수 있는 많은 영화들 가운데 하나다.

마지막 승자

시카고에서 존경받는 가톨릭 대주교가 온몸에 78번이나 칼을 맞고 두 눈알이 도려진 채 살해된다. 그리고 대주교 밑에서 잔심부름을 하던 열아홉 살 성가 대원 애런(에드워드 노튼)이 살인 현장 근처에서 피묻은 옷을 입고 도망치다 경찰에게 붙잡힌다. 야심 있는 변호사 배일(리처드 기어)은 이 사건을 텔레비전 뉴스에서 보고 애런의 변론을 무보수로 자원한다. 상대 검사는 한때 배일이 사랑했고 아직 미련이 남아 있는 레이블(로라 리니)이다.

배일은 애런이 대주교의 살인 현장에 있었지만 잠시 정신을 잃었으며 그 동안 무슨 일이 일어났는지 전혀 기억하지 못하겠다는 말을 듣고 정신과 의사에게 애런의 정신 분석을 맡긴다. 그 결과 소심한 애런이 흥분하면 포악한 또 하나의 인물, '로이'로 변하고 제정신이 들더라도 로이가 한 일을 기억하지 못한다는 사실을 확인한다.

또 배일은 사건을 파헤치다가 대주교가 애런과 성가 대원들에게 강제로 찍게 한 포르노 비디오테이프를 손에 넣는다. 그러니까 애런은 대주교가 강요하는 성 희롱을 견디지 못하고 로이가 되어 살인을 저지른 셈이다.

그러나 배일은 애런이 정신 이상자라고 입증하여 형사 처벌을 면

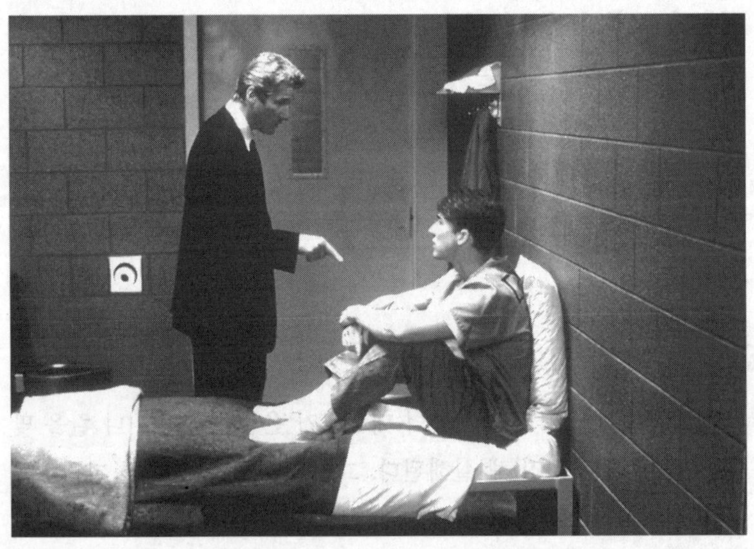

하게 변론할 수 있는 처지가 아니다. 이미 배일은 애런이 아니라 제 3의 인물이 대주교를 살해했다는 점을 변론 요지로 내세웠고, 미국 법조계의 관례에 따르면 변호사가 재판 도중에 변론 요지를 바꾸는 것은 제 무덤을 파는 짓이기 때문이다.

고민하던 배일은 변론 요지를 바꾸지 않고서도 재판에서 이길 수 있는 하나의 각본을 짠다. 법정에서 남들이 눈치 채지 못하게 애런을 로이로 바꾸어 놓고 판사, 검사, 배심원이 직접 목격하게 만드는 것이 그 각본이다. 배일은 증인석에 앉은 애런에게 "징징대지 말고 남자답게 굴어 봐!", "로이니?" 하며 일부러 흥분시킨다. 그리고 애런이 반쯤 눈이 뒤집혔을 때 배일은 레이블에게 반대 심문을 넘긴다. 애런은 배일이 건 주문대로 로이로 변하고 증인석에서 뛰쳐나와 레이블의 목을 조른다.

배일이 이겼다. 그러나 마지막 승자는 배일이 아니라 로이다. 정신 이상에 의한 무죄 처리라는 판결을 전해 주고 돌아서는 배일에게 애런은 부탁한다. "검사에게 미안하다고 전해 주세요. 목을 다치지 않았길 바란다고요." 부심결에 "그러마" 하고 몇 걸음 옮긴 배일은 다시 로이를 향해 천천히 몸을 돌린다. 뒤통수를 한 대 쾅 얻어맞은 표정으로.

남는 것은 냉소

"프라이멀 피어"는 이성이 이성을 놀리는 영화다. 이 영화에서 가장 강한 이성은 로이의 것이다. '애런'은 로이가 쓴 가면일 뿐이다. 배일의 이성도 만만치 않지만 로이의 치밀한 계산대로 움직이는 장난감이 되고 만다.

로이의 이성은 배일의 이성을 철저하게 놀린다. 마지막에 로이가 대신 사과를 부탁한 것도 실수가 아니다. 배일이 그 부탁을 듣고 사실을 깨달으라고 일부러 한 짓이다. 배일이 사실을 깨닫더라도 자기 명예 때문에 더 어쩔 수 없을 거라는 점까지 로이의 계산서에는 이미 나와 있기 때문이다.

어떤 사람도 진짜 모습을 들키지 않고 두 개의 가면을 쓸 수 없다.

로이가 대주교의 가슴에 칼로 'B 32-156'이라는 책 번호를 새겨 의도적으로 법정에 울려 퍼지게 만드는 구절이다. 이 말은 마지막에 정체가 드러나는 로이 자신을 빗댄 것처럼 보인다. 그러나 이 말이 옳다면 로이뿐 아니라 배일과 대주교도 진짜 모습을 완벽하게 가릴 수 없다.

배일은 세상 사람들에겐 유능한 변호사지만 자신의 패배를 막기 위해 애인 레이블 검사의 목숨까지 걸고 도박한다. 대주교는 세상 사람들에겐 존경스러운 성직자지만 침실에서 어린 청소년의 집단 섹스를 관음하며 욕망을 채운다. 모두 위선의 가면을 쓰고 있다. 로이는 이 잘난 위선자들에게 자기의 분노를 가리는 더욱 강력한 가면, 소심한 애런의 가면을 쓰고 복수한다.

그러나 이 복수는 통쾌하지 않다. 맛이 아주 쓰다. 왜 그럴까? 배일이 당하는 놀림은 곧 내가 당하는 놀림이 될 수 있기 때문이다. 만일 내가 이 영화를 보는 동안 배일의 시각으로 진짜 범인이 누군지 알아내려고 열심히 머리를 굴렸다면 나도 로이에게 뒤통수를 한 대 얻어맞은 꼴이다. 물론 영화 보고 놀림받은 기분이 드는 일은 드물고 이 영화도 남들 애기로 게임처럼 즐기면 그만이다. 그러나 영화관 밖에 나오면 이성이 이성을 놀리는 일은 어디에나 널려 있다.

이성이 이성을 놀리는 일이라고 해서 성 희롱으로 오해하지 않기 바란다. 실제로 지금까지 이렇게 오해한 사람은 '섹스' 하면 성행위만 생각하고 남성과 여성의 구별은 결코 생각할 수 없는 사람과 같은 수준이다. 농담이다. 그러나 이 농담은 속으로 '정말 내가 그런데.' 하고 생각하는 사람의 이성을 내 이성으로 놀린 짓이다. 죄송하다.

이성이 이성을 놀리면 냉소가 남는다. 냉소는 무시하는 감정을 표현하지만 때때로 이런 감정 뒤에는 거꾸로 당한 무시가 있다. 로이가 배일에게 보내는 냉소 뒤에는 잘난 위선자들에게 당한 무시가 있다. 또 배일은 비록 로이한테 놀림을 받았지만 평생 기분 나쁘게 살 작정이 아니라면 다시 로이를 "그래, 너 잘났어." 하고 냉소할 수밖에 없다.

"프라이멀 피어"는 이렇게 냉소를 남기기 때문에 기분 좋은 영화가 아니지만 기분을 삭이고 차분히 생각해 보면 얻을 것도 있다. 이성이 이성을 놀리고 그 결과 냉소가 남는 것이 우리 시대 문화의 한 가지 특징이라는 점을 고발하기 때문이다.

도구적 이성

도대체 이성은 근본적으로 무슨 죄가 있길래 이렇게 놀림을 받아야 할까? 더욱이 왜 이성은 스스로 비웃을까?

서양의 현대화는 이성이 눈부시게 승리하는 역사를 지니고 있다. 중세의 종교적 심성을 대신한 이성은 근대 이후 자본주의 사회에 엄청난 생산력과 끈질긴 생명력을 안겨 준 태반이었다. 또 이성은 사람이 집단의 구성원보다 개인으로 성장하는 동력이었다. 요즘 개성을 추구하는 사람은 이성보다 감성 또는 느낌을 강조하지만, 역사에 비추어 보면 개성은 오히려 사람이 종교와 신앙보다 이성에 따라 생각하고 행동하면서 발달하기 시작했다.

그러나 이성이 스스로 비웃는 우리 시대의 분위기는 만일 진지한 의미가 있다면 이성의 승리사가 이제 한계에 부딪혔다는 걸 시사한다. 이 한계의 뿌리는 무엇일까?

하버마스*에 따르면 그 뿌리는 이성의 발달이 한 방향으로만 치우친 데 있다. 자연을 기술적으로 지배하면서 풍요롭게 살기 위해 이성을 도구로만 사용하는 것이 그 방향이다. 하버마스는 이런 이성을 '도구적 이성'이라 부른다.

도구적 이성은 계산하는 이성이다. 자기의 이익과 손해를 계산한다는 뜻도 있지만 여기서는 우선 자연 현상과 사회 현상을 정량적으로 설명한다는 뜻이다. 예를 들어 번개 현상에 대한 정확한 지식이 없던 시절에 사람들은 번개를 신의 벌로 여기고 무서워하며 피했다. 그러나 번개가 대기의 방전 현상이라는 지식이 생기면 사람들은 번개를 피할 필요 없이 피뢰침을 세워 다스릴 수 있다. 자연을 지배하려면 자연에 대한 정확한 지식이 필요하다. 그리고 이런 지식을 얻기 위해 근대 이후 과학자는 자연 현상을 단순히 말로 설명하지 않고 수학을 동원하여 정량적으로 설명한다.

자연에 대한 과학 지식을 얻으면 자연을 지배할 힘이 생긴다. "아는 것이 힘이다." 베이컨의 유명한 말도 머리에 든 게 많은 놈이 힘센 놈이라는 뜻이 아니고 자연을 과학으로 정확하게 아는 것이 자

---

* 위르겐 하버마스(Jürgen Habermas ; 1929~)
  비판 이론을 세운 독일 철학자.
  『소통 행위 이론 I』, 서규환 외 옮김, 의암, 1995.

연을 지배하는 힘이라는 뜻이다.

　도구적 이성은 자연을 지배하는 데 그치지 않고 다른 사람을 지배하는 데 쓰인다. 자연을 지배하려면 사람들의 노동을 조직할 필요가 있고, 노동을 매우 효율적으로 조직하는 사회 체계는 이성과 이성이 경쟁하고 이긴 이성이 진 이성을 지배하는 성격을 지니기 때문이다. 학교와 직장은 이성과 이성이 서로 경쟁하는 곳이다. 비록 입시 부정 시비와 낙하산 인사 물의가 끊이지 않는 게 우리 현실이지만, 이런 현실은 거꾸로 이성의 공정하고 치열한 경쟁이 원칙이라는 걸 보여 주기도 한다. 도구적 이성은 풍요로운 문명을 낳지만 사람이 자연과 다른 사람을 지배하는 원천이기도 하다.

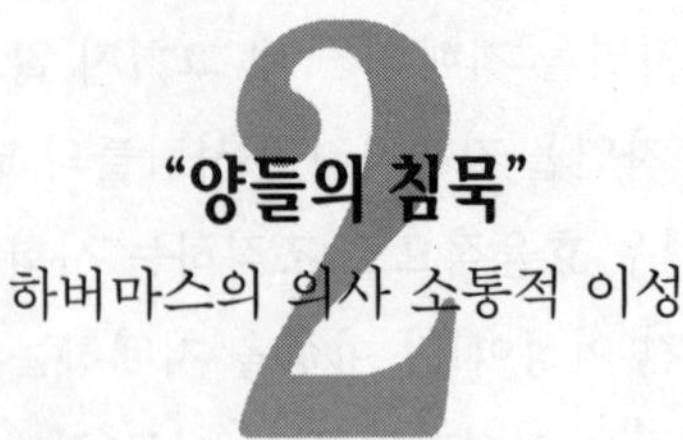

"양들의 침묵"
하버마스의 의사 소통적 이성

도구적 이성이 이성의 모든 면은 아니다. 이성은 현대화 과정에서 소홀히 여긴 또 하나의 중요한 면이 있다. 하버마스는 이 면을 '의사 소통적 이성'이라 부른다.

원시 시대부터 사람들은 이성을 사용하여 노동의 도구를 만들었을 뿐 아니라 언어를 통해 서로 의견을 주고받았다. 언어에 의한 의사 소통은 이성의 기능을 전제한다. 함께 일하려면 일을 나눌 필요가 있고 일을 나누려면 계획하고 예측하는 이성이 필요하기 때문이다. 그리고 이런 의사 소통이 공동체를 유지하고 발달시키는 바탕이었다. 오늘날에도 의사 소통적 이성은 사회의 많은 문제를 민주적으로 해결하는 데 필요하다. 만일 이성의 이 면이 제대로 기능하지 못하면, 예를 들어 노사 갈등은 어느 쪽의 것이든 폭력 없이 해결하기 힘들다.

하버마스에 따르면 이성이 저지른 죄는 이성이 보상해야 하고 또 할 수 있다. 죄의 뿌리가 도구적 이성이라면 면죄의 뿌리는 의사 소통적 이성이다. 과연 이성은 스스로 비웃고 누워서 침뱉는 짓을 그만두어도 될까? 이 물음에 대답하려면 의사 소통적 이성이 무엇인지 좀더 깊이 살펴볼 필요가 있다.

탱탱한 피부

탱탱한 피부를 가진 젊은 여자만 골라 죽이는 엽기적 연쇄 살인 사건이 일어난다. 언론이 붙인 범인의 별명은 버펄로 빌. FBI는 사건 해결의 실마리를 얻기 위해 비슷한 범행을 저지른 한니발 렉터(안소니 홉킨스)에게 FBI 예비 학교 실습생 클러리스 스털링(조디 포스터)을 면담자로 보낸다.

렉터는 사람들을 죽이고 몸을 뜯어먹은 대가로 정신 병원 지하실에 갇혀 있지만 전직이 정신과 의사다. 렉터 박사는 말하자면 독심술이 뛰어나기 때문에 FBI는 심리가 몽땅 노출되더라도 별 탈이 없는 풋내기를 골랐다. 영문도 모른 채 뽑혔지만 시골뜨기 스털링에게

는 신분 상승 욕구를 실현할 수 있는 좋은 기회다.

자신에 대한 기대와 흉악한 상대에 대한 공포가 뒤섞인 채 두꺼운 유리를 사이에 두고 마주 선 스털링에게 렉터 박사는 서로 한 가지씩 묻고 솔직하게 대답하자고 싸늘한 목소리로 제안한다. 스털링은 버펄로 빌에 관해 질문을 던지고 렉터 박사는 실마리를 하나씩 던져 준다. 반면 렉터 박사는 한가롭고 엉뚱하게 스털링 개인의 과거사를 묻고 스털링은 거짓말을 했다가는 금방 들통날 테니까 고통스럽지만 솔직하게 어릴 때의 기억을 하나씩 떠올린다.

스털링과 렉터 박사가 몇 차례 만나면서 노닥거리고 있는 동안에도 버펄로 빌은 열심히 자기 일을 계속한다. 어느 날 테네시 주 상원 의원의 딸이 빌에게 납치된다. 렉터가 갇혀 있는 정신 병원 책임자는 공을 세우려고 렉터에게 빌에 관한 결정적 정보를 주면 남은 삶을 편안히 지낼 수 있게 주선하겠다고 제의한다.

그러나 렉터는 의원과 직접 협상하러 압송된 틈에 감시 경찰의 곤봉을 빼앗아 잔잔한 피아노 음악에 맞춰 예술적으로 쳐 죽인다. 그리고 다른 감시 경찰의 얼굴 가죽을 벗겨 가면으로 뒤집어쓰고 엄중한 감시망을 뚫는다.

한편 스털링은 렉터 박사가 일러 준 "매일 보이는 걸 탐낸다."는 말에서 힌트를 얻어 첫 피살자 주위를 탐문하다가 외딴집에서 홀로 버펄로 빌과 마주친다. 여자가 되고 싶어한 빌은 스털링의 탱탱한 피부까지 탐낸 충동을 잠시 억누르지 못한 덕분에 홈 그라운드에서 풋내기의 총질에 쓰러지고, 스털링은 납치된 소녀를 구출한다.

탈출한 렉터 박사는 FBI 예비 학교를 졸업하는 스털링에게 전화를 건다. 그리고 옛 친구를 저녁때 먹어야 한다며, 보복이 두려워 보디 가드까지 붙이고 도피해 온 정신 병원 책임자를 슬금슬금 뒤쫓는다.

양들의 울음은 무의식의 소리

세 살 때부터 연예계에 나온 조디 포스터와 셰익스피어 연극 배우 출신인 안소니 홉킨스의 연기가 불꽃 튀기는 "양들의 침묵 The Silence Of The Lambs"은 제목이 무슨 뜻인지 생각해 볼 만한 영화다. 이 제목의 뜻을 이해하는 실마리는 렉터와 스털링의 대화 속에 있다.

렉　터　어릴 때 가장 힘들었던 일은?

스털링　열 살 때 아빠가 돌아가신 거예요. 아빠는 보안관이셨는데 강도들에게 총을 맞아 한 달이나 앓다가 돌아가셨어요. 엄마는 더 어릴 때 돌아가셨죠.

렉　터　고아가 된 뒤에는?

스털링　엄마 사촌의 목장에 갔어요. 두 달 만에 가출했죠.

렉　터　왜 목장을 떠났지? 목장 주인이 희롱했나?

스털링　아뇨. 한밤에 어린애 비명 같은 이상한 소리를 들었어요. 헛간으로 가 봤어요.

렉　터　뭘 봤어?

스털링　비명을 지르는 양들을.

렉　터　봄에 태어난 양들을 죽이고 있었군.

스털링　처음엔 문을 열고 풀어 주려 했지만 어린 양들은 그냥 서 있기만 했어요. 한 마리를 안고 뛰기 시작했어요. 한 마리라도 살릴 수 있다면. 하지만 너무 무거웠어요. 얼마 못 가 보안관에게 붙잡혔어요. 주인은 날 고아원에 보냈고……

"양들의 침묵"은 어릴 때 억눌린 욕구가 쌓인 무의식이 사람의 의

식과 행동의 바탕에 깔려 있다는 프로이트*의 생각을 엿볼 수 있는
많은 영화들 가운데 하나다. 스털링은 자기의 신분 상승 욕구를 채
우기 위해 납치당한 소녀를 구하려고 애쓰는 것처럼 보인다. 그러나
스털링이 그토록 집요하게 소녀를 구하려고 애쓰는 진짜 동기는 무
엇일까? 렉터 박사가 포착한 진짜 동기는 스털링의 무의식이다.

양들의 침묵은 양들이 울음을 멈추어야 가능하다. 그러나 어릴 때
겪은 일 때문에 스털링의 마음속에서는 어린 양들이 계속 울고 있다.
양들의 울음은 어느 노래 제목을 빌리면 '소리 없는 소리 sound of
silence'다. 소리 없는 소리는 귀로는 들을 수 없는 무의식의 소리다.

무의식은 어릴 때 억눌린 욕구들이 쌓인 창고다. 도살당하는 양
을 구하고 싶은 욕구가 억눌리면서 생긴 무의식은 스털링의 생각과
행동에 영향을 미치고 스털링은 이제 어린 양 대신 소녀를 구하려
고 집요하게 노력한다. 소녀를 구해야 양들이 더 이상 울지 않고 침
묵할 테니까.

그래서 소녀를 구하고 FBI 예비 학교를 우수한 성적으로 졸업하
는 스털링에게 렉터 박사는 전화를 걸어 묻는다.

"클러리스, 양들이 조용해졌나?"

정신 분석은 의사 소통적 이성의 모델

내가 의사 소통적 이성이 무엇인지 살펴보자고 말해 놓고 이 영

---

* 지그문트 프로이트(Sigmund Freud ; 1856~1939)
정신 분석학을 세운 오스트리아 의사, 심리학자.
『꿈의 분석』, 장병길 옮김, 박영사, 1983.

화에 주목하는 까닭은 하버마스가 프로이트의 정신 분석학을 의사 소통적 이성의 모델로 제시하기 때문이다.

"양들의 침묵"은 엽기적 연쇄 살인자를 추적하는 섬뜩한 이야기를 한 축으로 삼고 있지만 내가 흥미롭게 본 또 하나의 축은 렉터 박사가 스털링의 심리를 파고드는 과정이다. 렉터 박사는 지하실에 갇혀 매우 따분하고 심심하게 지내다가 아리따운 풋내기 수사관을 맞아 직업적 호기심이 일어나고 재미 삼아 스털링의 심리를 들여다본다. 이 영화는 맛이 간 렉터와 멀쩡한 스털링의 관계를 멀쩡한 정신과 의사와 무의식에 시달리는 환자의 관계로 역전한 게 재미있다. 렉터와 스털링의 대화는 이 영화를 보지 않은 사람에게는 정신과 진료실에서 의사가 묻고 환자가 대답하는 장면이라고 말해도 속을 정도다.

정신과 의사 또는 정신 분석학자가 환자를 치료하는 방법은 무의식을 의식으로 전환하는 게 핵심이다. 정신과 의사는 보통 환자가 소파에 눕거나 편안한 의자에 앉아 자유롭고 솔직하게 말하게 만든다. 의사는 환자와 대화하다가 자기나 환자가 관심이 있는 낱말이 나오면 그 낱말로 연상할 수 있는 것을 감추지 않고 말하게 한다.

그러다가 환자가 갑자기 말을 멈추거나 불쾌한 태도를 보이면 의사는 이런 저항 속에 숨어 있는 의미를 날카롭게 포착하고 해석해야 한다. 그리고 의사는 적절한 시기에 자기의 해석을 환자에게 알린다. 때때로 환자는 의사의 해석을 강하게 거부한다. 그러나 이런 거부는 환자가 자기를 억압해 온 무의식이 무엇인지 의식하기 시작했다는 증거들 가운데 하나다.

"양들의 침묵"은 정신 분석 치료의 원칙이나 실제와 차이가 있다. 실제로 정신과 의사가 몇 마디 말만 듣고 환자의 마음속을 꿰뚫어 보는 족집게 도사는 아닐 것이다. 정신 분석 치료는 제대로 하려면 오랜 시간과 꾸준한 대화와 많은 돈이 필요하다. 또 의사가 렉터처럼 환자를 권위적으로 대하고 불안하게 만드는 것도 원칙이 아닐 것이다.

그러나 "양들의 침묵"에서 렉터와 스털링의 관계는 의사, 환자, 무의식의 의식화 등 정신 분석학의 요소를 고루 갖추고 있다. 렉터 박사는 대화를 통해 스털링이 자기의 무의식, 양들의 울음을 의식하게 만든다. 양들이 조용해졌느냐는 렉터 박사의 물음에 스털링이 대답하지는 않지만 정신 분석 이론이 옳다면 스털링의 마음속에서 양들의 울음소리는 꽤 줄었을 것이다.

정신과 의사가 환자의 무의식을 분석하기 위해서는 이성이 필요하다. 또 환자도 최면 상태가 아니라 각성 상태에서 자기의 무의식을 의식으로 전환하기 위해서는 이성이 필요하다. 대개 환자는 처음에는 의사를 경계하지만 의사가 자기 얘기를 성의껏 들어 주면 점차 믿음을 가진다. 이때 의사의 이성과 환자의 이성은 서로 경쟁자가 아니라 친구가 된다. 하버마스는 이런 이성을 의사 소통적 이성의 모델로 본다.

내가 어릴 때 본 텔레비전 프로그램 가운데 "초원의 집"이라는 연속극이 있었다. 미국 서부 개척 시대를 배경으로 사람들의 끈질긴 삶을 보여 주는 홈 드라마였다. 그때 나에겐 한 가지 신기한 장면이 있었다. 조연급 등장 인물 가운데 마을 의사가 있었는데 이 의사는 누가 무슨 병에 걸리든 검은 왕진 가방 하나를 달랑 들고 다녔다. 그 가방이 놀랍고 존경스러웠다. 무슨 병이든 고치는 약이 들어 있는 가방으로 보였으니까.

그러나 나의 환상이란 걸 나중에 알았다. 그땐 의사가 주로 하는 일이 요즘처럼 진단과 치료(cure)가 아니라 돌보기(care)였다. 의사가 병을 고치는 사람이라는 생각은 20세기 들어 많은 치료약, 특히 결핵약이 개발, 보급되면서 나타나기 시작했다. 그러니까 "초원의 집"에 나온 의사는 환자를 고치러 다니는 게 아니라 위로하고 돌보러 다니는 거였다. 요즘에도 의사의 이런 모습이 그리울 때가 많다. 비록 우리 나라 병원의 열악한 현실 탓도 크지만 환자에게 알약만 먹이고 마는 정신과 의사는 돌팔이다.

하버마스가 치유하고 싶은 것은 프로이트처럼 개인의 비정상 심리가 아니라 사회의 비정상 구조다. 그러나 사회의 비정상 구조는 정신 분석학 모델에 비유하면 환자고 사회 구조를 비정상으로 왜곡하는 이데올로기는 무의식이다. 그리고 무의식을 의식으로 전환해야 비정상 심리가 치유되듯이 왜곡된 이데올로기를 비판해야 사회의 비정상 구조가 치유된다. 하버마스에 따르면 이런 비판을 주도하는 의사는 소규모 시민 단체들이며 이 단체들에 참여하는 사람과 일반 대중의 의사 소통적 이성을 활성화하는 것이 이데올로기 비판을 강화하는 관건이다.

예를 들어 유행 따르기는 상품의 소비를 촉진하는 자본의 이데올로기다. 소비와 관련된 시민 단체는 유행이 자본의 논리라는 점을 일반 대중에게 꾸준히 설득해야 한다. 일반 대중은 그래도 유행 따르기를 쉽게 포기하기 힘들겠지만 이런 설득과 대화의 과정이 되풀이되고 유행을 따르지 않더라도 사는 게 그다지 불편하지 않다는 점을 조금씩 체험하면 태도를 바꿀 수도 있다. 이런 과정이 의사 소통적 이성을 활성화하는 길이다.

하버마스는 프로이트의 정신 분석학을 모델로 삼는 의사 소통적 이성에 기대를 건다. 과연 의사 소통적 이성은 이성의 미래를 밝게 만들 수 있을까?

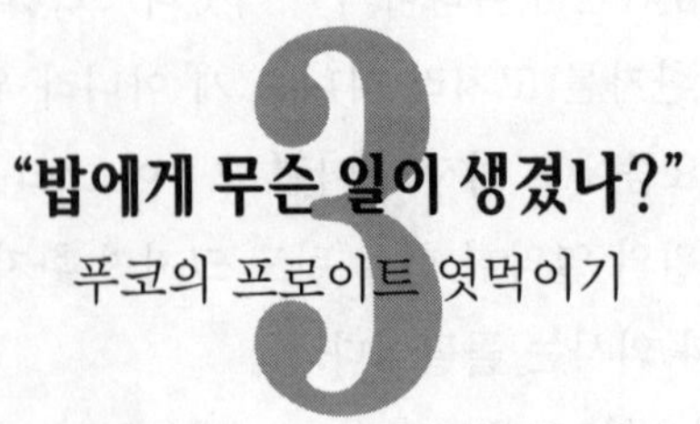

"밥에게 무슨 일이 생겼나?"
푸코의 프로이트 엿먹이기

코미디 영화 "밥에게 무슨 일이 생겼나? What About Bob?"에서 내가 제일 먼저 코믹하게 느낀 장면은 마빈 박사의 얼굴 분장을 본 순간이다. 리처드 드레이퓌스가 분장한 마빈 박사의 얼굴은 병원이든 별장이든 자기가 사는 곳마다 우상으로 모셔 놓은 프로이트의 흉상과 닮았다. 코 밑부터 턱까지 감싼 수염이 영락없는 프로이트다.

아기 걸음마

밥(빌 머레이)은 결벽증 때문에 정신과 치료를 받고 있는 환자다. 집 밖에만 나서면 질병에 감염될까 두려워 물건을 만지지 못하고 공공 장소에 가지 못한다. 문 손잡이는 마치 감식반 형사처럼 휴지로 감싸야 잡을 수 있고 엘리베이터나 버스 앞에서는 몸이 뻣뻣하게 굳어 발을 들여놓지 못한다. 공중 화장실에 갈 수 없으니 오줌을 참다가 방광이 터져 버리면 어떡하느냐는 것이 밥의 평소 걱정거리들 가운데 하나다.

결벽증만 있으면 그래도 나을 텐데 편집증까지 있다. 밥은 자기를 치료하는 의사들에게 하도 거머리처럼 달라붙는 바람에 벌써 여러 의사가 두손들고 다른 의사에게 떠넘겼다.

그러다가 만난 의사가 리오 마빈. 마빈 박사는 독특한 치료법을 담은 『아기 걸음마 Baby Steps』라는 책까지 낸 정신과 의사다. 건물 밖으로 나가려면 우선 이 방부터 나가야 하고 그 다음 이 층에서 벗어나야 하듯이, 먼 목표를 달성하기 위해서는 가장 가까운 목표, 그 다음 가까운 목표를 차례차례 달성하는 방법이 정신과 치료에 효과적이라는 게 이 책의 내용이다. 이 책이 뜨는 바람에 유명 텔레비전 프로그램이 마빈 박사에게 여름 휴양지까지 찾아와 인터뷰를 하겠다고 요청해 놓은 상태다.

마빈 박사는 밥이 처음 찾아왔을 때 한 달 동안 가족과 함께 여름 휴가를 떠나는 일에 정신이 팔려 자기 책만 소개하고 휴가가 끝난 뒤 만나자고 약속한다. 『아기 걸음마』를 열심히 읽으면서 감동하고 실제로 효과도 얻은 밥은 마빈 박사야말로 자기를 낫게 할 수 있다고 굳게 믿는다. 그러나 한 달 동안 마냥 기다릴 수는 없다. 밥은 역시 거머리다운 짓을 한다.

모처럼 일에서 벗어난 마빈 박사는 호숫가 휴양지에 나타난 밥을 보고 기분이 언짢지만 겉으로는 태연하게 달래면서 돌려보내려 한다. 그러나 거머리 밥이 돌아갈 리가 있나? 밥은 마빈 박사의 별장 주위를 어슬렁거리다가 어느새 그의 아내, 딸, 아들과 친해진다. 마빈 박사는 집안에서는 권위적인 아버지여서 가족을 엄하게 대한다. 가족은 거꾸로 밥의 특이하면서도 따뜻한 마음에 이끌린다. 밥은 비록 무서워서 돛대에 몸을 밧줄로 칭칭 묶었지만 마빈 박사의 딸과 함께 난생 처음 배를 탄다. 또 죽음에 대한 조숙한 두려움 때문에 아버지가 원하는 다이빙을 배우지 못하는 아들은 역시 물 앞에서 벌

벌 떠는 밥에게 시범을 보이다가 스스로 다이빙을 터득한다.

　가족의 이런 모습에 마빈 박사는 자존심이 상한다. 더욱이 일생에 중요한 첫 텔레비전 인터뷰에서는 밥이 우연히 『아기 걸음마』의 성공을 증명하는 환자로 함께 출연하여 마빈 박사를 젖히고 스타가 된다. 화가 난 마빈 박사는 밥을 가까운 정신 병원에 격리하려 하지만 이미 텔레비전 스타가 된 밥을 환자로 여기지 않는 병원 의사와 직원 때문에 헛수고를 하고 만다.

　마침내 머리 끝까지 열 받은 마빈 박사는 밥을 폭탄과 함께 꽁꽁 묶어 숲속에 버린다. 그러나 밥은 드디어 마빈 박사가 자기를 본격적으로 치료하기 시작했다고 신이 나서 『아기 걸음마』의 방법대로 차근차근 줄을 풀고 이 성공을 알리러 마빈 박사의 별장을 찾는다. 마침 호숫가에 서 있는 마빈 박사와 가족을 보고 폭탄은 잠시 내려둔 채 치료에 감사하는 케이크를 들고 나온 밥. 밥을 보고 경악하는 마빈 박사의 눈 앞에서 쾅 소리를 내며 별장이 날아가고 마빈 박사의 정신도 함께 날아간다. 멀쩡하던 마빈 박사가 도리어 미쳐 버리는 순간이다.

날아가는 프로이트 흉상

"밥에게 무슨 일이 생겼나?"는 프로이트를 엿 먹이는 영화다. 마지막에 별장이 터질 때 프로이트의 흉상이 슝 하고 날아와 땅바닥에 툭 떨어지는 장면도 프로이트 놀리기의 일부다.

프로이트를 놀리는 것은 무엇일까? 영화에서 정신과 의사 마빈 박사를 놀리는 사람은 환자 밥이다. 물론 밥은 순수한 마음으로 행동할 뿐 놀리려는 의도가 없다. 밥은 감성 또는 느낌을 상징한다. 밥은 결벽증과 편집증을 가지고 있지만 마치 덜 자란 어린이처럼 이성보다 감성이 풍부하다. 그래서 마빈 박사의 딸, 아들과 쉽게 친해진다. 밥과 친하게 지내는 딸에게 마빈 박사가 화를 내자 딸은 밥을 변호한다.

"밥이 도대체 뭐가 좋아?"
"밥은 감성이 예민해요. 재미있어요."

이 말을 듣고 낙담한 마빈 박사는 아내에게 자기가 둔감하고 재미없는 실패자라고 하소연한다. 그러나 마빈 박사는 이성이 아주 발달한 사람이다. 프로이트는 우리에게 '성', '무의식' 등의 낱말을 연상하게 하지만, 환자의 무의식을 다루는 정신과 의사는 이성, 하버마스의 표현을 빌리면 의사 소통적 이성이 뛰어나야 한다. 그래야 의사는 환자의 말과 행동에서 그 동기인 무의식을 이해하고 해석할 수 있기 때문이다.

그러므로 밥이 마빈 박사를 놀리는 이 영화는 달리 말하면 감성이 이성을 놀리는 영화다. 이제 이성뿐 아니라 감성도 이성을 놀리는 셈이다. 왜 이성은 감성의 놀림까지 받아야 할까?

밥은 이성의 눈으로 보면 비정상이지만 감성의 눈으로 보면 조금도 비정상이 아니다. 감성의 눈으로 보면 오히려 이성이 정상인 마빈 박사가 비정상이다. "밥에게 무슨 일이 생겼나?"는 이렇게 정상과 비정상의 구분을 헷갈리게 만드는 영화다.

정상과 비정상의 구분을 헷갈리게 만드는 철학자로는 푸코*가 있다. 이성의 눈으로 볼 때 비정상을 광기라 부른다. 푸코는 이성과 광기의 구분을 통렬하게 반박한다.

스스로 감시하는 이성

"모든 사람은 조금씩 미쳤다면서요?"

요즘 신경 정신과를 찾는 사람이 갈수록 늘고 있다. 환자들이 정신과 의사에게 자주 묻는 질문도 이런 상황을 보여 준다. 사실인지 아닌지 나는 모르겠다. 내가 주목하는 것은 이렇게 묻는 환자의 심리다.

환자는 이 질문을 통해 자기가 정신과 의사를 찾은 사실을 한편

---

* 미셸 푸코(Michel Foucault ; 1926~1984)
포스트 모더니즘의 선구자로 평가받는 프랑스 철학자.
『감시와 처벌 : 감옥의 탄생』, 오생근 옮김, 나남, 1994.

으로 위로하고 다른 한편으로 부끄러워한다. 부끄러워하는 환자의 심리는 정상과 비정상, 이성과 광기를 엄연히 구분할 수 있다는 생각을 전제한다. 이성과 광기를 구분할 수 없고 그래서 모든 사람이 정말로 조금씩이라도 미쳤다면 거꾸로 모든 사람이 정도 차이는 있지만 정상일 테니까 부끄러워할 필요가 없을 것이다.

한편 스스로 위로하는 환자의 심리는 비정상인 사람이 정신과 의사를 찾는 것은 당연하다는 생각을 전제한다. 비정상인 사람이 정신과 의사를 찾는 게 당연하지 않다면 이미 정신과 의사 앞에 있는 자신은 쓸데없는 짓을 한 셈이니까 스스로 정당화하고 위로할 수 없다.

그러나 푸코에 따르면 이 두 가지 전제는 모두 옳지 않다. 요즘 사람들은 정신 이상자를 정신 병원에 보내고 심하면 격리 수용하는 것을 당연하게 여긴다. 그러나 이런 생각은 적어도 19세기 전에는 흔치 않았다. 물론 오늘의 눈으로 보면 미친 사람은 그때나 그 전에도 있었다. 그러나 그 사람들은 보통 사람과 섞여 살았고 마을 외곽 등에 따로 살더라도 갇혀 살지는 않았다. 그 사람들을 위험하게 보고 병원에 따로 수용해야 한다는 생각은 정신 병원의 탄생, 보급과 함께 생겨났다.

왜 정신 병원이 탄생했을까? 푸코에 따르면 정신 병원은 이성이 자기 권력을 유지하고 강화하기 위해 만들었다. 이성은 자기 권력을 유지, 강화하기 위해 자기와 다른 광기를 엄격하게 가려내고 격리한다. 이 격리는 광기가 이성의 영역에 백기를 세우고 들어올 때까지 계속된다. 그리고 이성에 대한 광기의 항복은 속된 말로 미치광이가 제정신이 들었다고 표현한다.

이성은 자기 권력을 유지하고 강화하기 위해 온갖 종류의 감시 체계를 만들어 낸다. 교도관이 죄수들을 한눈에 볼 수 있는 감옥과 중

앙 감시탑, 공장에서 톱니 바퀴처럼 노동자의 손발을 움직이는 분업 체계, 군대와 학교에서 군인과 학생을 통제하는 온갖 규율과 시간표, 어기면 벌과 비난을 감수해야 하는 법과 관습 등은 모두 이성의 감시 체계다.

그러나 이런 체계는 나쁘게 말하면 감시 체계지만 좋게 말하면 사회의 질서를 유지하는 수단이 아닐까? 만일 이런 수단이 없다면 사회는 곧 개판이 되지 않을까?

푸코는 이런 반론에 맞서 이성의 감시 체계가 치명적 약점을 가지고 있다고 주장한다. 이성의 감시 체계는 한 사람이 다른 사람을 감시하는 체계일 뿐 아니라 모든 사람이 각자 스스로 감시하는 체계다. 예를 들어 학교의 규율과 시간표가 학생의 머리 속에 박히면 이제 그 학생은 자기가 그 규율과 시간표를 지키고 있는지 스스로 감시한다.

요즘은 흔치 않은 일이지만 고등학교를 갓 졸업하고 대학에 들어온 새내기 중에는 수업 시간에 아주 힘든 표정으로 어렵게 손을 드는 학생이 가끔 있다. 대부분 화장실에 가는 걸 허락받으려는 행동이다. 오줌도 허락받고 눠야 한다는 규율이 머리 속에 굵게 새겨져 있다는 것을 짐작할 수 있는 장면이다. '참자, 참자, 조금만 더……' 하고 얼마나 스스로 달랬을까? 끝까지 손을 들지 못한 경험을 가지고 있는 학생도 있을 것이다.

이래서야 사람이 숨이 막혀 어떻게 살 수 있을까? 푸코에 따르면 이렇게 내가 나를 감시하고 억압하는 것이 이성의 진짜 죄다. 따라서 이성과 광기의 구분, 이성의 눈으로 본 정상과 비정상의 구분은 쓰레기통에 버려야 한다.

이성과 광기의 구분을 폐기하면 사람은 어떻게 살 수 있을까? 무엇보다 사람의 감성이 이성의 억압에서 해방된다. 광기는 정신 이상이라는 좁은 뜻으로 해석할 필요가 없다. 대중 스타에게 열광하는 청소년의 상태도 그때만큼은 미친 상태고 감성 해방 상태다.

감성이 이성을 놀리는 것은 이성보다 감성을 소중히 여기는 우리 시대의 젊고 새로운 문화를 반영한다. "밥에게 무슨 일이 생겼나?"에서 밥이 일부러는 아니지만 마빈 박사를 놀리는 것은 약하게 해석하면 감성과 이성이 한 사람 안에서 균형을 이루어야 한다는 충고지만, 강하게 해석하면 이성의 감시와 억압에서 감성을 해방하라는 요구다.

프로이트의 정신 분석학은 하버마스의 눈으로 보면 의사 소통적 이성을 활성화하는 모델이다. 그러나 푸코의 눈으로 보면 이성이 자기 권력을 유지하고 강화하는 모델이다. 무의식을 의식으로 전환하는 정신 분석학의 치료법은 달리 표현하면 광기를 이성의 통제권 안으로 끌어들이는 것이기 때문이다. 정신 병원에 격리 수용된 광인은 아무에게나 말할 수 없고 의사에게만 말할 수 있다. 푸코의 눈에 의사가 환자와 의사 소통적 이성으로 주고받는 말은 대화를 가장한 이성의 녹백이다.

프로이트는 하버마스에겐 칭찬의 대상이지만 푸코에겐 비난의 대상이다. 설사 하버마스의 주장대로 의사 소통적 이성이 이성의 미래를 밝게 만든다 하더라도 푸코는 이성의 밝은 미래를 바라지 않는다. 이성의 미래가 밝으면 감성의 미래는 어둡기 때문이다. 이성, 도대체 어떻게 해야 할까?

4 반성하는 이성

나는 느낌대로 산다는 말을 믿지 않는다

광고 한 편 출연하는 데 몇 억 원씩 받는 어느 연예인이 앞으로 어떤 사람과 결혼하고 싶냐는 기자의 물음에 서슴없이 대답한다. "느낌이 좋은 남자."

'느낌대로 산다.'

젊은 세대의 이 구호는 '내멋대로 산다.'는 구호에 비하면 덜 과감한 듯하지만 이성보다 감성 또는 느낌을 소중히 여기는 우리 시대의 새로운 문화를 잘 보여 준다. 그러나 나는 느낌대로 산다는 말을 믿지 않는다.

사람은 오랜 진화 과정을 거쳐 지구 위에 출현했다. 먹고 싸는 대사 능력과 자기와 똑같은 것을 만드는 복제 능력 또는 이 두 가지 가운데 하나를 가진 첫 생명체가 지구 위에 탄생한 뒤 사람이 출현하기까지는 약 35억 년쯤 걸렸다는 게 현대 과학의 계산이다. 이 35억 년 동안 생물은 환경과 상호 작용하면서 몸의 구조를 바꾸는 숱한 실험을 거쳤다. 분류법에 따라 차이가 있지만 현재 살아 있는 생물 종은 200만~1000만 종이고 그 동안 멸종한 종은 생존한 종의 약 4~5배다.

사람은 살색이 다양하지만 모두 하나의 종이다. 흑인과 백인은 닭과 고양이와는 달리 함께 섹스하여 자식을 낳을 수 있기 때문에 같은 종에 속한다. 사람 종이 나머지 수많은 종과 다른 특징은 무엇일까?

무엇보다 두드러진 특징은 뇌가 발달한 것이다. 사람은 뇌 무게와 몸무게의 비가 어떤 동물보다 크다. 코끼리야 비록 대가리가 크지만 몸뚱이도 크기 때문에 이 비는 사람보다 작다. 돌고래가 사람과 견줄 만한 비를 가지고 있지만 사람은 뇌 중에서도 대뇌의 비중이 크다는 게 돌고래와 다르다. 주름이 많은 사람의 대뇌는 쫙 펴면 신문지 한 장을 펼쳐 놓은 것만큼 크다. 그리고 이 대뇌가 대부분의 생각과 행동을 조절한다.

감성 또는 느낌은 감각과 감정을 포함한다. 보고 듣고 냄새 맡고 맛보고 닿는 감각은 눈, 귀, 코, 혀, 살이 있더라도 뇌가 없으면 불가능하다. 기쁘고 슬프고 좋고 싫은 감정도 가슴이 있어야 일어나는 게 아니라 뇌가 있어야 일어난다. 이런 느낌은 사람보다 덜 발달한 뇌를 가진 동물도 가질 수 있다. 그러나 사람의 뇌는 나머지 동물의 뇌 수준으로는 불가능한 기능을 가지고 있다. 이 기능을 통틀어 이성이라 부른다.

진화론에 따르면 사람은 오랑우탄, 고릴라, 침팬지, 보노보 등 유인원과 함께 영장류에서 갈라져 나왔다. 유인원도 뇌가 아주 발달한 동물이다. 흙 묻은 먹이를 물에 씻어 먹는 고릴라도 있고 나무 위에 달린 바나나를 막대기로 조심스럽게 따먹는 침팬지도 있다. 그러나

사람은 도구를 사용하고 만드는 능력과 언어로 의사 소통하는 능력
이 유인원과 비교할 수 없을 정도로 뛰어나다. 이렇게 도구를 조작
하는 능력과 언어로 의사 소통하는 능력은 발달한 뇌, 특히 대뇌와
그 기능인 이성이 없으면 불가능하다.

약 1만 년 전 사람의 조상은 야생 동물을 사냥하고 야생 식물을
채집하는 단계에서 동물과 식물을 집 근처에서 기르는 단계로 넘어
갔다. 이때부터 발달하기 시작한 인류의 문명도 바로 사람의 뇌와
이성이 원동력이었다. 목축과 농경은 도구를 만들고 사용하는 노동
과 집단 생활에 필요한 의사 소통 없이는 불가능했기 때문이다.

이성은 비록 오늘날 온갖 사회 병리의 뿌리로 놀림과 비난을 받
고 있지만 싫다고 해서 버릴 수 있는 게 아니다. 이성을 가진 게 죄
라면 이 죄는 사람이 타고난 것이다. 사람은 이성을 써먹고 싶지 않
아도 써먹으면서 살 수밖에 없다. 사람은 감성 또는 느낌만으로는
살 수 없다.

느낌대로 산다는 말이 느낌만으로 산다는 뜻은 아닐 것이다. 이
성보다 느낌을 중시하면서 산다는 뜻일 것이다. 그러나 사람이 느낌
을 이성보다 중시하면서 잘 살 수 있을까?

불로 소득으로 평생 살 자신과 능력이 없는 사람은 언젠가 돈벌
이를 시작해야 한다. 돈벌이는 돈 주는 사람이 돈 받는 사람의 능력
을 인정해야 가능하다. 이 능력은 느낌보다 이성이 평가 기준이다.
직장은 사람들 사이에 경쟁이 일어나는 곳이고 이때 경쟁은 기본적
으로 이성과 이성 사이에서 일어나기 때문이다. 인정받은 이성일수
록 더 많은 돈이 따르고 무시받은 이성일수록 더 적은 돈이나 실업
이 따른다.

남달리 뛰어난 느낌이 경쟁의 밑천이 될 수도 있다. 그러나 느낌
은 이성의 뒷받침 없이는 성과를 얻기 힘들다. 예를 들어 어떤 상품

에 대한 멋진 아이디어도 이성에 의한 철저한 조사와 계산과 예측을 바탕으로 떠오르는 것이지 느낌만으로 맨땅에 헤딩한다고 떠오르는 게 아니다. 또 내가 아무리 느낌을 발휘하여 틀림없이 인기를 얻을 것 같은 아이디어를 내놓아도 이 아이디어를 평가하고 채택하는 건 누군가의 이성이다.

눈을 감고 10초

그러나 이성을 곤두세우고 있어야 하는 곳은 피곤하다. 그래서 학교나 직장에 있을 때보다 이 곳을 벗어났을 때 즐거움과 보람을 느끼는 사람이 많다. 청소년들이 한때 서태지와 아이들의 '교실 이데아'에 열광한 것이나 직장인을 기다리는 술집이 여간해서 줄지 않는 것은 젊으나 늙으나 이성의 마비가 얼마나 필요한지 증명한다. 이런 곳에서는 이성의 죄들이 고스란히 드러난다. 한 사람의 이성이 다른 사람의 이성을 놀리며 지배하고 이성이 느낌을 억누르고 지배한다.

이성의 죄들은 무엇으로 어떻게 극복할 수 있을까? 이성의 죄들은 잘 보면 공통점이 있다. 그것은 지배욕이다. 이성은 지배욕이 강하다. 이성은 느낌과 다른 이성을 지배하려 하고 심지어 자기 이성조차 지배하려 한다. 사람들이 대부분 자기 생각을 합리화하고 정당화하는 것이 증거다. "입만 살아 있다."는 비아냥은 혀와 입술이 튼튼하다는 뜻이 아니라 변명하는 이성이 강하다는 뜻이다.

그러나 이성이 반드시 지배욕에 사로잡혀 있으라는 법은 없다. 이성은 자기가 지배욕에 사로잡혀 있다는 것을 반성할 수도 있다. 철학에서 반성은 무조건 손 들고 벌서는 게 아니다. 반성의 첫걸음은 자기가 생각한 것을 다시 생각하는 것이다. 손들고 벌을 서야 할지

가슴을 쫙 펴야 할지는 그 다음에 평가할 문제다. 지금부터 내가 시키는 대로 한번 해 보기 바란다. 눈을 감고 10초쯤 있어 보라. 그리고 눈을 뜨고 지난 10초 동안 자기가 무엇을 생각했는지 대답해 보라.

　　"왜 눈을 감고 있으라 했을까?"
　　"1초, 2초 …… 10초 끝."
　　"글쓴이가 돌았나? 엉뚱한 일을 시키게."

　대답이 다양할 것이다. 그러나 어떤 내용이든 대답할 수 있다는 것은 자기가 생각한 것을 다시 생각할 수 있다는 뜻이다. "아무 생각도 없었다."고 대답하는 사람조차 아무 것도 생각하지 않았다는 걸 다시 생각한 셈이다.

　생각을 다시 생각하는 게 반성이다. 더러 인류학에서는 약 4만 년 전 크로마뇽인 같은 가장 가까운 조상을 '호모 사피엔스 사피엔스(homo sapiens sapiens)'라고 부른다. '사피엔스'의 한 가지 뜻이 '생각한다'는 것이므로 이 학명은 '생각하고 또 생각하고 자꾸만 생각하는 사람'이 아니라 '생각한 걸 다시 생각하는 사람', 즉 '반성하는 사람'이라고 풀이할 수 있다.

　이성이 반성 능력을 발휘하기만 하면 그 동안 지은 죄를 극복할 수 있는 것은 아니다. 그러나 출발은 할 수 있다. 이성의 반성 능력은 우리가 얼마나 지배욕에 사로잡혀 있는지 깨닫게 해 준다. 그리고 반성하는 이성으로 따져 보면 지배하는 이성은 매우 피곤한 놈이다. 남의 이성보다 뛰어나야 하고 내 느낌을 억눌러야 하는 일이 얼마나 신경을 곤두세워야 하는 일인가.

　이성보다 느낌을 중시하면서 사는 것은 재미가 있지만 위험도 따른다. 느낌은 어디로 튈지 모르는 럭비공 같기 때문이다. 재미는 뻔히 아는 일에서는 생기지 않는다. 그래서 한 번 본 영화를 다시 보는 사람이 드물고 볼수록 재미있는 영화도 드물다. 그러나 뻔히 알지 못한다는 것은 불안도 동반한다. 스릴 영화를 볼 때 가슴이 조마조마한 것은 미래를 한치 앞도 내다볼 수 없는 주인공에게 내가 동화되어 있기 때문이다.

럭비공은 제멋대로 튀지만 이 공을 다루는 럭비 선수들은 잘 차고 잘 잡으면서 재미있는 경기를 보여 준다. 선수들은 공 튀는 쪽으로 우르르 몰려다니기만 하지 않고 완벽하진 않더라도 공을 컨트롤한다.

느낌도 마찬가지다. 우리가 느낌을 바람직한 삶의 동력으로 삼으려면 반성하는 이성으로 컨트롤해야 한다. 나는 지배하는 이성이 아니라 반성하는 이성에 기대를 건다.

지은이 **김성환**은
서울대 철학과와 대학원 박사 과정을 졸업하고
현재 대진대 철학과 교수로 재직하고 있다.
논문으로 「데카르트의 철학 체계에서 형이상학과 과학의 관계」(박사 학위 논문),
「동물의 '삶의 양식'에 대한 자연 철학 연구」, 「갈릴레오의 물질론」 등이 있으며,
공동 집필로 『삶과 철학』(한국철학사상연구회, 동녘)이 있다.

동녘 선서 76

나는 본다, 철학을

김성환의 영화 철학 에세이

초판 1쇄 발행일 / 1998년 4월 10일
초판 3쇄 발행일 / 2001년 8월 25일

지은이 / 김성환
펴낸이 / 이건복
펴낸곳 / 도서출판 동녘

122-020 서울특별시 은평구 녹번동 118-20
등록 제9-107호 1980년 3월 25일
전화 / 영업(代)·358-6164, 편집(代)·358-6480
팩시밀리 / 358-6715

잘못된 책은 바꿔드립니다

ISBN 89-7297-388-2   03100